A. FERRET 1977

# TRAITÉ

DE LA

# SÉPARATION DES PATRIMOINES

EN DROIT ROMAIN,

DANS L'ANCIEN ET DANS LE NOUVEAU DROIT FRANÇAIS;

PAR

F. DOLLINGER,

DOCTEUR EN DROIT,

JUGE AU TRIBUNAL DE PREMIÈRE INSTANCE DE WISSEMBOURG.

---

OUVRAGE COURONNÉ

par la Faculté de droit de Strasbourg et par l'Académie de législation de Toulouse.

PARIS

COTILLON, ÉDITEUR, LIBRAIRE DU CONSEIL D'ÉTAT,

24, rue Soufflot, 24.

1865

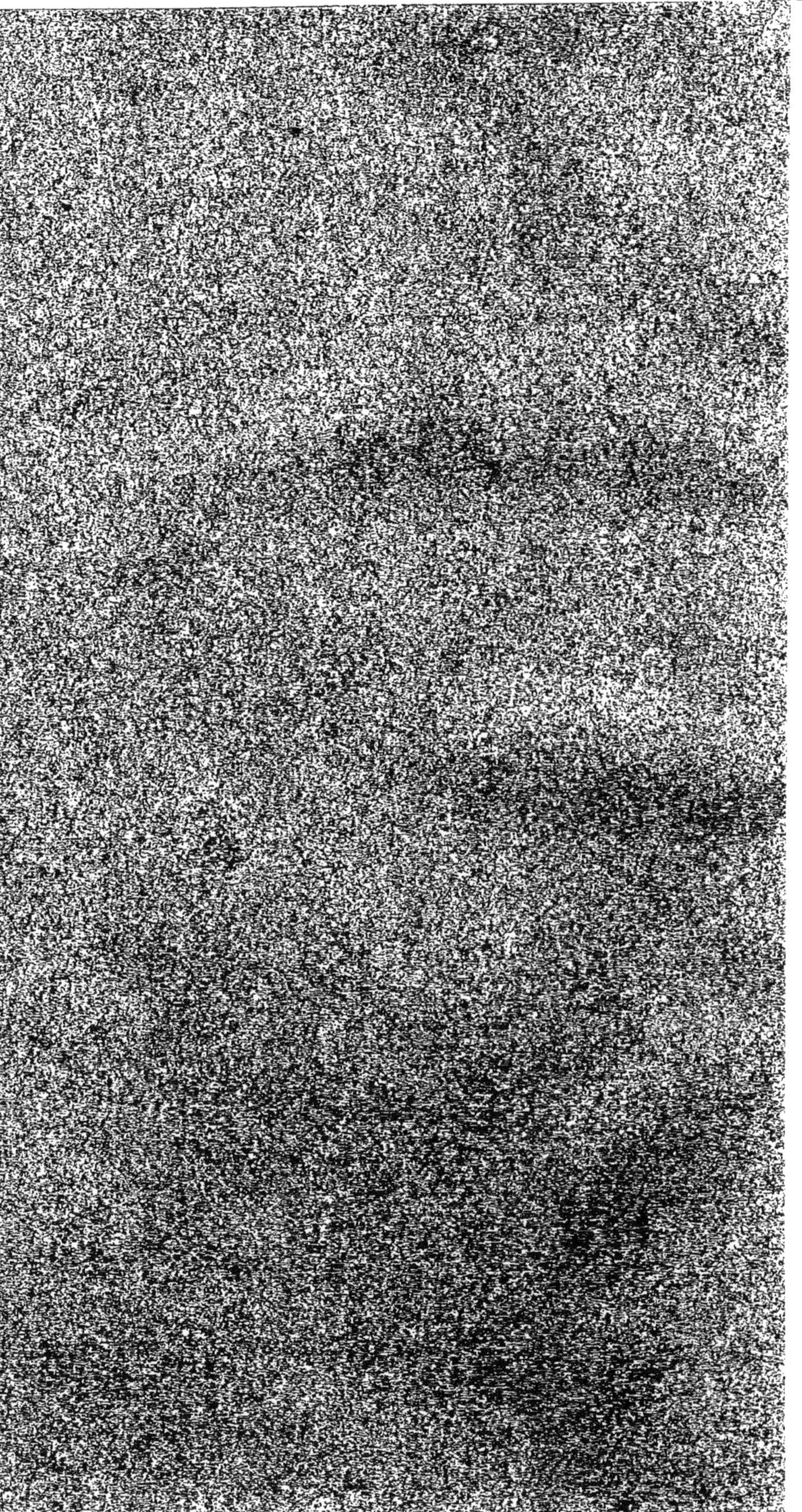

TRAITÉ

DE LA

# SÉPARATION DES PATRIMOINES

*Extrait de la* REVUE CRITIQUE DE LÉGISLATION ET DE JURISPRUDENCE.



Paris — Imprimé par E. THUNOT et Ce, rue Racine, 26.

# TRAITÉ HISTORIQUE

DE LA

# SÉPARATION DES PATRIMOINES

EN DROIT ROMAIN,

DANS L'ANCIEN ET DANS LE NOUVEAU DROIT FRANÇAIS;

PAR


F. DOLLINGER,

DOCTEUR EN DROIT,
JUGE AU TRIBUNAL DE PREMIÈRE INSTANCE DE WISSEMBOURG.


---

OUVRAGE COURONNÉ

par la Faculté de droit de Strasbourg et par l'Académie de législation de Toulouse.


PARIS

COTILLON, ÉDITEUR, LIBRAIRE DU CONSEIL D'ÉTAT,

24, rue Soufflot, 24.

1865

## ERRATA.

---

|  |  | |  |  |
|---|---|---|---|---|
| Page 2, | ligne dernière, | au lieu de : | Ulpien pensait même que, | lisez : C'est Ulpien qui pensait que. |
| — 28, | — 30, | — | autre idée, | lisez : seconde idée. |
| — 30, | — 36, | — | aussi, | — ainsi. |
| — 33, | — 15, | — | 2017, | — 1017. |
| — 34, | — 3, | — | à l'égard, | — à l'égal. |
| — *ibid.*, | — 35, | — | nous fournira un argument pour en écarter, | lisez : nous fournira tout-à-l'heure un argument pour écarter. |
| — 35, | — 13, | — | inhérent en eux, | lisez : inhérent à eux. |
| — 42, | — 6, | — | empêchent, | — empêche. |
| — 44, | — 13, | — | Donat, | — Domat. |
| — 49, | — 33, | — | ne pouvait, | — pouvait. |
| — 86, | — 28, | — | avait sainement, | — avait du moins sainement. |
| — *ibid.*, | — 29, | après le mot : | matière, | ajoutez : tout en proposant une solution inexacte en principe. |
| — 92, | — 8, | au lieu de : | de bénéfice, | lisez : du bénéfice. |
| — 97, | — 9, | — | trouvait, | — trouve. |
| — 124, | note 1, | ajoutez : | | En sens contraire : Lyon, 24 décembre 1862 (S., 1863, II, 159). |
| — 143, | ligne 37, | au lieu de : | créé, | lisez : créée. |
| — 164, | — 34, | — | *subsistance*, | lisez : *subsistances*. |

# ERRATA.

DE LA

# SÉPARATION DES PATRIMOINES.

*Plus cautionis in re est quam in persona.*
POMPONIUS, L. 25, D., *De reg. jur.*

Il est plus aisé de dire des choses nouvelles que de concilier celles qui ont été dites.
VAUVENARGUES, *Réflexions et maximes.*

---

## INTRODUCTION.

### Définitions et aperçu général.

Si, d'après l'ordre naturel, le droit de propriété finit avec la vie de l'homme, si en lui s'éteignent tous les droits qu'il pouvait exercer sur les choses pour les faire servir à ses besoins et à son agrément, la loi sociale lui en a conservé un, celui peut-être dont il est le plus jaloux, le droit de transmettre l'universalité de ses biens à d'autres individus qui lui sont rattachés par les liens du sang ou de l'affection. La propriété qui se transmet par les contrats, se transmet donc aussi par les successions, et l'hérédité applique à l'ordre social les procédés mêmes de la nature, et la représente dans sa marche incessante et son éternel progrès. En effet, dans la nature, tout est mouvement, progression, succession ; il n'est point de distance qu'elle ne rapproche, de passage qu'elle n'adoucisse ; la société se maintient et se perpétue malgré la continuelle mobilité des individus. Le droit civil devait donc aussi chercher à imiter, dans ses créations, cette liaison intime et indéfinie qui fait que la société ne meurt jamais. En investissant l'individu du pouvoir de commander après sa mort, ou en réglant à sa place la dévolution des biens qui lui ont appartenu, il lui a permis, pour ainsi dire, de se survivre à lui-même. Sa mort profite par conséquent à la société; elle revivifie les relations juridiques qu'il avait formées durant sa vie, en lui substituant des répondants, des représentants, un nouveau lui-même enfin.

Mais l'identification qui s'est produite entre la personne du défunt et celle de son successeur, en confondant les individus, a aussi confondu les biens : le patrimoine de ce dernier, qui s'accroît des valeurs de l'hérédité, s'onère aussi de toutes les charges dont le défunt l'avait grevée; de même que le patrimoine de ce défunt, en devenant la propriété d'une autre personne qui a aussi ses droits et ses obligations, partage encore la condition du patrimoine propre de celle-ci et demeure le gage de créanciers peut-être très-nombreux : en sorte que la réunion, utile à l'une des deux masses, est presque toujours dommageable pour celle qui est le moins endettée.

C'était une obligation pour le législateur, qui, par sa voix toute-puissante, avait commandé cette fusion, de procurer aussi, selon les circonstances, les moyens d'en pallier les dangers; sans quoi son intention bienfaisante n'aurait abouti, le plus souvent, qu'à une insupportable tyrannie, à une odieuse spoliation. Il importait donc de soustraire à l'action des créanciers de l'auteur l'héritier investi à son insu et malgré lui de l'universalité des droits actifs et passifs de la succession; il importait d'armer les créanciers du défunt de moyens propres à repousser les créanciers personnels de l'héritier, lorsqu'ils voudraient profiter du surcroît de valeurs dont la succession venait d'enrichir le patrimoine de leur débiteur. Chacune de ces positions appelait un remède, chacune eut le sien.

Par le *bénéfice d'inventaire*, en effet, le législateur a permis à l'héritier de n'accepter de la succession que l'émolument, en l'abandonnant en entier, si elle est insuffisante pour satisfaire les créanciers du défunt, sans que ces derniers pussent jamais se venger sur ses biens personnels, qui ne se confondent plus alors avec les biens héréditaires. Et, à l'inverse, la *séparation des patrimoines* distingue aussi les deux universalités que la rigueur du droit a confondues; mais c'est pour permettre aux créanciers de la succession de profiter, à l'exclusion des créanciers particuliers de l'héritier, de tout l'actif que la transmission lui avait procuré; au lieu qu'en laissant s'opérer cette confusion, ils se seraient trouvés en présence d'un patrimoine peut-être insuffisant pour solder l'intégralite des dettes personnelles et héréditaires. Cette séparation ne puise donc point son principe dans l'hérédité; elle n'en descend point directement et comme une conséquence forcée ; elle existe collatéralement avec elle, comme un remède contre la rigueur de ses effets, comme un moyen d'en prévenir les inconvénients, tout en en maintenant les avantages.

Nous n'avons point ici à faire l'exposé du premier remède légal, du bénéfice d'inventaire; l'objet de ce travail comprendra uniquement la séparation des patrimoines; et dans ce cercle même, si restreint qu'on veuille le supposer, se présenteront encore de graves et nombreuses difficultés. Le laconisme de la loi, son apparente incohérence, tout devait faire de cette matière un sujet digne de fixer l'attention des jurisconsultes. Malheureusement les lumières que l'on s'attend à trouver dans leurs travaux sont ici de peu de secours et ne servent qu'à jeter l'esprit dans un doute plus complet, dans une perplexité plus grande. La plupart des auteurs qui ont écrit sur ce sujet paraissent l'avoir pris plutôt pour thème de leurs élucubrations législatives : ils ont cherché principalement à présenter leurs opinions personnelles au lieu de se contenter de scruter les intentions des rédacteurs de nos Codes; en un mot, ils ont échangé leur rôle d'interprètes contre celui de législateurs. Aussi, sur ce terrain, il était difficile de s'entendre : les systèmes se suivent, se croisent, s'entre-choquent ; c'est un dédale de doctrines opposées, quoique déduites d'un même principe ; et souvent encore le même point de départ conduit à des solutions différentes. Enfin les tribunaux eux-mêmes, sans prendre part aussi fréquemment à cette lutte, dont les écarte un peu le terrain plus pratique où ils sont appelés à prononcer, offrent encore le reflet du vague et de l'incohérence de la doctrine.

Frappé d'un pareil spectacle, que l'on trouve peut-être rarement dans l'étude d'une législation aussi soigneusement codifiée que la nôtre, nous avons pensé qu'il serait convenable avant tout de remonter à l'histoire, ce flambeau de toute doctrine sainement conçue. Présenter aussi succinctement, mais en même temps aussi complétement que possible, un tableau de ce qu'a été la séparation des patrimoines à toutes les grandes époques du droit antérieur à nos Codes et qui a pu influencer leurs rédacteurs ; développer suffisamment les controverses et les grandes questions en les présentant successivement dans le même ordre pour toutes ces législations ; enfin chercher surtout à édifier, avec ces matériaux, un système que ne démentiraient pas les textes législatifs sur la matière ; concilier de préférence avant que d'innover, et, s'il faut en venir là, ne le faire que sur la foi d'autorités historiques parfaitement sûres : tel nous a semblé devoir être le meilleur plan à suivre. Et faute de pouvoir donner souvent tous les détails que comporterait le sujet, nous nous sommes appliqué particulièrement à en bien faire ressortir le caractère général, qui est resté la marque distinctive de chacune des grandes époques que nous passerons en revue.

Ce peu de mots suffisent pour faire comprendre et légitimer au besoin la division des matières que nous avons adoptée. Une *première partie* contient l'exposé de tous les systèmes théoriques ou pratiques, proposés ou appliqués que la séparation a mis au jour : le Droit romain et l'ancien Droit français y occupent nécessairement la plus large place.

Une fois arrivé dans la *seconde partie*, au début de l'explication de notre droit actuel, une portion de notre tâche, la plus délicate peut-être, parce qu'elle est le produit d'une idée neuve et sans précédents, se trouvait parachevée, et nous pouvions alors nous livrer tout entier à la réfutation, malheureusement trop fréquente, des doctrines que le point de départ que nous avions choisi ne nous permettait plus d'accepter.

---

## PREMIÈRE PARTIE.

### DES DIFFÉRENTS SYSTÈMES DE LA SÉPARATION DES PATRIMOINES.

---

### SECTION I.

### De la séparation des patrimoines d'après le Droit romain.

#### § 1. — *Généralités.*

1. Il ne paraît pas qu'il y ait eu chez les Romains de théorie spéciale pour la séparation. Liée à l'ensemble des voies d'exécution forcée ouvertes aux créanciers contre leur débiteur, si elle ne se produisait pas par action principale et directe, elle n'était pas non plus restreinte à la seule matière des successions : toute poursuite commencée contre un débiteur quel qu'il fût, pouvait donner naissance à une demande en séparation. Si l'on en doutait, il suffirait de se reporter aux titres du Digeste et du Code qui traitent de ces matières : la place qu'ils occupent dans la série des textes sur les mesures propres à protéger les intérêts des créanciers, leurs rubriques respectives, enfin le contexte des deux lois 1, § 3, et 3, *De separat.*, dans le premier de ces deux ouvrages, suffiraient pour justifier toutes nos assertions. Le législateur, en effet, n'a réuni à la fois les divers cas de séparation, que parce qu'il était préoccupé avant tout du principe qui leur est commun : l'expropriation du débiteur [1].

2. Cette séparation a particulièrement pour objet de faire du patrimoine de ce dernier deux masses complétement distinctes : l'une exclusivement composée de ses biens propres et personnels, l'autre des biens qui ne lui sont advenus qu'en vertu d'une

[1] V. Cujas, *Parat., ad tit.* 6, *lib. XLII*, Dig.

transmission spéciale et universelle, laquelle a laissé subsister les droits antérieurs des créanciers poursuivant la séparation dans le but de faire affecter uniquement à leurs créances les biens ainsi transmis, et qui ne l'ont été que déduction faite des droits et charges dont ils étaient grevés avant la séparation [1].

3. L'idée de constituer ainsi une sorte de gage au profit d'une classe de créanciers contre et au préjudice d'une autre, est assez équitable en elle-même, si toutefois elle reste limitée à ses conséquences naturelles et immédiates, et si elle ne va pas jusqu'à altérer les relations primitives des créanciers entre eux, comme cela est arrivé malheureusement sous l'ancienne jurisprudence française, et après elle sous le Code Napoléon. Les créanciers de la masse séparée ne doivent avoir entre eux d'autres causes de préférence que celles qu'ils pouvaient avoir acquises avant la séparation, et à l'égard des créanciers personnels du débiteur acquéreur, seulement un privilége collectif sur les biens qu'ils ont fait distraire; mais un privilége qui leur défendra de venir jamais profiter des biens personnels du débiteur; car ils ont montré assez par là qu'ils répudiaient toute communauté d'intérêts avec les créanciers particuliers dont ils ont craint le concours.

§ 2. — *Des personnes qui peuvent demander la séparation.*

4. D'après ces explications, on serait tenté de croire que le titre de créancier pourrait seul donner droit à la séparation : hâtons-nous de dire cependant qu'il n'en est pas toujours ainsi, et nous verrons ci-après des espèces où d'autres personnes encore seront appelées à l'exercer; ces hypothèses, assez nombreuses, il est vrai, mais toutes spéciales, ne devaient pas se présenter bien fréquemment dans la pratique, et vraisemblablement elles disparurent tout à fait dans le droit plus moderne du Bas-Empire.

5. Occupons-nous d'abord des créanciers. Ont droit à la séparation :

1° Les créanciers de l'héritier fiduciaire, forcé de faire adition d'hérédité, en vertu du sénatus-consulte Pégasien, et ne pouvant s'acquitter de sa restitution, faute de trouver quelqu'un qui puisse ou qui veuille l'accepter. Ulpien pensait même que

[1] L. 1, § 1, Dig., *De separationibus* (XLII, 6).

le bénéfice du rescrit d'Antonin qui accorde le droit de séparation à cet héritier, devait être étendu aussi à ses créanciers [1];

2° Les créanciers de l'héritier qui a accepté une succession en fraude de leurs droits [2]. Cependant, comme le texte qui leur octroie cet avantage, le refuse en même temps et d'une manière absolue, aux créanciers de l'héritier, sur le motif bien péremptoire que *licet alicui adjiciendo sibi creditorem, creditoris sui facere deteriorem conditionem* [3], il est permis de croire que le remède auquel il est fait allusion dans le premier passage n'est point le droit de séparation, mais le droit plus général de révocation des actes frauduleux de nature à préjudicier aux créanciers, droit qui s'exerce alors au moyen de l'action Paulienne;

3° Les créanciers du pécule castrans d'un fils de famille, lorsqu'ils lui ont prêté de l'argent en considération de ce pécule [4], et ceux de tout autre pécule du fils de famille ou de l'esclave qui a employé le prêt à exercer un négoce ou une entreprise commerciale quelconque [5];

4° Les créanciers d'une succession, même à terme ou conditionnels [6]. Ils font séparer les biens composant cette succession d'avec ceux de l'héritier, lorsqu'ils craignent que ces derniers ne soient insuffisants pour les désintéresser aussi complétement que les biens seuls de la succession, par suite du concours qu'ils seraient obligés de subir de la part des créanciers de l'héritier [7]. C'est là l'application la plus fréquente et, disons-le aussi, la plus heureuse du principe de la séparation, l'application qui a été peut-être la source de toutes les autres, et qui leur a survécu jusque dans les législations modernes.

Subsidiairement, et pour le cas où les biens de la succession dépasseraient le montant des dettes, les légataires du défunt profitent du surplus, par préférence même aux créanciers et aux légataires de l'héritier [8].

6. Viennent maintenant une série d'autres personnes aux-

[1] L. 1, § 6, D., *De sep.*, et L. 11, § 2, D., *Ad sc. Trebell.*

[2] L. 1, § 5, D., *De sep.*

[3] L. 1, § 2, D., *ibid.*

[4] L. 1, § 9, D., *ibid.*

[5] L. 5, §§ 15 et 16, D., *De trib. act.*

[6] L. 4, *pr.*, D., *De sep.*

[7] L. 1, D., *eod. tit.*; Const. 2, C., *De bonis auct. jud. possid.*; Const. 6, C., *De hæred. act.*

[8] L. 4, § 1, et L. 6, *pr.*, D., *De sep.*; Const. 2, C., *De bon. auct. jud.*

quelles on a étendu le privilége de la séparation; ce sont:

1° L'héritier fiduciaire dans l'hypothèse que nous avons rapportée en parlant de ses créanciers (ci-dessus, n° 5-1°);

2° Le substitué pupillairement qui peut faire séparer les biens du testateur d'avec ceux de l'impubère, mais dans un cas seulement [1] : celui où un individu institué pour le tout est substitué à son frère impubère exhérédé. Il est facile de voir qu'en effet ici les deux patrimoines se trouveront confondus dans les mains du substitué : celui du père qui y arrivera directement par suite de l'institution, et celui de l'impubère par suite de la substitution; et remarquez bien que la répudiation de la part de ce dernier n'empêcherait pas le testament de sortir son plein et entier effet [2], parce qu'il est héritier sien et nécessaire, et que la substitution se maintiendrait toujours par la seule qualité d'héritier, *nudo hæredis nomine* [3]. Il en serait tout autrement, si le substitué était étranger : sa répudiation ferait évanouir la substitution, à moins toutefois qu'il n'eût été substitué que pour partie; auquel cas l'acceptation ou la non-répudiation de la part des autres cohéritiers suffirait pour maintenir le testament du père, et par conséquent aussi la substitution [4]. Toutefois la séparation n'aurait plus, dans la seconde hypothèse, d'utilité pour l'étranger, parce qu'il est parfaitement libre de s'en tenir à la substitution et de refuser les biens du père, ou *vice versa;* dans la première, c'est-à-dire dans celle où il était institué pour le tout, la séparation aurait eu pour lui l'avantage de lui permettre de s'en tenir à l'une des deux hérédités, malgré l'acceptation : mais aucune trace, dans les textes, n'autoriserait à croire qu'il ait jamais eu ce droit; d'autant plus qu'il paraît avoir existé une controverse entre les jurisconsultes sur l'opportunité de la séparation au profit du frère, comme le prouve évidemment la loi 42, D., *De acquirenda vel omittenda hæreditate*, où Julien est blâmé par Marcellus et Ulpien, tandis que Javolenus et Papinien étaient partisans de la séparation comme Julien [5]. — Cette séparation demeure aussi sans utilité, lors-

[1] L. 12, D., *De vulg. et pupill. subst.*

[2] L. 2, § 3, D., *eod. tit.*

[3] L. 28, D., *De reb. auct. jud. poss.*; L. 6, § 2, D., *De bon. libert.*

[4] L. 40, D., *De acquir. vel omitt. hæred.*

[5] Javol., L. 25, D., *De reb. auct. jud. possid.*; Papin., L. 12, *De vulg. et pupill. subst.*

qu'un institué, même étranger, est substitué à l'impubère exhérédé, parce qu'il n'y a là aucune communauté entre les biens du testateur et ceux de l'impubère (excepté dans le cas où celui-ci aurait agi par la *querela inofficiosi testamenti*, qui opère une réunion de deux patrimoines), ou lorsqu'un individu non institué est substitué au pupille institué; les biens restent alors confondus dans la main de ce dernier, qui seul a le droit d'en faire prononcer la séparation, dans certains cas du moins (Voy. 3°, ci-après), son substitué ne pouvant qu'accepter ou refuser la substitution [1];

3° Le fils de famille, auquel une constitution de Claude permet de faire séparer son pécule du patrimoine de son père dont le fisc a saisi les biens pour se faire payer [2];

4° Le patron devenu héritier de son affranchi, et qui peut alors faire séparer le patrimoine de cet affranchi d'une succession onéreuse qui aurait été acceptée par ce dernier [3];

5° L'esclave institué et affranchi par testament ou simplement institué (ce qui emporte affranchissement sous Justinien [4]), pour faire séparer les biens composant son pécule de ceux du testateur, son patron, qui ne l'a institué peut-être que pour éviter l'infamie attachée aux ventes par suite de déshérence. Mais l'exercice de la séparation demeure subordonné à la condition que l'esclave sera resté à l'écart des biens héréditaires (*si non attigerit bona patroni* [5]), ou qu'étant mineur de vingt-cinq ans, il se soit fait restituer contre son immixtion [6]. Grâce à ce bénéfice, l'esclave ne peut désormais être poursuivi que jusqu'à concurrence des valeurs de la succession et des biens qu'il aurait acquis *ex hæreditaria causa* : comme, par exemple [7], ceux d'un Latin affranchi par le testateur, et qui meurt après ce dernier; ils viennent, en effet, se réunir *jure peculii* au patrimoine de son ancien maître, comme s'il n'avait jamais cessé d'en être l'esclave [8]. Mais d'un autre côté l'esclave affranchi peut déduire

[1] L. 10, § 2, D., *De vulg. et pupill. subst.*
[2] L. 3, § 4, D., *De min. XXV ann.*
[3] L. 6, § 1, D., *De separat.*
[4] Const. 5, *pr.*, C., *De necess. hæred. inst.*
[5] L. 1, § 18, D., *De separat.*
[6] L. 7, § 5, D., *De minor. XXV ann.*
[7] Gaius, *Inst.*, comm. II, § 155.
[8] Gaius, *ibid.*, III, 56.

à son profit ce qui lui est dû par son maître, et faire valoir ainsi les créances naturelles qu'il a acquises contre lui[1].

7. Si nous nous sommes quelque peu étendu sur ces applications spéciales de la théorie de la séparation, c'est parce que nous n'y reviendrons plus dans le courant de l'exposition du système romain. Dans tout ce qui va suivre, il sera uniquement question de la séparation comme remède accordé aux créanciers d'une succession contre la gestion de l'héritier et le concours de ses créanciers personnels.

### § 3. — *De la procédure de la séparation.*

8. Le principe de la séparation qui a pour but de paralyser les conséquences trop rigoureuses de l'adition d'hérédité, quoique très-équitable en lui-même, sapait par la base les règles du Droit civil; c'est dire assez que l'intervention du préteur avait seule pu en conférer le bénéfice. Aussi notre titre du Digeste débute-t-il en ces termes : *Sciendum est separationem solere impetrari decreto prætoris*[2]. *Solere impetrari* : c'est donc l'usage qui s'est introduit dans la jurisprudence du prétoire, à une époque qu'il serait difficile de déterminer, mais qui, certes, ne remonte pas au delà du septième siècle de Rome. Comme la séparation, d'après ce que nous en avons déjà dit, était intimement liée aux mesures d'exécution forcée, c'est-à-dire à la vente des biens du débiteur, il nous faut, pour en esquisser la procédure, donner préalablement une idée de cette vente, de cette *bonorum emptio* des beaux temps de la jurisprudence classique.

9. C'est au préteur Rutilius[3] que l'on doit, sinon l'introduction, au moins le perfectionnement de la vente des biens d'un débiteur. Établie dans le principe par la loi Petilia[4], seulement pour les créances du fisc contre les condamnés et proscrits, elle se faisait au moyen d'un décret du préteur, qui envoyait les questeurs en possession des biens du débiteur, pour les soumettre ensuite à une vente publique (*proscriptio*) et les adjuger en bloc au plus offrant; c'était ce qu'on appelait *sectio bono-*

[1] L. 1, § 18, *in fine*, D., *De separ.*

[2] L. 1, *pr.*, D., *eod. tit.*

[3] An de Rome 664. — L. 2, § 40, D., *De orig. jur.*; Cicéron, *Pro Planc.*, ch. 2; Festus, *v° Rutuli.*

[4] An de Rome 643.

*rum* et que Rutilius étendit, sous le nom de *emptio*, aux biens des débiteurs envers les particuliers.

10. L'*emptio bonorum* peut avoir lieu soit contre un vivant, soit contre un défunt qui n'a pas trouvé d'héritier; mais cette seconde hypothèse ne pourrait donner lieu à la séparation, qui suppose précisément une acceptation de la part d'un débiteur obéré.

Les créanciers commencent par appeler cet héritier en justice, afin de le forcer à reconnaître la dette de son auteur (*confessio*), ou, à défaut, d'obtenir contre lui une condamnation. Si l'héritier ne comparaît pas et se dérobe par la fuite ou autrement à l'action de ses créanciers (*fraudationis causâ latitans*[1]), il est constitué *indefensus*, *nisi boni viri arbitratu defendatur*, dit Ulpien, en rapportant les termes de l'édit consacrés à cette hypothèse[2]; ou si, comparaissant, il refuse de reconnaître la dette, le préteur, dans tous les cas, *causa cognita*, envoie indistinctement en possession de ses biens tous les créanciers qui se présenteraient[3].

11. Cet état de possession provisoire durera au moins trente jours, afin de donner aux retardataires le temps de se présenter, et au débiteur les moyens d'éviter l'infamie, en satisfaisant ses créanciers; car plus tard, s'il pourra encore les désintéresser jusqu'à la vente (nº 16), il n'échappera pourtant plus à cette première conséquence déshonorante de l'envoi en possession.

Le délai de trente jours peut, du reste, être prolongé, si les circonstances l'exigent; et, en ce cas, un curateur aux biens est nommé par les créanciers, confirmé et installé par le magistrat[4].

12. Les termes de l'édit du préteur nous ont été conservés par Ulpien dans la loi 7, § 1, D., *Quib. ex caus. in poss. eat.*, au moins pour le cas où le débiteur se dérobait aux poursuites des créanciers; et, par Cicéron, dans le cas où le débiteur, tout en comparaissant, niait l'existence de la dette[5]. Et il semble résulter du témoignage de l'orateur, plus prolixe, en ce point, que le jurisconsulte dans la loi précitée 7, § 1, D., *Quib. ex*

[1] Gaius, III, 78.
[2] L. 7, § 1, D., *Quib. ex caus. in possess. eat.*
[3] Théophile, *Paraphr. ad tit.* 12, *lib. III*, *Inst.*
[4] L. 1, § 1, D., *De cur. bon. dand.*
[5] Cicéron, *Pro Quinct.*, ch. 27.

*causis* (n° 10), que le débiteur, nonobstant l'envoi, conserverait tous les avantages de la possession juridique, et que la détention seulement passerait aux créanciers, afin de les mettre à même d'administrer *rei servandæ causa* [1].

Cette détention constitue donc à leur profit un droit d'une nature particulière, qualifié par les textes de *pignus prætorium* [2]. Le caractère de ce gage et ses différences d'avec le gage conventionnel paraissent peu arrêtés dans les principes de la jurisprudence romaine; du moins on peut induire d'une constitution de Justinien [3] qu'on hésitait beaucoup, avant lui, à conférer au créancier gagiste le droit de suite contre les acquéreurs étrangers et de bonne foi, au moins si ce créancier, qui était constitué gardien de la chose et soumis à toutes les obligations de cette position [4], avait quelque faute à s'imputer. L'empereur tranche la question en faveur du créancier, en assimilant sa situation à celle du gagiste ordinaire et en lui conférant, sans doute au moyen de l'action Servienne et nonobstant toute faute de sa part, le droit de suite le plus absolu (*recuperationem*).

13. C'est, selon toute probabilité, à ce point de la procédure que vient s'interposer la séparation. Les créanciers qui voudraient en profiter devront, sans doute dès leur première démarche auprès du préteur, requérir de ce magistrat l'envoi en possession des biens du défunt seulement, en obligeant les créanciers de l'héritier à se contenter de l'envoi en possession des biens de leur débiteur personnel (*creditores Titii contentos esse debere bonis Titii* [5]). Cette demande a donc pour résultat de scinder la procédure, en l'appliquant simultanément et séparément à deux masses indépendantes l'une de l'autre. Le préteur organise ici un double régime collectif (*communis cautio* [6]) au profit de tous les créanciers qui l'ont requis et de tous ceux qui voudront encore, par la suite, se joindre à la poursuite [7]; bien entendu en restant dans le délai préfix de trente jours, dont nous avons parlé.

[1] L. 7, *pr.*, D., *Quib. ex caus. in poss.*

[2] L. 26, D., *De pignor. act.*; L. 35, D., *De reb. auct. jud. poss.*

[3] Const. 2, C., *De prætor. pign.*

[4] L. 3, § 23, D., *De acquir. vel omitt. poss.*; L. 12, D., *Quib. ex caus. in poss.*

[5] L. 1, § 1, D., *De sep.*

[6] L. 4, D., *eod. tit.*

[7] L. 12, *pr.*, D., *De reb. auct. jud. poss.*

14. Les choses en étant à ce point, une seconde démarche de la part des créanciers est alors encore faite auprès du préteur (ἐγίνετο δευτέρα προσέλευσις[1]), ou celui-ci prend l'initiative et les convoque derechef[2] pour procéder à la nomination de l'un d'entre eux, qui, sous le nom de *magister*, fera la vente et représentera la masse des créanciers dans cette opération. Toutefois, il est permis de croire (quoique les textes soient complétement muets sur ce point) que la séparation, formant deux masses désormais entièrement indépendantes l'une de l'autre, nécessitait en tous cas la nomination de deux *magistri* qui soigneraient cette double vente, chacun de son côté, sans être tenus de les faire marcher toutes deux de front, le tout suivant les circonstances : *et sic quasi duorum fieri bonorum venditionem*[3]. On sent bien que sur ce terrain des conjectures soient seules possibles, et nous n'avons pas la prétention d'avoir complétement soulevé le voile qui couvre cette matière.

15. Maintenant commence la *proscriptio bonorum* la προγραφή (suivant l'expression de Théophile), qui consiste à placarder, dans les endroits les plus fréquentés de la ville, des affiches destinées à faire connaître la vente. Après un nouveau délai de quelques jours dont Théophile ne nous fait pas connaître le nombre, on se réunit une troisième fois et l'on arrête les conditions de la vente (*leges bonorum vendundorum*), comme nous dirions aujourd'hui *le cahier des charges*. Ces *leges* contenaient, selon toute apparence, un état estimatif des biens et dettes; car à la *proscriptio* on ajoute ensuite l'indication d'un *minimum* des prix de vente et le dividende à tant pour cent que l'acheteur devra s'obliger à payer à chacun des créanciers, ce qui ne peut évidemment se faire qu'en connaissant approximativement les charges et émoluments des biens vendus.

16. Jusqu'au moment de l'adjudication, le débiteur pourra à chaque instant arrêter les effets de l'envoi en possession, en se présentant et en reconnaissant la dette; mais à charge alors de fournir la *cautio judicatum solvi*, comme une personne dont on n'est plus sûr[4]. Enfin, trente jours plus tard, la vente a lieu

[1] Théophile, *Paraphr.*, *loc. cit.*
[2] Gaius, III, 79.
[3] L. 1, § 1, D., *De sep.*
[4] L. 33, § 1, D., *De reb. auct. jud. poss.*

et les biens sont adjugés au plus offrant (τότε προσεκυροῦτο ἡ περιουσία τῷ ἀγοραστῇ).

17. C'est à partir de la *proscriptio*, c'est-à-dire après l'expiration du premier délai de trente jours que l'infamie frappera désormais le débiteur et le privera de ses droits politiques [1]. Mais en outre cette vente aura cela de rigoureux, qu'elle ne libérera point le débiteur de la portion de dettes qu'il n'a pu acquitter faute d'actif suffisant, et dont il était tenu envers ses créanciers personnels. Quant aux créanciers de la succession, nous verrons plus loin qu'en demandant la séparation, ils renoncent par cela même à toute action sur le patrimoine propre de leur débiteur, de sorte que la vente publique éteindra complétement leur droit (n° 27).

Le *bonorum emptor*, au contraire, n'est tenu que jusqu'à concurrence de son prix, et c'est le débiteur qui reste seul obligé pour le surplus (sous le bénéfice des distinctions que nous venons de faire en cas de séparation); avec le seul avantage de pouvoir désormais soustraire sa personne à l'action des créanciers, si toutefois il n'a pas frauduleusement diminué son patrimoine [2].

18. Les effets de la vente, quant aux acheteurs, ne sont pas ceux du Droit civil : en ce sens qu'elle ne leur confère point de propriété quiritaire, mais une simple propriété bonitaire. C'est ce que nous apprenait déjà Théophile [3] quand il les qualifiait de possesseurs prétoriens (πραιτώριοι διάδοχοι); le passage de Varron [4] que longtemps les commentateurs prétendirent opposer à celui du professeur de Constantinople, en l'accusant d'ignorer ce qu'il devait enseigner, ne parlait évidemment que de la *sectio bonorum*, de cette vente publique des biens des condamnés au profit du fisc, et dont nous avons dit quelques mots plus haut (n° 9); le manuscrit de Gaius [5] est venu jeter la lumière sur ce point comme sur tant d'autres, et mettre d'accord les deux auteurs, que la science de nos jurisconsultes modernes n'avait pu concilier.

19. Telle était la procédure prétorienne de l'*emptio bonorum*

[1] Gaius, II, 154; Const. 1, 3; C. Théod., *De inoff. testam.*
[2] L. 25, § 7, D., *Quæ in fraud. credit.*
[3] *Paraphr.* sur le tit. 12, liv. III des Instit.
[4] *De re rust.*, II, 10.
[5] *Inst.*, comm. III, §§ 154, 77 et suiv.

combinée avec la séparation, au temps de la jurisprudence classique, à l'époque où elle n'avait pas encore dépouillé toute la sauvage rigueur dont la législation primitive avait entouré les mesures d'exécution contre les débiteurs. Un premier pas dans la voie des adoucissements avait été cependant déjà fait par l'introduction de la cession de biens volontaire, au profit de tout débiteur malheureux et de bonne foi. La vente en bloc était conservée, mais l'infamie avait disparu [1]; et si le débiteur ne restait encore libéré que jusqu'à concurrence du prix de ses biens [2], le créancier était pourtant obligé de lui laisser sur les biens acquis ultérieurement de quoi pourvoir à ses besoins les plus urgents [3].

20. Mais l'antique *venditio* elle-même perdra peu à peu son utilité; on trouvera trop long et trop dispendieux d'attaquer l'universalité des biens d'un individu, pour en employer quelquefois une minime portion à l'extinction d'un passif peu élevé. Les principes si rigides du Droit civil sur l'indivisibilité du patrimoine vont être sacrifiés à un but d'économie, mais, disons-le aussi, à un but d'humanité.

Deux expédients seront mis en usage et supplanteront l'ancienne procédure trop coûteuse. En vertu du premier, de la *pignoris capio*, le magistrat fait saisir par ses appariteurs la portion de biens nécessaire à désintéresser les créanciers. Ce mode, qui ne doit nullement nous occuper ici, puisque jamais il ne pourra donner lieu à la séparation (les biens du débiteur étant alors supérieurs aux dettes), conduira insensiblement au second, à la vente en détail telle qu'elle se présente dans le dernier état du droit de Justinien.

Le principe de la saisie partielle résultant de la *pignoris capio* sera maintenu et enté, en quelque sorte, sur l'ancienne *missio in possessionem;* on conservera de cette dernière les formalités préliminaires de l'obtention : on la limitera seulement à deux ans, temps pendant lequel tous les créanciers présents seront admis à faire valoir leurs prétentions [4]. Passé ce délai, les retardataires subiront la priorité de la part des créanciers diligents. Mais de nouvelles difficultés se produisent ici pour

[1] Const. 11, C., *Ex quib. caus. infam. irrog.*
[2] Const. 1, C., *Qui bon. ced.*
[3] § 40, Inst., *De action.*; LL. 4 et 6, D., *De cess. bon.*
[4] Const. 10, C., *De bon. auct. jud. poss.*

expliquer les modifications que la demande en séparation introduira à ce régime plus moderne. On ignore si deux curateurs encore étaient placés à la tête de chacune des masses distinguées par la séparation ; on ignore s'ils devaient également procéder simultanément à la vente, ou si chacun avait toute latitude pour se mouvoir comme bon lui semblait dans le cercle de ses attributions. Ce qu'il y a de positif, c'est que le curateur, une fois nommé (et il l'est ici dès l'origine de l'envoi en possession), restera dans l'exercice de ses fonctions jusqu'à complète terminaison de toutes les opérations. Il est le contradicteur naturel de tous les créanciers qui se présenteront ultérieurement ; puis, les deux ans écoulés, il procédera à la vente, non plus en bloc, mais individuellement et par forme de distraction. Et le payement des créanciers se fera par le juge, sur le produit de la vente, après déduction des créances privilégiées.

§ 4. — *Des cas où la séparation n'est pas accordée.*

21. Une fois la vente des biens commencée, la séparation, englobée dans une série d'opérations toutes indépendantes les unes des autres, se trouve circonscrite dans un délai fort court ; mais en outre, elle est soumise à une prescription de cinq ans parfaitement distincte de la déchéance précédente ; de telle sorte qu'aucune demande en séparation ne pourra venir compliquer une vente des biens de l'héritier faite après ce délai. En effet, jusqu'à la demande, l'héritier, à l'égard des tiers, seul et véritable représentant juridique de la personne du défunt, reste maître de faire les aliénations qu'il jugera convenables, sans qu'elles puissent être critiquées par les créanciers de la succession, si elles ne sont d'ailleurs entachées de dol : *quæ bona fide medio tempore per hæredem gesta sunt, rata conservari solent* [1]. On a donc pensé que le silence gardé par les créanciers pendant cinq années à partir de l'adition d'hérédité, serait une approbation non équivoque de la conduite de l'héritier, approbation qui montrait assez qu'ils n'avaient nulle défiance d'un semblable débiteur [2].

22. Si les aliénations de pleine propriété faites par l'héritier doivent être respectées, il n'en est pas tout à fait de même de

[1] L. 2, D., *De sep.*
[2] L. 1, § 13, D., *eod. tit.*

ses démembrements. Un rescrit de Sévère et d'Antonin, sans annuler les gages et hypothèques constitués par l'héritier sur les biens de la succession, décide qu'ils ne pourront avoir effet qu'après le complet désintéressement des créanciers de la succession; le tout afin d'empêcher les créanciers de l'héritier de se hâter d'acquérir ces droits, avant même que les créanciers du défunt aient eu le temps moral de se mettre en mesure [1]. Voilà encore le droit qui cède le pas à l'équité (nº 87). Au reste, la sévérité que la loi déploie ici en ce qui concerne la faculté de démembrer la propriété, beaucoup plus que pour celle de l'aliéner complétement, n'est pas sans exemple en Droit romain; car nous voyons la loi *Julià* défendre au mari d'hypothéquer l'immeuble dotal, même avec le consentement de sa femme, et lui permettre de l'aliéner avec ce consentement [2].

**23.** Une autre cause de nature à faire obstacle à la demande en séparation, est la confusion ou mixtion matérielle des biens du défunt avec ceux de l'héritier; mais cette confusion, à peu près impossible pour les immeubles, ne peut guère se produire pour les objets mobiliers, que lorsqu'ils ne sont pas déterminés dans leur individualité [3].

**24.** Enfin le créancier qui a suivi la foi de l'héritier, se trouve encore déchu du droit de s'en séparer. *Illud sciendum est*, dit la loi 1, § 10 (*De separat.*), *eos demum creditores posse impetrare separationem, qui* NON NOVANDI ANIMO *ab herede stipulati sunt.* Ce point mérite de fixer toute notre attention, car il nous servira plus tard à mettre en lumière une disposition extrêmement embarrassante de notre Droit français (nº 75).

Il est donc clair que, pour Ulpien, le bénéfice de la séparation ne peut plus être exercé lorsque le créancier a fait avec l'héritier une stipulation emportant novation. Pourquoi? c'est que la stipulation qui interviendrait en pareil cas, constituerait pour le créancier une acceptation de la personne de l'héritier comme seul et unique débiteur, et que cette acceptation est incompatible avec le régime exclusif de la séparation tel que le comprend notre jurisconsulte; avec le régime où il n'est pas permis de cumuler la qualité de créancier de l'héritier avec

[1] L. 1, § 3, D., *eod. tit.*
[2] *Pr.*, Inst., *Quib. alien. licet vel non.* — V. aussi la paraphrase de Théophile sur ce passage.
[3] L. 1, § 12, D., *De sep.*

celle de créancier du défunt (V. nº 27) : *Neque enim ferendus est qui qualiter qualiter*, ELIGENTIS TAMEN MENTE, *hæredis personam secutus est*. Aussi n'est-il pas nécessaire que la stipulation soit faite *animo novandi*, qu'elle emporte novation de l'obligation, pour faire déchoir le créancier; et ce n'est point en raison de cette novation que le créancier est déchu : le texte ne nous offre ici qu'une espèce particulière d'une série d'actes emportant tous acceptation de l'héritier pour débiteur, la *mens eligendi*, pour nous servir de l'expression consacrée par les jurisconsultes eux-mêmes. Toutefois, il paraît que dans les premiers siècles de la jurisprudence classique, tous les actes qui constituent cette *mens eligendi* entraînèrent en même temps novation; car du temps de Gaius, la novation s'admettait avec une extrême facilité : il suffisait qu'on eût stipulé quelque chose de nouveau [1]; l'adjonction ou la suppression d'une condition, d'un terme, d'un sponseur novait l'obligation, et nulle part nous ne voyons qu'on ait requis en même temps l'intention de nover. Ce n'est que plus tard que l'on commença à exiger l'*animus novandi*, comme on peut le voir dans les lois 2 et 8, §§ 2 et 5, et dans la loi 28, D., *De novat.*, d'Ulpien; mais il était impossible de s'entendre sur ce terrain, et les controverses devinrent si nombreuses, les discussions si obscures, que Justinien, dans une constitution, voulut trancher toutes ces difficultés, en exigeant à l'avenir que les parties s'expliquassent formellement sur leur intention d'opérer novation [2]. A partir de ce moment, les adjonctions ou suppressions de fidéjussions, de gages, de conditions, en un mot toutes les augmentations ou diminutions de l'étendue de l'obligation ne constituèrent plus à elles seules la novation, si l'intention des contractants n'avait été textuellement exprimée à cet égard. Toutefois, ces actes passés avec l'héritier devaient toujours continuer à produire la *mens eligendi*, parce qu'ils ont pour conséquence de conduire le créancier à choisir forcément et exclusivement l'héritier pour débiteur.

Il est évident, d'après cela, que le texte de la loi 1, § 10, aurait dû subir, dans la compilation justinienne, une modification en vertu de laquelle eussent disparu les expressions *animo novandi*, qui mettaient une condition de trop à la déchéance du droit de séparation.

[1] Gaius, III, 77.

[2] Const. 8, C., *De novat.*

Quoi qu'il en soit, il est positif que les Romains ne rangeaient point au nombre des actes d'élection celui par lequel le créancier eût fait ses diligences contre l'héritier, pour obtenir le payement de ce qui lui était dû : *quia ex necessitate hoc fecit*[1], et en vertu de cet adage : *Necessitas electionem et consensum non habet*[2].

§ 5. — *Des effets de la séparation.*

25. Nous avons déjà fait ressortir en passant un des caractères les plus tranchés de la séparation : c'est la démarcation profonde qu'elle établit entre les créanciers des deux masses séparées. Chacune des catégories exerce ses prétentions sur la masse à elle attribuée, sans avoir désormais à craindre ou à espérer une confusion qui changerait, au profit de l'une ou de l'autre, la valeur des dividendes affectés au payement de leurs créanciers respectifs.

L'héritier lui-même devient un étranger au regard des créanciers de la succession qui se sont retirés de sa personne et de ses biens; en quoi le bénéfice de séparation modifie profondément les conséquences de l'adition d'hérédité. L'héritier reste, il est vrai, toujours héritier aux yeux de la loi civile; mais il s'opère entre lui et les créanciers du défunt une scission profonde et permanente, qui empêche les derniers de revenir sur son patrimoine particulier.

26. Cela posé, il pourra arriver, ou que l'héritier satisfasse les créanciers du défunt sans satisfaire les siens propres, ou réciproquement. Dans la première hypothèse, la séparation cessera de plein droit, puisque ceux-là seuls qui avaient le droit de la demander et d'en profiter, se trouveront désormais sans intérêt pour s'en prévaloir. Avec la séparation disparaîtra aussi cette exclusion des biens de la succession qui pesait sur les créanciers de l'héritier : ils pourront désormais partager entre eux tout ce que les charges héréditaires y ont laissé de disponible. Papinien nous le dit expressément dans la loi 3, § 2 (*De sep.*) : *Quod* SINE DUBIO *admittendum est circa creditores hœredis, dimissis hœreditariis;* et sa manière de voir se trouve confirmée par Paul et par Ulpien[3]. En effet, la séparation n'a pas pour

[1] L. 7, D., *De separ.*
[2] L. 18, D., *De adim. vel transf. leg.*
[3] Paul, L. 5, D., *De sep.;* Ulpien, L. 1, § 17, D., *ibid.*

but de priver l'héritier de la succession, ni d'attribuer aux créanciers du défunt plus qu'ils n'auraient eu, si ce dernier avait continué de vivre : la portion de bien restante doit appartenir à l'héritier qui conserve son titre et sa qualité ; dès lors, en entrant dans son patrimoine, elle demeure affectée à ses créanciers personnels comme tous ses autres biens propres.

27. Dans la seconde hypothèse, c'est-à-dire lorsque les créanciers de l'héritier sont désintéressés, et que ceux du défunt ne le sont pas, Papinien n'est plus aussi tranchant dans ses expressions : il laisse entrevoir une certaine hésitation dont nous allons tout à l'heure connaître le secret. Voici d'abord comment il s'exprime dans la première partie de la même loi 3, § 2 : *Sed in quolibet alio creditore qui separationem impetravit, probari* COMMODIUS *est, ut si solidum ex hæreditate servari non possit, ita demum aliquid ex bonis hæredis ferat, si proprii creditores hæredis fuerint dimissi.* Le jurisconsulte veut bien permettre aux créanciers du défunt de profiter des biens de l'héritier ; mais cette concession, il se hâte de le dire, n'est pas conforme aux principes rigoureux du droit, et il semble chercher à faire excuser cette infraction, par l'utilité (*commodius*) qu'elle procurera aux créanciers.

C'est qu'en effet deux autres jurisconsultes sont loin de partager sa manière de voir. Partant de l'idée que les créanciers qui ont réclamé la séparation se méfient de la personne et du patrimoine de l'héritier (*recesserunt a persona hæredis*), Ulpien, dans la loi 1, § 17 et Paul, dans la loi 5, ne comprennent point que ces derniers puissent venir réclamer des biens qu'ils ont méprisés et dont ils se sont séparés de propos délibéré : *separatio enim..... eos ab istis bonis separavit,* dit énergiquement Ulpien ; on leur a accordé un avantage exorbitant, subversif des principes du Droit civil, parce qu'en effet il n'eût pas été juste de leur imposer un débiteur qu'ils n'ont pu connaître ni choisir ; mais puisqu'ils l'ont repoussé et qu'ils ont par là justifié les prévisions du préteur, pourquoi leur permettrait-on de revenir sur leurs pas et de se donner un démenti à eux-mêmes et au magistrat ? C'est en vain qu'ils allégueront l'ignorance ou l'erreur : car ils devaient se renseigner avant de faire une démarche si flétrissante pour le crédit de l'héritier ; sinon ils supporteront toutes les conséquences de la facilité avec laquelle ils se sont rejetés sur les biens de la succession, alors que le patrimoine de l'héritier était bien suffisant : faute qu'on ne peut reprocher aux créanciers de ce dernier.

Telles sont les principales raisons qui ont dicté la décision des deux jurisconsultes, et c'est pour ne pas les avoir suffisamment pesées que l'ancienne jurisprudence française s'est jetée dans une voie tout opposée qui, on peut le dire, a été la ruine du principe de la séparation.

Toutefois, sentant bien qu'une rigueur trop absolue eût été déplacée dans une matière destinée à subvenir à la stricte règle du Droit civil, Ulpien tempère cet excès, en permettant ensuite aux créanciers du défunt de venir prendre le restant des biens de l'héritier, s'ils peuvent établir l'existence d'une erreur inévitable, *justissima ignorantiæ causa allegata*; comme, par exemple, lorsqu'ils ont été trompés sur l'estimation des biens de l'héritier. Mais cette remise, ce pardon, comme on l'appelle, accordé seulement à ceux qui sont victimes d'une erreur ou d'un dol qu'on ne peut leur imputer, est ici plutôt une *restitutio in integrum* qui ne devait naturellement se produire que dans des cas rares et tout à fait exceptionnels [1], et qui n'altérait en rien le principe d'exclusion du patrimoine de l'héritier, principe qui est de l'essence même de la séparation.

28. Les premiers interprètes modernes, pour qui la science du Droit romain consistait principalement à y concilier ce qui est inconciliable, à en effacer les antinomies ineffaçables, ont cru trouver dans la restriction d'Ulpien l'explication de la décision de Papinien, qui n'aurait alors fait allusion qu'au cas d'erreur excusable de la part des créanciers du défunt [2]. Mais le contexte même de la loi 3 rend cette explication tout à fait inadmissible; car Papinien y compare les deux classes de créanciers en présence, en énumérant leurs droits respectifs, et il ne lui serait certes pas venu à l'idée de mentionner une prérogative qui n'existait que dans quelques hypothèses presque irréalisables.

Aussi, passant sous silence quelques autres explications plus ou moins ingénieuses qui ont encore été proposées, nous préférerons, avec Cujas [3], voir ici une antinomie d'autant plus probable, qu'elle est le produit d'une divergence d'opinions qui

[1] Cujas, sur la loi 3, § 2, *in lib. XXVII, Quæst. Papin.*

[2] Entre autres Noodt, *Comm. ad tit. De sep.*, n° 3.

[3] Cujas, *op. et loc. cit.*, et sur la même loi 3, § 2, *in lib. XIII, Quæst. Pauli.*

paraît avoir séparé plus d'une fois les mêmes jurisconsultes : comme semblent le prouver les expressions *quidam putant* de la loi 5, D., *h. t.*, et *quidam dicebant* de la loi 40, D., *De reb. cred.*, où Paul fait certainement allusion à Papinien, lequel prend sa revanche à son tour dans la loi 6, *pr.*, D., *De serv. export.*; et alors, nous aussi de nous écrier avec l'interprète perspicace, le jurisconsulte éminent, notre maître à tous : *Pugnant hæ leges, nec ulla ratio componendi dissidii !*

## SECTION II.

### De la séparation des patrimoines d'après l'ancienne jurisprudence française.

#### § 1. — *Du caractère et de la procédure de la séparation.*

29. C'est dans cette période de notre droit que la séparation commence à revêtir un caractère nouveau et différent de celui que nous avons connu jusqu'ici. D'une part, en effet, elle ne se présente plus comme un accessoire obligé de la mise en vente des biens du débiteur ; et de l'autre, on ne la retrouve plus appliquée à d'autres biens qu'à ceux qui font partie des successions. Lebrun [1] parle encore, il est vrai, des créanciers du pécule castrense; mais ce n'est plus là qu'un souvenir accordé aux traditions romaines, à une institution que la disparition de l'esclavage romain avait dû effacer parmi nous. Le droit de séparation peut donc désormais aussi être invoqué principalement, et comme mode d'action propre à assurer aux créanciers héréditaires le payement de leurs prétentions.

Mais ceux-ci seront obligés, au préalable, de se pourvoir auprès de la chancellerie, aux fins d'obtenir, moyennant finances, des *lettres royaux* [2].

30. Toutefois, ce dernier vestige de la procédure romaine, cette prérogative spéciale du souverain, imitation de celle du préteur, et qui avait été étendue à plusieurs autres matières encore, telles que le bénéfice d'inventaire et les actions en rescision, devait disparaître à son tour pour la séparation, par suite de cette réaction perpétuelle des parlements contre l'autorité royale. Ainsi Argou, dans ses *Institutions* [3], nous apprend que

[1] Lebrun, *Traité des successions*, liv. IV, ch. 2, sect. 1, n° 21.

[2] Leprestre, *Quest.*, cent. I, ch. 75, n° 10 ; Bugnyon, *Des lois abrogées*, liv. VI, ch. 113.

[3] *Instit. au Droit franç.*, liv. IV, ch. 4.

la pratique de ces lettres n'était plus observée que dans quelques parlements de droit écrit, comme ceux de Toulouse, de Grenoble et d'Aix, plus fidèles à ce qui avait une origine romaine; que dans le parlement de Paris, au contraire, la séparation se faisait de plein droit; et Ferrières, dans ses observations sur Bacquet, ainsi que Guy du Rousseau de Lacombe[1], nous attestent que les lettres n'étaient plus du tout en usage de leur temps. C'est encore à quoi fait allusion Basnage[2], quand il écrit : « Suivant nos usages, il n'est point besoin de demander » la séparation....; » et Lebrun[3] : «..... La séparation est de » plein droit parmi nous, et non sujette à demande. » La chose disparut, mais le mot resta; et tous les auteurs, même encore aujourd'hui, continuent à se servir de la locution *demande en séparation*, qui, déjà détournée alors de la signification qu'elle pouvait avoir en Droit romain, n'en a plus aucune de nos jours, et doit être évitée.

31. Si la jurisprudence n'admit jamais de séparation qu'en matière de succession, il faut cependant reconnaître qu'elle tendait, même dans cette limite, à en généraliser singulièrement les applications. La loi 1, § 2, D., *De sep.*, qui refusait si péremptoirement, mais aussi avec tant de raison, la séparation aux créanciers de l'héritier (n° 4-2°), ne fut que difficilement acceptée chez nous; *cette subtilité n'a pas été goûtée dans notre usage*, disait Domat[4], peut-être en suite de la règle qui voulait que les créanciers personnels de l'héritier fussent préférés aux créanciers du défunt dont les titres n'avaient été rendus exécutoires contre l'héritier que postérieurement à la constitution des privilèges et hypothèques au profit des créanciers personnels[5]. Ce motif, s'il est le véritable, est loin de suffire à nos yeux, et il justifierait encore moins l'extension que donna à ces principes le parlement de Provence en accordant, par un arrêt du 6 avril 1663, rapporté par Boniface[6], la séparation des patrimoines même aux légataires de l'héritier.

[1] Bacquet, *Des droits de just.*, ch. XXI, n° 426; Guy du Rousseau, *Jurispr.*, v° *Séparat.*, n° 5.

[2] *Des Hypothèques*, ch. XIII.

[3] *Des Successions, loc. cit.*, n° 24.

[4] *Lois civiles*, liv. III, tit. 2, sect. I, n° 1.

[5] Brodeau, *sur Louet*, lettre H, n° 19, 3°; Raviot, *sur Périer*, quest. 291; Basnage, *Des hypoth.*, ch. XIII.

[6] T. II, liv. IV, tit. 3, ch. 7.

Lebrun s'est élevé avec force contre cette jurisprudence, et a fait ressortir tout le danger qu'elle présentait, en laissant la porte ouverte aux fraudes et aux collusions entre l'héritier et ses créanciers. Ceux-ci effectivement, en s'entendant ensemble, pouvaient faire séparer à son profit une hérédité qu'il avait reconnue trop tard être obérée, et rendre ainsi son acceptation complétement illusoire. L'opinion de l'éminent jurisconsulte est partagée par beaucoup d'autres auteurs, notamment par Rousseau de Lacombe [1], Henrys [2], d'Espeisses [3] et Lemaistre [4].

32. On ne rencontre plus ces divergences d'opinions sur le point de savoir s'il faut accorder aux créanciers le droit de révoquer les acceptations de l'héritier, leur débiteur, faites en fraude de leurs droits; seulement Lebrun [5] fait remarquer que ces cas sont très-rares, et que le titre du Digeste *Quæ in fraudem creditorum* n'est pas en usage en France.

33. Relativement à la prescription, les auteurs sont encore très-peu d'accord pour admettre le délai des cinq ans du Droit romain; la plupart de ceux des pays de coutume penchent vers la négative, parce qu'on y tenait pour maxime que toutes les prescriptions de la législation romaine devaient être regardées comme abolies, à moins d'avoir été adoptées par les coutumes ou les lois nationales [6]. D'autres distinguent entre les meubles et les immeubles, en rejetant cette prescription pour les derniers, et en l'appliquant aux premiers dans certains cas seulement (V. n° 98).

Les pays de droit écrit et la Belgique, religieusement attachés aux traditions romaines, adoptèrent seuls, d'une manière absolue, la prescription quinquennale [7]. Et c'est par application de ces principes que la Cour de cassation a jugé que, sous la coutume de Cambrai (province belge), l'action en séparation se prescrivait par cinq ans, qui couraient du jour de l'ouverture

[1] *Op. cit.*, *v° Séparat.*, n° 1.

[2] T. 1, liv. IV, quest. 28.

[3] *Des contrats*, 3e part., tit. 2, sect. 5, n° 12.

[4] Sur l'article 335 de la *Cout. de Paris.*

[5] *Op. et loc. cit.*, n° 21.

[6] Domat, *op. cit.*, sect. 2; Cujas, *ad Afric.*, n° 9, et *Observ.* 140; Lebrun, *loc. cit.*, n° 24; Pothier, *Des success.*, ch. V, art. 4.

[7] V. entre autres : d'Espeisses, *Des contrats*, 3e part., tit. 2, sect. 5, n° 16; Argou, *Instit. au droit franç.*, liv. IV, ch. 4; Pérez, *ad Cod.*, liv. VII, tit. 72, n° 20; Regnerus, *Censura belgica, ad tit. De separat.*

de la succession, par application de la maxime *le mort saisit le vif*[1].

Au surplus, il paraît, au dire de Dupérier[2], que ce point était d'une application pratique on ne peut plus rare.

34. Conformément aux idées romaines, on n'admet pas non plus ici la séparation, lorsque les choses ne sont plus entières, par suite, soit de l'aliénation opérée par l'héritier des biens de la succession, soit de leur confusion avec ses biens personnels, soit enfin de l'acceptation que les créanciers ont faite de la personne de l'héritier pour débiteur. (V., sur tous ces points, n^os 21 à 24 pour le droit romain, et n^os 73 à 97 pour le droit français actuel.)

35. Un point qui nous frappe dans toute cette partie de notre étude, c'est que l'on trouve toujours la jurisprudence unique appréciatrice de toutes les questions que soulève la matière : on discute si telle loi romaine devra ou non être observée, et le bon plaisir des juges est souverain arbitre du plus ou moins d'extension que son application devra recevoir. La raison en est bien simple : c'est que toutes les coutumes sont complétement silencieuses sur la séparation des patrimoines. Il y a mieux : à en croire Raviot[3], le mot *séparation* lui-même, dans les textes du droit coutumier, ne devrait jamais s'entendre que de la dissolution de la société conjugale, parfaitement inconnue aux Romains.

En présence de ce mutisme désespérant, il ne restait aux magistrats qu'à estimer si le principe de la séparation était ou non compatible avec les caractères des coutumes en vigueur; et il paraît que celle du Hainaut était à peu près la seule où l'incompatibilité ait été reconnue d'une manière absolue, si du moins l'on s'en rapporte au témoignage de Pollet[4], et comme cela résulterait d'un arrêt du parlement de Flandre, du mois de juin 1672.

### § 2. — *Des effets de la séparation.*

36. Ici la jurisprudence se sépare complétement de la législation romaine, qu'elle a la prétention de suivre, et dont elle

[1] Cass., 9 avril 1816 (Sirey, *Collection nouvelle*, t. III, part. I, p. 172).
[2] *Décisions*, liv. IV, n° 345.
[3] *Quest.* 291; observat. 1.
[4] Part. III, § 112.

est ailleurs si souvent servile imitatrice. Ce revirement est dû, nous allons essayer de le démontrer, à la fameuse controverse entre Ulpien et Papinien (n$^{os}$ 26 à 28), controverse qui, pour avoir été mal comprise, a dénaturé à tout jamais l'antique et véritable esprit de la séparation des patrimoines.

A partir de quelle époque ce changement s'est-il produit? C'est ce que nous ne pouvons dire; car en interrogeant le peu de documents que nous ont laissés sur cette matière les auteurs de l'époque, on les trouve tous se copiant les uns les autres, et citant des lois romaines, la plupart du temps sans les commenter et sans étayer leurs propres opinions sur des motifs sérieux et juridiquement exacts.

37. Tous ont donné un certain développement à l'exposition de cette divergence remarquable, et dont les textes offrent malheureusement trop d'exemples; peu d'entre eux en ont saisi le véritable esprit et déduit des conséquences que n'auraient désavouées les Romains eux-mêmes. D'Espeisses, jurisconsulte des pays de droit écrit, est le seul, à notre connaissance, qui en ait donné une appréciation conforme à la nature des choses : « Celui qui a demandé telle séparation de biens, dit-il, s'est » départi de la personne de l'héritier et a suivi seulement les » biens du défunt; mais les créanciers propres de l'héritier ont » suivi, non-seulement les biens propres de l'héritier, mais » aussi la personne qui peut acquérir tant qu'elle aura vie[1]. » Pour cet auteur, l'opinien de Papinien doit être entendue *de æquitate;* celle de Paul et d'Ulpien, *de rigore juris.*

Ce sont là des idées toutes simples, dira-t-on, et qui ne sont en réalité qu'une paraphrase des textes romains eux-mêmes... D'accord; mais voyez plutôt Lebrun, comment il explique la décision de Papinien, du grand jurisconsulte, dont pour lui *l'autorité était un contre-poids suffisant contre tous les autres :* « La séparation obtenue par les créanciers du défunt, » écrit-il, « *n'était pas capable d'effacer l'adition ou l'immixtion de l'hé-* » *ritier*, et ne servait pas d'exception à la maxime *qui semel* » *heres nunquam desinit esse heres*[2]. »

Comprend-on que dans l'esprit des jurisconsultes romains, de ces maîtres dans l'art de poser les principes et d'en déduire

[1] *Des contrats*, 3$^{e}$ part., tit. II, sect. 5, n° 9.
[2] *Op. cit.*, n° 26.

les conséquences jusqu'à leurs extrêmes limites ; comprend-on que dans l'esprit de ces logiciens judicieux, excluant impitoyablement de la séparation les créanciers qui ont suivi la foi de l'héritier; comprend-on, dis-je, que cette séparation ne détruise point l'adition d'hérédité et laisse le créancier de l'héritier créancier de la succession dont on vient de le séparer? Comprend-on que la séparation, avec ses effets collectifs, sépare les biens du défunt de ceux de l'héritier, mais ne sépare pas les biens de l'héritier de ceux du défunt?... c'est-à-dire que les Romains auraient imaginé une séparation qui, en définitive, ne séparait rien du tout?...

Eh bien! c'est cette malheureuse idée et ses conséquences que nous voyons répétées à l'envi par tous les auteurs de cette époque : Guy du Rousseau [1], Ferrières [2], Lemaistre [3], de Montvalon [4] et bien d'autres. Ce que Papinien énonçait comme une dérogation à la rigueur du droit commandée par l'équité, on le transforme en un système complet, organisé sur des bases nouvelles : l'adition d'hérédité marchant de front avec la séparation, on est conduit à dire que celle-ci ne concerne plus l'héritier, qu'elle est dirigée uniquement contre ses créanciers, et qu'elle aboutit en somme à une simple préférence entre deux classes de créanciers : ceux du défunt à l'encontre de ceux de l'héritier. Système hybride, qui n'ose être rigoureux et qui est inconséquent!... Aussi maintenant nous avons la clef de cette règle de Loysel, qui pourrait paraître si singulière en la rapprochant des textes romains : « Et néanmoins en séparation de » biens les créanciers chirographaires du défunt sont préférés » à tous les créanciers de son héritier [5]... » Et celle d'un passage de Bourjon, où il qualifie expressément la séparation de privilége [6].

Si nous interrogeons à présent Pothier, qui nous représente toujours fidèlement le dernier état de la jurisprudence française avant la révolution, nous le voyons sacrifier aux idées de son temps et suivre en tous points la doctrine de ses devanciers :

[1] Sur d'Espeisses, *loc. modo cit.*, et *Jurispr.*, v° *Séparat.*, n° 6.
[2] Sur l'article 383 de la *Cout. de Paris*.
[3] Sur l'article 335 de la *Cout. de Paris*.
[4] *Des success.*, ch. III, art. 17.
[5] *Instit. coutum.*, t. VII, r. 494.
[6] *Des success.*, 2° part., ch. XII, n° 28.

« La séparation de biens introduite en leur faveur, » dit-il en parlant des créanciers de la succession, « ne doit pas être ré- » torquée contre eux; en la demandant, *ils n'ont pas eu l'inten-* » *tion de libérer l'héritier de l'obligation contractée envers eux,* » *par l'acceptation de la succession, mais seulement d'être pré-* » *férés sur ces biens aux créanciers de l'héritier*[1]. » C'est toujours la séparation réduite à une simple cause de préférence, par suite du maintien contradictoire de ces deux principes incomparables : saisine et séparation. Il n'y a de patrimoines séparés que pour empêcher le concours au marc la livre, il n'y en a point pour empêcher le concours par ordre de priviléges des deux classes de créanciers, lesquelles ne sont plus séparées que l'une à l'égard de l'autre et non plus à l'égard de l'héritier. Bref, on peut résumer toute la théorie de Pothier de la manière suivante : *Dans le concours sur les biens de la succession, les créanciers du défunt sont préférés aux créanciers de l'héritier; mais dans le concours sur les biens de l'héritier, les créanciers de l'héritier sont préférés aux créanciers du défunt.*

Tout cela peut bien constituer un système, et un système assez conséquent dans toutes ses parties; aussi ne lui ferons-nous pas le reproche que lui adresse M. Bugnet, dans ses annotations sur cet auteur[2], d'avoir conservé la saisine à l'héritier, et cependant de préférer, sur ses biens propres, les créanciers de ce dernier à ceux de la succession; car pour Pothier la séparation n'existait pas à l'encontre de l'héritier, mais seulement de ses créanciers. C'était là un motif suffisant pour l'opposer aux créanciers de la succession, lorsqu'il s'agit du patrimoine de l'héritier, tout aussi bien qu'on l'opposerait aux créanciers de l'héritier, lorsqu'il s'agit du patrimoine du défunt. La conséquence est logique; mais combien nous sommes loin maintenant de l'antique séparation romaine, et combien il serait difficile à présent de mettre comme alors, dans la bouche des créanciers héréditaires, ces paroles significatives[3] : *Bona Seii sufficere sibi; creditores Titii contentos esse debere bonis Titii!...*

38. Quoi qu'il en soit, avec ces caractères, la séparation a dû

[1] Introd. au tit. XVII de la *Cout. d'Orléans*, n° 127, et *Traité des success.*, ch. V, art. 4.

[2] T. VIII, p. 221, note 11 de son édition.

[3] L. 1, § 1, D., *De separat.*

avoir fort peu d'application pratique, et il ne faut pas s'étonner que le président Favre[1] rapporte que de son temps quelques praticiens la croyaient abrogée par l'introduction du bénéfice d'inventaire; car, d'un côté, elle ne pouvait avoir d'utilité absolue que pour les biens non susceptibles d'hypothèque, et quelques coutumes admettaient l'hypothèque, même sur les meubles; de l'autre côté, même pour les biens susceptibles d'hypothèque, elle n'était réellement utile qu'aux créanciers chirographaires du défunt ou aux créanciers hypothécaires primés par une hypothèque générale des créanciers de l'héritier, antérieurs en date. Encore Lebrun[2] est-il, à notre connaissance, le seul auteur qui admette la nécessité de la séparation dans cette dernière hypothèse; la plupart des autres pensaient, au contraire, que les biens de la succession, n'arrivant à l'héritier que grevés des hypothèques consenties par le défunt, la séparation dans les mains des créanciers hypothécaires de celui-ci devenait sans objet, puisque de toutes manières ils devaient primer ceux de l'héritier, même antérieurs en date[3].

C'est aussi dans cette dernière hypothèse seule, c'est-à-dire quand il existe au profit de créanciers de l'héritier des hypothèques générales antérieures à l'ouverture de la succession, que la séparation présente quelque avantage aux légataires du défunt, puisque ceux-ci jouissaient d'une hypothèque légale qui prend rang à partir du décès du *de cujus*, et aussi aux créanciers chirographaires, auxquelles certaines coutumes conféraient le même privilége[4]. Toutefois, c'était là un droit exceptionnel; car la majorité des coutumes n'osaient pas changer ainsi la position des créanciers, par suite du décès de leur débiteur.

[1] *De err. pragm.*, déc. II, err. 2.

[2] Lebrun, *op. cit.*, n° 12.

[3] Tel était le sentiment de Legrand, sur l'article 83 de la *Coutume de Troyes*, gl. III, n° 16; Basnage, *Des hypoth.*, 2e part., ch. XIII; d'Héricourt, *De la vente des immeubles*, ch. 11, sect. 2, n° XI; Pothier, *Des successions*, *loc. cit.*

[4] L'article 136 des *Placités* du parlement de Normandie portait : « Toute » obligation a hypothèque du jour du déceds de l'obligé, encore qu'elle ne » soit reconnuë ny controllée..... » (6 avril 1669). Et la Coutume de Bourgogne contenait des dispositions analogues.

## SECTION III.

### De la séparation des patrimoines d'après le Droit intermédiaire. (1789-1804.)

39. Dans cette période toute transitoire, il ne semble pas que la séparation ait en aucune façon occupé les législateurs d'alors, trop absorbés par l'intérêt brûlant des questions politiques du jour. La première loi qui organisa un système hypothécaire, celle du 9 messidor an III, et qui du reste ne fut jamais en vigueur, passait notre matière complétement sous silence. La loi du 11 brumaire an VII, le véritable Code hypothécaire de l'époque, ne contenait à cet égard qu'une disposition malheureusement bien laconique. L'article 14, après avoir énuméré l'ordre des priviléges et hypothèques, se terminait par la phrase suivante :

« ..... Le tout sans préjudice du droit qu'ont les créan-
» ciers des personnes décédées et les légataires, de demander
» la distinction et la séparation des patrimoines, conformément
» aux lois. »

Ainsi le législateur de cette époque n'entendait introduire aucune innovation; il s'en rapportait purement et simplement aux anciens usages en cette matière, et qui survivaient seuls par conséquent à tout le système successoral que la tourmente révolutionnaire avait emporté.

Aussi est-on, à notre avis, bien entré dans ses vues, en décidant entre autres que le délai de cinq ans pour la déchéance de la *demande* en séparation, délai qui n'était pas observé autrefois en France, ne devait pas l'être non plus sous la loi de brumaire; que l'action en séparation de patrimoines devait durer trente ans, d'après le droit commun [1], et qu'elle n'était pas éteinte par la circonstance que le créancier aurait reçu des intérêts de l'héritier [2]; décisions que n'aurait, à coup sûr, pas reniées l'ancienne jurisprudence elle-même (nos 33 et 34).

40. Pourtant, la révolution qui venait de s'opérer dans le régime hypothécaire, devait naturellement influer sur les effets du droit de préférence, que l'ancienne jurisprudence faisait découler du bénéfice de la séparation.

[1] Rouen, 11 germinal an XI (Sir., *Coll. nouv.*, 1, II, 126).
[2] Paris, 14 floréal an XI (Sir., *Coll. nouv.*, 1, II, 135).

Ainsi, sous l'empire de la loi nouvelle qui attachait d'une manière absolue la préférence à la priorité d'une inscription, les créanciers du défunt, hypothécaires ou non, avaient le plus grand intérêt à se hâter de faire leur demande; car ils pouvaient par là acquérir la priorité sur les créanciers hypothécaires de l'héritier, dont le titre était antérieur à l'ouverture de la succession, mais qui n'avaient fait inscrire qu'après la demande en séparation; aussi dut-elle acquérir alors une plus grande importance. Mais il ne paraît pas que la loi de brumaire ait donné au créancier chirographaire du défunt les moyens de primer le créancier hypothécaire de l'héritier inscrit antérieurement; il eût fallu pour cela ériger la séparation en privilége. Il existe aujourd'hui une opinion qui croit fermement que le Code Napoléon a réalisé cette idée, et nous démontrerons plus loin sur quelles bases fragiles elle repose. Mais en tous cas, si la question peut faire naître quelque doute sous la législation qui nous régit actuellement, elle n'en peut faire naître certainement aucun sous la loi de brumaire, qui, loin de regarder la séparation comme un privilége, ne l'a mentionnée que comme une dérogation aux priviléges dont l'ordre, en certains cas, peut se trouver modifié par elle, et qui, enfin, ne l'assujettit nullement à l'inscription, alors que, dans son système, tout droit réel devait être inscrit. La simple inspection de l'article 11, dans son énumération limitative qu'il fait des priviléges en omettant comme ci-dessus le droit de séparation, nous montre assez que, pour les rédacteurs de la loi, jamais la séparation n'a eu les honneurs de ces priviléges.

41 C'est ce que reconnut la Cour de cassation à cette époque; elle décida en conséquence que le droit n'était point assujetti à l'inscription, et pouvait être opposé par des immeubles sur lesquels les créanciers de l'héritier avaient ultérieurement pris inscription; jurisprudence qui fut maintenue même en faveur des demandes en séparation, formées après la promulgation du Code Napoléon, lorsque la succession s'était ouverte auparavant[1].

Mais on ne s'en est pas tenu là : la Cour a accordé encore à la séparation la priorité sur des créanciers, même antérieure-

[1] Cass., 8 mai 1811 (Sir., *Coll. nouv.*, 3, 1, 343); Cass., 8 novemb. 1815 (S., *Coll. nouv.*, 5, 1, 107).

ment inscrits[1]; solution très-contestable, selon-nous; car de deux choses l'une : ou la loi de brumaire a fait de la séparation un privilége, et alors il fallait la soumettre à l'inscription ; ou elle ne l'a pas fait, et alors il ne saurait y avoir au profit des créanciers du défunt aucune priorité sur les créanciers hypothécaires de l'héritier, inscrits avant la demande. Car tel n'a pas pu être le but de la loi, puisque, encore une fois, elle ne considérait le droit de séparation que comme étant de nature à modifier les rapports des créanciers de la succession avec les créanciers hypothécaires ou privilégiés de l'héritier, dont les titres étaient postérieurs en date, et avec les créanciers chirographaires de cet héritier, sans distinction d'ancienneté.

C'est là tout. En voulant aller plus loin on tombait dans une inconséquence injustifiable.

## SECTION IV.

### De la séparation des patrimoines d'après le Code Napoléon.

42. Notre Code présente ici le spectacle de la législation la plus incohérente que l'on puisse imaginer. Dans le titre *Des successions*, quatre articles fort courts semblent reproduire plus ou moins fidèlement les principes proclamés et pratiqués par le Droit romain. On y voit figurer l'expression *demande en séparation*, qui ferait songer à un système collectif et exclusif quant à la personne et aux biens de l'héritier, si cette première idée n'était aussitôt démentie par un texte qui réserve à l'héritier, en termes très-clairs, le droit de disposer des biens de la succession. On croit y retrouver aussi cette séparation de la personne de l'héritier, séparation qu'une reconnaissance fait évanouir, comme dans le système de la jurisprudence classique des Romains, si une autre disposition ne venait immédiatement détruire cette autre idée, en nous disant que la séparation n'est point dirigée contre l'héritier, mais *contre tout créancier*, et ne nous reportait ainsi aux théories de l'ancienne jurisprudence française, mises en honneur si mal à propos par Pothier et plusieurs autres.

Mais ce qui achève de convaincre qu'aucune réminiscence

[1] Cass., 8 septembre 1806 (S., *Coll. nouv.*, 2, 1, 189); Cass., 17 octobre 1809 (S., *Coll. nouv.*, 3, 1, 113).

du Droit romain n'a guidé les rédacteurs de notre Code, c'est, au titre *Des priviléges et hypothèques*, un article unique, isolé et comme perdu au milieu de textes avec lesquels il n'a au premier abord aucune liaison juridique ; article qui apporte une condition de droit nouveau à l'exercice et à la conservation de la séparation. Une inscription hypothécaire sera dorénavant exigée sur les immeubles de la succession, absolument comme s'il s'agissait des autres priviléges, parmi lesquels on a pourtant affecté de ne point la ranger.

Si nous avions à juger ici cette législation, nous aurions à juste titre le droit de lui reprocher cette absence d'unité, de liaison dans les idées que dénote une incertitude fâcheuse dans l'esprit de ses auteurs ; mais telle n'est pas notre tâche. Expliquer et non critiquer, concilier et non innover, voilà le but que nous nous efforcerons d'atteindre dans ce petit traité, et nous nous flattons d'y être resté fidèle, malgré les ingénieuses conceptions et les séduisantes théories que nous offrait souvent le vaste champ de la doctrine, où il nous était facile de puiser des systèmes tout faits.

43. Quand on consulte les travaux préparatoires du Code sur cette matière, on est étonné du peu de lumières qu'on y trouve; la discussion au Conseil d'État est nulle; les articles sont adoptés presque sans observation, et les rares changements qu'on se hasarde à faire subir à l'un ou à l'autre d'entre eux, ne visent qu'à une correction grammaticale[1], plus destinée à satisfaire l'oreille que l'esprit. Et pourtant, s'il y avait un sujet qui exigeât des développements, c'était bien celui-ci; car enfin, en présence de toutes les controverses dont il est hérissé, et qui remontent pour la plupart au temps des Romains, il fallait pourtant nous dire ce que l'on avait voulu, quel était le système auquel on s'était rattaché et que l'on avait en vue de faire prévaloir.

Les législateurs ne s'étant pas prononcés, ce fut à qui, parmi les auteurs, leur prêterait le système le plus conforme à sa manière de voir personnelle, et en même temps le plus compatible avec les textes qui avaient dû traduire leur pensée. Nous ne prétendons point présenter un tableau de toutes les théories doctrinales qui ont surgi à ce propos, cette exposition fasti-

[1] V. Locré, *Législation*, t. XVI, 2e part., comm. VII, n° 8.

dieuse et d'un médiocre intérêt nous obligerait à faire une réfutation *in extenso* de chacune d'entre elles ; il nous a paru plus avantageux de la faire en détail, isolément, au fur et à mesure qu'en développant, dans la seconde partie de ce travail, la théorie que nous croyons la plus conforme au texte et à l'esprit du législateur, nous aurons occasion de signaler en même temps les divergences qu'elle présente avec celles de nos adversaires. Nous n'esquisserons donc ici que les points saillants des principaux systèmes, proposés aujourd'hui par les commentateurs du Code Napoléon.

44. Trois grands systèmes généraux peuvent être présentés sur la séparation des patrimoines.

*Premier système.* — A ne considérer dans le Code que les dispositions insérées au titre *Des successions*, on peut prôner le système collectif de la séparation avec un administrateur comptable, différent ou non de la personne de l'héritier, avec la cessation du principe de la saisine et une séparation si absolue entre les deux masses qu'elles ne pourront plus avoir de rapport entre elles, et que dans le cas où les créanciers de la succession ne trouveraient pas de quoi se faire intégralement payer sur les valeurs de cette dernière, ils ne pourraient, en aucun cas, recourir sur les biens de l'héritier ; mais alors il faut faire abstraction des articles 2111 et 2113 (Code Nap.), qui montrent sans équivoque que certains créanciers conservent un droit de préférence vis-à-vis de certains autres, et par là même supposent un concours entre les deux masses. Mais alors il faut encore faire abstraction de l'article 878 (Code Nap.), d'après lequel la séparation se demande contre les créanciers et non contre l'héritier, qui reste donc tenu d'acquitter intégralement toutes les dettes, tant celles qui procèdent de son chef que celles qui proviennent du défunt, et que son acceptation a assimilées aux autres ; — et enfin de l'article 2146 du Code Napoléon, qui prive de tout effet les inscriptiens hypothéacires entre créanciers d'une succession bénéficiaire, voulant par là les soumettre à un régime collectif et uniforme, et qui décide implicitement aussi que ces inscriptions ne seront pas sans effet, qu'il n'y aura qu'une séparation individuelle, lorsque la succession est acceptée purement et simplement.

Ces raisons sont décisives, et nous ne sachions pas qu'aucun auteur ait songé à défendre un semblable système ; et au surplus il faut s'applaudir de ce que le législateur, qui ne paraissait pas bien fixé sur le choix à faire, à l'époque de la rédaction des articles 878 et suivants, ait clairement manifesté, au titre *Des priviléges et hypothèques*, sa préférence pour la séparation individuelle. L'expérience a fait justice à présent de tous ces systèmes d'administration en masse, où les frais de gestion absorbent la partie la plus nette de l'actif du débiteur, quand la mauvaise foi de l'administrateur gratuit n'a pas déjà fait disparaître le mince dividende auquel les créanciers avaient droit, ruinant ainsi l'un sans désintéresser les autres.

*44 bis. Deuxième système.* — En présence de l'incohérence que présente le système précédent, une nouvelle école s'est formée, école qui a recruté le plus d'adeptes dans ces derniers temps, et qui répudie les traditions de tous les auteurs ses devanciers. Pour elle, le législateur, au titre *Des priviléges et hypothèques*, a tergiversé et abandonné l'échafaudage dressé par lui au titre *Des successions;* il se serait alors rejeté sur le système hypothécaire, comme pouvant seul protéger efficacement les intérêts des créanciers héréditaires, imitant en cela certaines coutumes de l'ancienne France, et les dépassant même, puisqu'il aurait érigé en privilége ce dont les coutumes n'avaient fait qu'une hypothèque. D'après cela, le créancier du défunt serait *ipso facto* par la seule inscription qu'il aurait prise en vertu de l'article 2111, privilégié sur tous les immeubles de la succession, non-seulement à l'égard de l'héritier, entre les mains duquel ils se trouvent frappés d'une inaliénabilité complète, mais encore à l'égard des tiers détenteurs, exposés à toutes les rigueurs du droit de suite.

La réfutation d'un système en opposition si flagrante avec tous les textes de notre Code, ne nous sera pas bien difficile, et si nous la présentons avec quelque développement, c'est que plusieurs jurisconsultes éminents n'ont pas dédaigné d'y attacher leur nom, et qu'un certain nombre d'arrêts l'ont sanctionné dans la pratique [1].

[1] Delvincourt, t. II, p. 178; Duranton, XIX, 221 et suiv.; Poujol, *Des success.*, sur les articles 878 à 881, n$^{os}$ 14 et suiv.; Hureaux, *Étud. sur le Code civil*, t. II, n$^{os}$ 414 et suiv.; Blondeau, *De la sép. des patr.*, p. 477 et 480; Lulé-Dejardin, *Traité de la sép. des patr.*, n° 41; Genty, *De la nature légale de la sép. des patr.* (*Revue crit. de législ.*, t. VIII, p. 344 et suiv.).

Nîmes, 19 février 1829 (S., *Coll. nouv.*, 9, II, 214). — Bourges, 20 août

C'est pour nous un point d'une évidence parfaite que le seul objet de la séparation des patrimoines est d'empêcher la confusion des biens de la succession avec ceux de l'héritier, au détriment des créanciers du défunt, et de les affecter en gage à ces derniers pour l'acquittement des dettes dont elle était grevée, en vertu du principe doctrinal de l'article 2093, qui répute les biens d'un individu gage commun de ses créanciers. Mais tout le monde admet, je crois, que le gage dont il est question dans cet article n'est pas ce droit réel si voisin de l'hypothèque, et qui confère au créancier un véritable droit de suite à l'encontre des tiers [1]. Ainsi la séparation ne change ni la position respective des créanciers de la succession, ni la nature de leurs créances ; elle n'a d'effet que contre les créanciers de l'héritier, comme le fait d'ailleurs entendre très-bien M. Tarrible, dans son *Répertoire* [2], en écrivant : « La séparation des patrimoines » est absolument distincte et indépendante du système hypo- » thécaire, et ce que l'article 2111 appelle privilége ne peut » être autre chose que le droit de se faire payer sur les immeu- » bles de la succession, par préférence aux créanciers person- » nels de l'hérédité. »

Nous savons bien que plusieurs de nos adversaires, en rapprochant les articles 873 et 1017 de l'article 2111, pensent que si les héritiers sont tenus des dettes et charges de la succession, personnellement pour leur part contributoire et hypothécairement pour le tout, les créanciers, en satisfaisant aux conditions requises pour assurer le droit de séparation, auront acquis le privilége de se faire payer sur le prix de l'immeuble successoral, en quelques mains qu'il se trouve ; que l'article 1017 accordant déjà une hypothèque aux légataires, il eût été irrationnel et injuste d'investir les créanciers d'un droit inférieur, d'un privilége dépourvu du droit de suite et réduit à un simple droit de préférence ; que l'article 2111 doit, pour s'interpréter, être rapproché de l'article 873, et que l'explication du terme *privilége* du premier des deux se trouve naturellement dans les mots *hypothécairement pour le tout* du second, lequel n'avait fait que mentionner d'une manière générale le droit hypothé-

1832 (S., 1833, II, 635). — Bordeaux, 14 juillet 1836 (S., 1837, II, 229). — Orléans, 22 août 1840 (S., 1841, II, 513).

[1] C. Nap., art. 2102-1°.

[2] V° *Privilége de créance.*

caire qui compète aux créanciers du défunt. Mais nous croyons que c'est faire un étrange abus des mots *hypothécairement pour le tout*, en soutenant que la position du créancier se trouverait par là modifiée et améliorée par la mort du débiteur, c'est-à-dire par un événement tout à fait en dehors de ses prévisions, et auquel il eût été peu convenable de l'intéresser. L'article 873 ne dit point que le décès rendra hypothécaires de plein droit les créanciers de la succession; il dispose seulement pour le cas où le créancier aura acquis une hypothèque, du chef du défunt, antérieurement à l'ouverture de la succession, et, introduisant ainsi une exception au principe de la divisibilité des dettes, proclamé par l'article 1221-1°, il lui permet de venir exercer cette hypothèque, nonobstant le cas où la somme ainsi garantie excéderait la part contributoire de l'héritier dans le passif de la succession. — Quant à l'objection tirée de l'article 2017, elle ne nous embarrasse pas beaucoup; car les légataires auxquels le testament du défunt a conféré seulement un droit de créance n'ont pas pu exiger des sûretés du testateur comme les autres créanciers qui ont contracté avec lui de son vivant. Il importait que la loi vînt à leur secours et leur donnât ce qu'ils n'ont pu se procurer eux-mêmes. Cette hypothèque, d'ailleurs, a une application très-restreinte, comme nous le verrons plus tard (n<sup>os</sup> 63 et 63 *bis*); et si, en effet, les légataires peuvent être payés au détriment des créanciers, ce ne seront jamais parmi ceux-là que les légataires particuliers, les légataires universels ou à titre universel étant tenus du payement des dettes en proportion de leur émolument [1].

Cependant on insiste et l'on dit : Vous craignez que le décès du débiteur ne favorise les créanciers, et vous tolérez qu'il empire leur position; vous les abandonnez complétement au caprice du hasard, qui transmettra la succession à un héritier de mauvaise foi, ou tout au moins imprudent et dissipateur, et vous les laissez désarmés contre toutes les aliénations qu'il jugera à propos de faire, puisqu'ils n'ont plus d'action dès que le bien est sorti du patrimoine de cet héritier; et ce résultat, continue-t-on, est d'autant plus injuste que les créanciers n'ont pas contracté avec le débiteur héritier, mais avec le défunt, sur lequel seul ils ont pu prendre toutes les informations nécessaires

[1] C. Nap., art. 1009 et 1012.

touchant sa solvabilité et sa moralité... — Cela se peut; mais nous répéterons encore qu'il était impossible de protéger ainsi les créanciers chirographaires de la succession à l'égard des créanciers hypothécaires. Leur position ne mérite nullement le même intérêt. La séparation n'a pas été établie dans le but de les soustraire à un danger qui les menaçait déjà du vivant de leur débiteur; sans doute, le décès de ce dernier pouvait empirer leur position si l'héritier était dissipateur ou imprudent; mais c'est là une chance à laquelle ils se sont volontairement soumis; car, en contractant avec le défunt, ils savaient contracter aussi avec ses héritiers [1]. Ils ont donc dû s'attendre à voir substituer à leur débiteur une autre personne qui peut-être ne leur offrira pas les mêmes garanties...; tout cela ne les a pas arrêtés, tant pis pour eux! il est juste qu'ils supportent les conséquences de leur incurie.

En disant, dans l'article 880, que la séparation peut être exercée aussi longtemps que les immeubles restent dans les mains de l'héritier, le législateur a clairement fait entendre qu'elle ne pouvait plus l'être lorsqu'ils en seraient sortis, et qu'il n'y aurait aucun droit de suite en cette matière. Cette disposition contrarie singulièrement le système de nos adversaires; aussi, qu'en font-ils? ils la négligent purement et simplement, et la prétendent abrogée par l'article 2111; singulière manière d'interpréter les textes! Que l'article 880 jure avec l'article 2111 où la séparation est qualifiée de privilége, nous le voulons bien; mais quant à dire qu'elle est l'indice certain d'un changement de système dans l'esprit du législateur, c'est ce que nous ne pouvons accorder. Il ne faut pas être si prodigue d'abrogations; et lorsqu'on trouve une apparente antinomie entre deux textes, ne vaut-il pas mieux chercher à entendre les dispositions d'une manière qui leur donne à chacune un effet, plutôt que dans un sens avec lequel l'une ou l'autre n'en aurait aucun? — Nous sommes d'ailleurs peu touché de l'importance qu'on attache à l'expression de *privilége*, dont s'est servi l'article 2111, et l'histoire, au besoin, nous fournira un argument pour en écarter toute conséquence exagérée qu'on prétendrait en tirer. Allons même plus loin : accordons que la séparation soit un privilége, et reconnaissons que le législateur n'a pas commis d'hérésie

[1] C. Nap., art. 1122.

en la qualifiant ainsi, de même qu'il n'avait pas besoin pour cela de lui donner des effets aussi étendus qu'aux priviléges ordinaires. Le privilége comme l'hypothèque, en effet, renferme deux choses : le droit de préférence et le droit de suite. Est-ce à dire que ces deux éléments soient si connexes qu'ils ne pourraient exister séparément, et cela parce que nous ne trouvons nulle part en pratique d'exemple de ces démembrements? Le législateur a si bien su les distinguer, qu'il les a isolés lui-même: d'abord en exposant les règles propres à la manière de conserver les priviléges [1], puis lorsqu'il déclare, dans l'article 2113, que les priviléges inscrits tardivement dégénéreront en hypothèques, faisant ainsi évanouir une partie du droit de préférence, inhérent en eux, sans toucher au droit de suite. C'est, pour le dire en passant, ce même article 2113 dont nos adversaires se sont servis contre nous, parce qu'ils le trouvent d'une application impossible dans notre système : comme si la dégénérescence dont il frappe le privilége pouvait comprendre autre chose que le droit de préférence, et comme si elle restait incompatible avec le droit de suite. Dès lors, qu'y aurait-il d'extraordinaire à reconnaître dans la séparation un de ces démembrements des priviléges ordinaires, destinés à faire valoir une simple cause de préférence entre créanciers, mais incapables d'inquiéter les tiers acquéreurs?

Nous ne saurions donc refuser à la séparation des patrimoines la dénomination de privilége, comme le font MM. Aubry et Rau [2], sur ce fondement qu'il ne tirerait pas sa source de la qualité de la créance; ou comme M. Troplong [3], parce qu'il ne s'exercerait pas entre créanciers du même débiteur, mais entre deux classes différentes d'intéressés. Le privilége de la séparation dépend certainement de la qualité de la créance qui est héréditaire; et sous le régime individuel, tel que le Code l'a consacré, on ne peut plus dire qu'il s'exerce de classe à classe, la saisine ayant rendu tous les créanciers du défunt créanciers de l'héritier; le droit de préférence s'opposera donc de personne à personne, absolument comme s'il dérivait de l'hypothèque ou des autres priviléges.

[1] V. les articles 2106 à 2113, rapprochés des articles 2134 et suiv., 2146 et suiv., et 2166; enfin, l'article 834 C. proc.

[2] *Droit civil franç.*, § 619, note 41 (3e édit.).

[3] *Des priv. et hypoth.*, n° 823.

Pour nous la séparation des patrimoines sera donc un privilége, mais un privilége imparfait, dont l'effet principal consistera à modifier la position respective de deux créanciers, tous deux d'une origine différente, et d'altérer l'efficacité des véritables priviléges; c'est à ce double titre seulement que le législateur a exigé l'inscription. Les travaux préparatoires du Code achèveront de démontrer cette vérité.

L'article 2111 n'existait pas dans le projet, tel que l'avait élaboré, sous la présidence de Tronchet, la commission nommée par les consuls du 24 thermidor an VIII [1], et les articles du titre *Des successions* [2] étaient à peu de chose près rédigés comme le sont aujourd'hui les articles 878 à 881. Mais le Tribunal de cassation, qui trouvait incomplet et défectueux le titre *Des priviléges et hypothèques*, en proposa un autre, édifié sur des bases différentes. Dans ce nouveau projet, l'article 8 du titre 6 (*Des priviléges et hypothèques*) était conçu de la manière suivante (nous le transcrivons en entier ici, afin de mieux mettré le lecteur à même de le comparer avec la rédation définitive, telle qu'elle a passé dans le Code) :

« Art. VIII. — Les créanciers privilégiés sur les immeubles » sont :

» 1° Les créanciers et légataires d'un défunt sur les biens de » la succession.

» Ils conservent ce privilége par les inscriptions faites sur » chacun de ces biens, dans les six mois, à compter de l'ouver- » ture de la succession.

» Avant l'expiration de ce délai, aucune hypothèque ne peut » être consentie avec effet sur ces biens, par les héritiers, au » préjudice de ces créanciers ou légataires.

» 2° Le vendeur, sur l'immeuble qu'il a vendu pour le paie- » ment du prix, en tout ou en partie.

» Ce privilége est conservé par la transcription du titre qui a » transféré la propriété à l'acquéreur, et qui constate la dette » de la totalité ou de partie du prix; à l'effet de quoi le conser- » vateur fait d'office l'inscription sur son registre des créances » encore inscrites qui résultent de ce titre. Le vendeur peut » aussi faire faire la transcription du titre de l'acquéreur, et,

[1] V., dans ce projet, le liv. III, tit. 6, chap. 1er.
[2] Art. 198 à 201.

» par suite, inscription de ce qui lui est dû à lui-même sur le » prix.

» 3° Le cohéritier ou copartageant, sur les biens de chaque » lot ou sur le bien licité, pour la soulte et retour de lots ou pour » le prix de la licitation.

» Ce privilége se conserve par l'inscription faite, à la dili- » gence du cohéritier ou copartageant, dans les quatre décades » du jour de l'acte de partage, ou de l'adjudication par licitation, » durant lequel temps aucune hypothèque ne peut être con- » sentie par le propriétaire du bien chargé de soulte, ou ad- » jugé par licitation, au préjudice du créancier de la soulte ou » du prix.

» 4° Ceux qui ont fourni des deniers pour le paîement du prix » de la vente, ou de la soulte, ou de la licitation.

» Sont conservés à leur profit, par les mêmes moyens, les » droits et priviléges du vendeur et du copartageant, pourvu » que la destination des deniers soit constatée par acte authen- » tique d'emprunt, et que l'emploi en soit constaté par quittance » authentique.

» 5° Les architectes, entrepreneurs, maçons et autres ou- » vriers employés pour édifier, reconstruire ou réparer un » bâtiment quelconque, et ceux qui ont, pour les payer et rem- » bourser, prêté des deniers dont la destination et l'emploi » soient authentiquement constatés.

» Ce privilége se conserve par l'inscription, et à compter de » la date de l'inscription sur le bien amélioré au réparé, d'un » premier procès-verbal dressé par un expert nommé d'office » pas le tribunal de la situation, qui constate l'état des lieux et » l'utilité des ouvrages à faire, pourvu que cette inscription » soit suivie de celle d'un autre procès-verbal de réception, » dressé de même, qui constate la réalité et la valeur des tra- » vaux, dans les quatre mois de leur perfection.

» Le montant du privilége ne peut excéder les valeurs con- » statées par ce second procès-verval, et il se réduit à la plus- » value existant à l'époque de l'aliénation de l'immeuble et » résultant des travaux qui ont été faits.

» 6° Les frais de dernière maladie et de l'inhumation, les » fournitures des choses nécessaires à la vie et les gages des » gens de service pendant la dernière année.

» Une année échue et l'année courante de la contribution » foncière de chaque immeuble.

» Ces créances privilégiées sont payées immédiatement après » les priviléges ci-dessus, par concurrence entre elles, mais » subsidiairement seulement, en cas d'insuffisance des meubles.

» Ces priviléges sont reconnus et produisent leur effet sans » qu'il soit besoin d'aucune inscription.

» 7° Les frais de scellés et d'inventaire.

» Le privilége de ces frais s'exerce, à défaut du mobilier, sur » les immeubles, en premier ordre, et sans avoir besoin d'in- » scription. »

Comme on le voit, l'article contenait une liste complète des priviléges, cumulativement avec la manière de les conserver, et le Code, au contraire, a scindé en deux sections distinctes (sect. 1 et sect. 3) la manière de ce projet. — Ainsi le Tribunal, fidèle en ce point à sa manière d'entendre l'article 14 de la loi de brumaire (n° 41), ne voyait dans la séparation qu'un privilége ordinaire, qu'il proposait d'inscrire dans les six mois de l'ouverture de la succession, « afin, disait-il, que l'entrave ap- » portée au droit qu'a l'héritier d'hypothéquer ses immeubles, » ne durât pas éternellement [1]. »

Mais la commission du Conseil d'État ne jugea point à propos de conserver cette rédaction dans l'article 2103, qui correspond par sa place à l'article précité; elle effaça le privilége des créanciers du défunt, et groupa, dans une section séparée, les modes de conservation des priviléges qui étaient disséminés dans chacun des numéros de l'article 8. Conformément à cet arrangement, la première partie du 1° de cet article disparut, et la seconde fut portée dans la section 4, où elle devint l'article 2111.

Que conclure de tout ceci? C'est que le silence de l'article 2103 sur la question de la séparation des patrimoines est très-significatif, nonobstant ce qu'en pense M. Duranton [2]. Il prouve, d'une manière irréfragable, que, dans l'opinion des membres du Conseil d'État, la séparation n'était pas un privilége ordinaire; qu'elle n'avait pas pour but de rendre hypothécaires ou privilégiés les créanciers du défunt qui n'avaient point cette qualité

[1] *Exposé des motifs* du Tribunal, 1re observation.
[2] *Cours de droit français*, t. XIX, n° 214.

par eux-mêmes, mais seulement d'empêcher les créanciers de l'héritier d'acquérir des *causes* de préférence à leur préjudice sur les biens de la succession, et qu'il devenait par conséquent inutile ou même dangereux de la maintenir dans sa place, au milieu des autres priviléges, dont les effets étaient tout différents et bien plus étendus. Si maintenant ces mêmes rédacteurs ont conservé la disposition relative à l'inscription, c'est parce que le droit de séparation, sans être un privilége proprement dit, contient pourtant un droit de préférence, et que dans le système hypothécaire tel qu'ils l'avaient imaginé, un semblable droit devait être annoncé au public, comme tous les autres droits réels de nature à modifier les prétentions des tiers.

Ces principes se sont perpétués dans l'esprit de nos législateurs modernes, et la loi du 23 mars 1855, *sur la transcription en matière hypothécaire*, qui accorde des délais de faveur pour l'inscription du vendeur et du copartageant, en cas d'aliénation de l'immeuble [1], n'en accorde aucun aux créanciers et légataires pour inscrire la séparation. Pourquoi? C'est toujours parce que ce bénéfice n'engendre pas le droit de suite au profit de ceux qui l'exercent. On pourrait objecter, il est vrai, que le privilége des architectes et ouvriers n'est pas non plus mentionné dans cette loi; mais c'est pour une raison bien simple : c'est qu'il ne l'est pas davantage dans l'article 834 du Code de procédure, et la loi, en abrogeant ce dernier, avait voulu donner un équivalent de nature à compenser les avantages qu'il accordait en cas d'aliénation de l'immeuble au vendeur et au cohéritier. En réalité, l'inscription que les architectes et ouvriers sont obligés de prendre avant le commencement des travaux, leur assurera toujours, sur la plus-value qu'ils ont créée, la préférence sur tous les priviléges et hypothèques antérieurs, quelles qu'aient été les personnes qui les eussent constitués, lors même que ce droit procéderait du chef du nouvel acquéreur qui les aurait chargés d'exécuter les travaux.

44 *ter. Troisième système.* — Le troisième système admis par la majorité des interprètes du Code, et que nous adopterons aussi pour notre propre compte, malgré les violentes attaques dont il a été l'objet, est une espèce de transaction entre les deux précédents. Il fera l'objet de la seconde partie de notre traité,

[1] Art. 6 de cette loi.

où nous l'examinerons dans tous ses détails. Nous ne voulons qu'exposer les principes généraux qui lui servent de base. Ces principes se résument dans les trois propositions suivantes :

1° Les créanciers du défunt, qui se sont conformés aux prescriptions de la loi touchant les formalités à remplir pour l'exercice de la séparation, sont séparés des créanciers de l'héritier, et leur sont préférés sur les biens de la succession;

2° Mais les créanciers de l'une ou de l'autre classe ne sont pas séparés de la personne de l'héritier, à l'égard duquel il n'y a qu'une seule masse de biens, tous à lui, grevés d'une seule masse de dettes, toutes siennes. Si l'héritier veut que la séparation existe quant à lui, il le peut, en recourant au bénéfice d'inventaire, qui est la séparation des patrimoines organisée par la loi dans son intérêt propre et contre les créanciers de la succession;

3° Les deux classes de créanciers sont admises réciproquement à profiter du surplus des biens des deux patrimoines, existant après que la classe privilégiée a été intégralement satisfaite.

On peut résumer tout ceci plus brièvement en disant : *Il y a deux classes de créanciers pour ce qui regarde les divers intéressés entre eux; il n'y en a qu'une dans leurs rapports avec l'héritier.*

45. Comme on peut le voir, nous en revenons à la doctrine de Pothier. Cette doctrine, nous l'avons jugée et condamnée au point de vue de l'origine à laquelle on a prétendu la rattacher; mais enfin elle constitue bien à elle un système, et un système que rien ne nous prouve avoir été abandonné par les rédacteurs de notre Code, au dire même de l'un d'entre eux, dans son exposé des motifs sur le titre *Des successions*, présenté au Corps législatif le 19 germinal an XI [1] (V. n° 36).

Cette conformité de vues nous a permis de faire concorder complètement toutes les dispositions de la loi, de manière que pas une phrase ne vînt contrecarrer l'autre, que pas une expression ne demeurât lettre morte; avantage que ne présente aucun des autres systèmes. Notre tâche sera, du reste, rude et ardue, mais les excellents travaux de nos prédécesseurs nous l'allége-

[1] *Exposé des motifs*, par M. Treilhard (V. Locré, *Législ.*, t. X, 2e part., comm. IX, n° 35).

ront; et si nous nous permettons quelquefois de nous écarter de leur manière de voir sur quelques points de détails, cela ne nous empêchera pas de les suivre toujours dans la voie qu'ils nous ont si largement frayée.

---

## SECONDE PARTIE.

### DU SYSTÈME DE LA SÉPARATION DES PATRIMOINES D'APRÈS LE CODE NAPOLÉON.

---

### CHAPITRE I.

### Des personnes appelées à profiter de la séparation.

#### § 1. — *Des créanciers.*

46. D'après l'article 878 (C. Nap.), qui s'exprime d'une manière très-générale, il est évident que tous les créanciers du défunt sont admis à user de la séparation des patrimoines, sans qu'il y ait lieu de distinguer si leurs créances sont ou non exigibles. Le créancier à terme, lors même que le terme n'est point encore arrivé, le créancier conditionnel, lors même que la condition ne s'est pas encore réalisée, sont traités sur le même pied que les créanciers purs et simples [1]. Seulement, si la créance est incertaine, les créanciers personnels de l'héritier peuvent être autorisés à se faire payer provisoirement sur les biens de la succession, sauf à donner caution pour assurer la restitution de ces valeurs, dans le cas où la condition viendrait à s'accomplir; et réciproquement, selon la nature de l'événe-

[1] L. 4, *pr.*, D., *De separ.*

ment qui suspend le droit des créanciers du défunt, les tribunaux pourront les remplir de leur prétentions, à charge aussi de leur faire donner caution pour le cas où la condition viendrait à défaillir.

Mais, en aucun cas, les créanciers du défunt qu'un terme ou une condition empêchent d'exercer leurs droits immédiatement ne pourraient exiger cette caution de l'héritier lui-même. D'un côté, en effet, la loi n'a organisé nulle part une semblable procédure, dont le but purement conservatoire affecterait pourtant la saisine et le droit inhérent à la qualité d'héritier de disposer des biens de la succession (n° 87); et de l'autre, il serait contradictoire de séparer le patrimoine du défunt de celui de l'héritier, et d'imposer ensuite à ce dernier une obligation qu'il ne subit pas lui-même. Aussi la Cour de Paris, dans un arrêt du 31 juillet 1852 [1], a-t-elle décidé, en conformité de ces principes, que le légataire d'une rente viagère ne peut exiger, en l'absence de créanciers de l'héritier, une caution de ce dernier pour s'assurer le paiement des arrérages de cette rente. Nous aurons, du reste, occasion de revenir plus tard sur cet arrêt et de discuter plusieurs autre points qu'il a en même temps résolus (n° 106).

47. Le droit de séparation est indépendant de l'hypothèque, et résulte de la seule qualité de créancier du défunt [2]; d'où il suit que les créanciers, hypothécaires ou privilégiés ne seront pas exclus pour cela du bénéfice de la séparation; mais la plupart du temps ils n'y trouveront pas d'autre avantage que celui de se garantir des conséquences du principe suivant, qui n'est écrit dans aucun article du Code Napoléon, mais qui est admis implicitement par plusieurs d'entre eux [3], à savoir : que l'hypothèque générale, laquelle vient atteindre des biens dont le débiteur n'est devenu propriétaire que depuis qu'elle a été consentie, confère au créancier, sur ces biens, le même rang

[1] Sir., 1852, II, 604.

[2] Domat, *Lois civ.*, *De la sépar.*, sect. 1, n° 2.

[3] C. Nap., art. 2123 et 2134, 2135, 2122 et 2148.

Ce principe est reconnu virtuellement par un arrêt de la Cour de Grenoble, en date du 11 mars 1854 (S., 1854, II, 737), qui paraît cependant admettre, d'une manière générale, que le créancier hypothécaire n'a jamais besoin de recourir à la séparation. Ce qui est dit au texte suffit pour faire ressortir le danger de cette jurisprudence.

que s'ils avaient fait partie du patrimoine du débiteur avant que cette hypothèque eût été établie.

C'est ainsi que les créanciers hypothécaires généraux de l'héritier pourront primer, même sur les biens de la succession, les créanciers du défunt dont l'hypothèque est postérieure en date à celle des premiers. La séparation empêchera seule cette prééminence, outre qu'elle fera acquérir une sorte de privilége même sur les biens de la succession qui n'ont pas été hypothéqués à la créance.

Comme on le voit, le droit actuel s'écarte ici de la doctrine suivie par la majorité des auteurs de l'ancienne jurisprudence française, qui ne trouvaient pas nécessaire d'invoquer le principe de la séparation contre les hypothèques générales consenties par l'héritier sur ses biens présents et à venir (n° 38); mais les principes qui régissent aujourd'hui notre système hypothécaire ne laissent planer aucun doute sur cette solution.

48. Mais il est positif que c'est surtout en faveur des créanciers chirographaires que la séparation a été imaginée, puis transportée dans notre législation; c'est donc surtout à eux qu'il importe le plus de prendre les mesures nécessaires pour conserver le seul moyen d'éviter un concours ou même une préférence désastreuse.

Du reste, ce droit existe pour eux de la manière la plus large. Ainsi un créancier du défunt deviendrait-il son héritier pour partie qu'il pourrait encore, pour la portion non confondue, user de la séparation contre les créanciers de tous ses cohéritiers ou seulement de l'un d'eux [1]; car la confusion ne s'est opérée en lui que pour la portion de la créance dont il était tenu comme héritier; et il jouit pour le paiement de cette créance, déduction faite de sa part virile, des mêmes droits que tout autre créancier [2].

49. Ainsi encore, lorsqu'un créancier principal devient l'héritier de sa caution, la confusion qui s'est opérée en lui, éteint l'obligation de la caution qui se trouve comme absorbée par l'obligation principale, *quæ major fuit, plenior fuit;* parce qu'on ne peut être sa propre caution. Cependant les effets de cette confusion, si préjudiciable au créancier, ne vont pas plus loin et n'affectent pas les accessoires de l'obligation : de telle sorte que

[1] Const. 7, C., *De bon auct. jud. poss.*

[2] V. Pothier, *Success.*, art. 4. et aussi C. Nap., art. 873.

l'obligation du certificateur [1], les gages, les hypothèques et autres garanties fournies par la caution elle-même ne sont point éteintes [2]. Le créancier, s'il veut se ménager la caution, peut le faire au moyen de la séparation du patrimoine de la caution d'avec celui du débiteur principal, son héritier; c'est ce que décidait déjà Papinien [3], dans une législation qui proclamait pourtant l'extinction de l'obligation du certificateur [4], et rien ne doit nous faire supposer que notre Code ait entendu rejeter cette manière de voir; car il serait trop rigoureux de faire retomber sur un créancier prudent les effets d'une confusion qu'il n'était pas en sa puissance de prévoir ni d'éviter.

Donat nous dit à ce propos que l'on doit adopter *à fortiori* une décision analogue pour le cas où la caution succéderait au débiteur [5].

50. Remarquons en passant que la caution qui a payé la dette du défunt étant, en vertu de l'article 2029, subrogée à tous ses droits, pourra exercer la séparation comme tout autre créancier de la succession, quand bien même le paiement n'aurait été effectué qu'après le décès du *de cujus*.

51. Lorsque deux successions respectivement débitrices l'une de l'autre se sont confondues en la personne d'un même débiteur, comme dans le cas où un enfant trouve, dans l'hérédité maternelle, des actions en reprises qui compètent contre son père dont il recueille aussi la succession, la séparation des patrimoines fera revivre activement et passivement, pour les créanciers et débiteurs de chaque succession, les dettes qui existaient primitivement, et spécialement les reprises de la mère, qui sans cela restaient confondues et éteintes pour l'enfant.

52. Par une raison analogue, quand les biens d'une succession passent de l'héritier à son héritier et de ce dernier à ses successeurs, de sorte que la première succession et les suivantes se trouvent confondues dans les mains des héritiers subséquents, les créanciers de chacune d'elles pourront en suivre les biens d'un héritier à l'autre et les faire séparer de

[1] C. Nap., art. 2035.
[2] L. 38, § 5, *in princip.*, D., *De solution.*
[3] L. 3, *pr.*, D., *De sep.*
[4] L. 38, § 5, *in fine*, D., *De solution.*
[5] Domat., *Op. et loc. cit.*, sect. 1, n° 8.

leurs patrimoines respectifs [1], sauf dans le cas où le droit de séparation se trouverait éteint par l'une ou l'autre des causes que nous examinerons plus tard (nos 72 et suiv.).

53. Si la puissance de la séparation est telle qu'elle empêche l'extinction des dettes et créances faisant respectivement partie de chaque succession, avant l'événement qui en a opéré la fusion, on trouvera tout naturel d'admettre aussi que les créances que le défunt avait contre l'héritier, créances éteintes en la personne de ce dernier par l'ouverture de la succession, revivent par suite de la séparation ; car la confusion, dans cette hypothèse, ne doit être ni plus radicale ni plus irrévocable que celle qui s'opère entre deux personnes dont l'une est débitrice et plus tard héritière de l'autre. Aucun texte du Droit romain, il est vrai, n'a prévu cette espèce, et le président Favre [2] censure très-spirituellement quelques praticiens contemporains qui, à ce qu'il paraît, avaient pensé que la confusion dont parle la loi 1, § 12 (*De sep.*) n'était autre chose que celle que produirait l'adition d'hérédité, et en avaient tiré des conséquences absurdes. Mais ce silence n'est pas embarrassant, et nous serions plutôt tenté de l'expliquer par l'évidence même de l'extension dont il s'agit. Aussi les auteurs français plus récents n'ont-ils pas hésité à l'accepter, comme on peut le voir dans Ferrières [3] et dans Lebrun [4]. Voici, au surplus, ce qu'en pensait ce dernier jurisconsulte lui-même : « .....C'est » pourquoi il semble qu'au moment où la séparation est or- » donnée, les actions qui avaient été confuses par l'adition » *commencent à revivre*, parce que tant que le titre qui doit » faire la confusion n'est pas incommutable, la confusion ne » l'est pas non plus. »

Nous ne trouvons point de texte qui puisse nous faire supposer que le Code se soit départi de cette manière de voir, et un seul auteur de notre époque, M. Hureaux, dans ses *Études sur le Code civil* [5], veut que les créances de la succession soient irrévocablement éteintes par la confusion opérée entre le créancier et le débiteur, dont l'un est devenu héritier de

[1] Domat., *ibid.*, n° 7, et L. 1, § 8, D., *De sep.*
[2] *De err. pragm.*, déc. II, err. 2, n° 10.
[3] Sur l'article 584 de la *Cout. de Paris*, n° 33.
[4] *Loco cit.*, n° 23.
[5] N° 314.

l'autre, tandis qu'il professe dans un autre passage de son livre[1] une opinion tout opposée, pour le cas où la confusion s'opère entre deux personnes débitrices d'un tiers, et en même temps héritières l'une de l'autre; et tout cela sur ce seul fondement que « dans cette dernière espèce la confusion ne peut « porter préjudice au créancier dont la position se trouve mo- « difiée par une circonstance indépendante de sa volonté.....; » comme si la saisine ou l'acceptation de la part de l'héritier n'était pas non plus faite sans la participation du créancier, ou plutôt en dépit de sa volonté, et devait pour cela le priver davantage des garanties que peut faire évanouir complétement la substitution d'un nouveau débiteur à celui avec lequel il avait originairement contracté! Comme si l'on ne pouvait pas aussi appliquer à notre hypothèse ces paroles du jurisconsulte romain dans la loi 3, *Princ.*, bien qu'écrites pour une hypothèse différente : *Neque ratio juris damno debet afficere creditorem qui sibi diligenter prospexerat!.....*

Les motifs sur lesquels M. Hureaux étaye son opinion sont, à notre avis, bien peu concluants. Il invoque d'abord le texte du Code lui-même, qui range la confusion au nombre des causes d'extinction des obligations[2]; mais tout le monde reconnaît que ce mode n'est point aussi radical que les autres, notamment que la compensation à laquelle l'assimile pourtant notre adversaire : la confusion a plutôt pour effet de soustraire aux conséquences de l'obligation la personne en qui elle s'est opérée, que d'éteindre, à l'instar du paiement, la dette elle-même : *confusio potius eximit personam ab obligatione quam extinguit obligationem*[3]. La double position dans laquelle l'héritier se trouve à la fois débiteur et créancier de sa propre personne, doit se scinder de nouveau, lorsque la cause productrice de cette réunion vient à cesser; aussi l'on décide généralement que l'indignité de l'héritier, la révocation de son acceptation, etc., font revivre les obligations réciproques qui liaient les deux patrimoines. Pourquoi n'en pas dire autant de la séparation? .....Il y a mieux : le bénéfice d'inventaire lui-même (c'est la loi qui le dit formellement dans l'article 802-2°) est un obstacle à la confusion, et nous ver-

[1] N° 315.
[2] C. Nap. art. 1300.
[3] Voy. L. 71, D., *De fidejuss.*

rons plus tard qu'il y a une grande affinité dans cet état avec celui qu'engendre la séparation des patrimoines, au moins en ce qui concerne les créanciers; il est donc rationnel de faire participer les créanciers au même avantage que l'héritier, et de leur donner comme à celui-ci *le droit de réclamer contre la succession le paiement de leurs créances.*

M. Hureaux nous dit encore que si l'héritier peut faire valablement *medio tempore* tous les actes d'administration et de disposition que bon lui semble, s'il peut confondre avec ses propres biens les créances dues au défunt, il doit pouvoir se payer à lui-même, pour ainsi dire, et par confusion, la créance successorale dont il est devenu seul propriétaire. Mais c'est encore là une assimilation abusive; car l'héritier, qui peut opérer impunément la confusion de ses propres biens avec ceux de la succession, crée seulement une situation de fait que les créanciers sont obligés de respecter, faute de trouver une base propre à asseoir leur séparation. Celle-ci n'est impossible que parce que la distinction des biens l'est aussi. Mais si on peut l'empêcher de consommer cette confusion, pourquoi ne laisserait-on pas non plus aux créanciers le droit de l'empêcher de se payer, si les deux facultés laissées à l'héritier sont aussi corrélatives que le suppose notre auteur ?

La saisine qu'il met en avant, et qui investit l'héritier de tous les droits actifs du défunt, ne prouve rien ici; car la séparation est précisément le remède légal contre ce qu'elle pourrait avoir de désastreux pour les créanciers, et nous sommes loin de croire que la dégénérescence que cette séparation a subie depuis son origine, ait été assez radicale pour rendre illusoire et sans intérêt la distinction des créanciers de la succession et des créanciers de l'héritier; nous pensons, au contraire, qu'il importe toujours aux premiers de pouvoir exercer les actions du défunt sans être réputés exercer en même temps les actions de l'héritier.

Notre question, au surplus, s'est présentée devant le Tribunal d'appel de Paris, et a été résolue dans le sens de notre opinion, peu de jours seulement après la promulgation des textes du Code qui peuvent servir dans cette discussion. L'espèce a dû être jugée d'après les anciennes lois en vigueur à l'époque de l'ouverture de la succession [1]; mais comme ces articles ne sont

[1] V. des applications de ce principe dans les arrêts suivants : Caen, 2 dé-

qu'une reproduction des principes de l'ancien droit, la décision a conservé toute sa valeur et mérite d'être recueillie. — Une dame d'Hornoy instituée par son aïeule légataire d'une somme de 100000 francs, n'avait point été payée du capital, et n'en avait reçu que les intérêts annuels des héritiers et de leurs successeurs chargés d'acquitter ce legs. A la mort du sieur de Savalette, fils de la testatrice et détenteur de la succession, la dame d'Hornoy forma une demande en séparation du patrimoine de ce dernier d'avec celui de sa mère; or la succession ne se composait en actif que de deux contrats de rente constitués au profit de la défunte dame de Savalette par son fils et héritier, et les créanciers de celui-ci contestèrent le droit d'invoquer la séparation, entre autres sur ce motif qu'il y avait eu confusion et que l'acceptation du sieur de Savalette, débiteur des rentes, avait dû éteindre en lui cette créance, en sorte que la séparation se serait trouvée dès lors sans objet. Mais le Tribunal de la Seine, et après lui le Tribunal d'appel de Paris, n'accueillirent point ces raisons, et validèrent la séparation de la demanderesse [1].

54. Les créanciers d'un absent n'ont pas besoin de réclamer la séparation, lorsqu'il n'y a encore qu'envoi en possession provisoire : la caution à fournir par les héritiers envoyés en possession suffira largement pour garantir la créance contre des actes qui ne peuvent d'ailleurs tendre qu'à l'administration des biens; et si les envoyés voulaient en faire d'autres, les créanciers ne seraient en aucune façon tenus de les respecter; mais ce ne serait jamais la séparation qui pourrait leur servir dans ce cas, parce que, comme nous le verrons plus tard (n° 85), elle demeure sans efficacité contre les actes d'aliénation. Si enfin les héritiers, loin de poursuivre la déclaration d'absence, prenaient possession de fait des biens de l'absent, et répudiaient ainsi, au détriment des tiers, la qualité d'envoyés provisoirement en possession et les obligations qu'elle entraîne, les créanciers pourraient encore soit provoquer la nomination d'un curateur aux biens, conformément à l'article 112 du Code Napoléon, soit faire prononcer eux-mêmes la déclaration d'ab-

cembre 1826 (S., *Coll. nouv.*, 8, II, 294); Toulouse, 26 mai 1820 (S., *Coll. nouv.*, II); Bordeaux, 14 juillet 1836 (S., 1837, II, 229).

[1] Paris, 14 floréal an XI (S., 1, II, 135). La promulgation du titre *Des successions* est du 9 floréal.

sence, afin de pouvoir exiger des héritiers envoyés les garanties légales. Dans toutes ces hypothèses, par conséquent, point de séparation de patrimoines.

Mais lorsqu'il y aura eu envoi définitif, la séparation sera utile aux créanciers : car un pareil envoi donne ouverture aux droits subordonnés au décès de l'individu ; les cautions sont d'ailleurs déchargées [1], et les héritiers restent désormais seuls en présence des créanciers de l'absent.

55. Nous venons de parcourir les principales hypothèses où les créanciers du défunt sont appelés à profiter de la séparation ; le Code a voulu éviter les longues controverses de l'ancienne jurisprudence sur les droits des créanciers de l'héritier (n° 31), et, dans l'article 881, il ne les admet point à user de ce bénéfice contre les créanciers de la succession, en revenant ainsi purement et simplement à la loi romaine [2] (n° 5). Cette doctrine, d'ailleurs très-sage et très-rationnelle (puisque les créanciers de l'héritier n'ont pas eu à subir, comme les autres, un changement forcé de débiteur, et qu'ils ne doivent par conséquent pas avoir de remède contre les actes de nature à diminuer sa solvabilité), cette doctrine, disons-nous, avait pourtant encore des détracteurs à l'époque où il s'agissait chez nous de l'ériger en loi. Et s'il ne paraît pas que l'article 881 ait été beaucoup critiqué au Conseil d'État [3], on peut voir en revanche, dans les observations des Tribunaux d'appel sur le projet du Code, que plusieurs d'entre eux, notamment ceux d'Aix, de Bourges, de Nîmes et de Rennes, avaient proposé de suivre les errements de l'ancienne jurisprudence ; mais les motifs qu'ils alléguaient, pour faire participer les créanciers de l'héritier au droit de séparation, étaient en général bien peu concluants, et souvent même inexacts : témoin l'observation du tribunal d'Aix, qui invoquait l'autorité du Droit romain, tandis que la loi 1, § 2, dit tout le contraire, et celle du Tribunal de Bourges, qui pensait que le créancier ne pouvait empêcher son débiteur d'accepter une succession onéreuse, tandis qu'il nous semble bien difficile d'ôter à celui-ci cette liberté, si elle n'est entachée de mauvaise foi, puisque *licet alicui adjiciendo sibi creditorem creditoris sui facere deteriorem*

[1] C. Nap., art. 129.
[2] L. 1, § 2, D., *De separat.*
[3] V. Locré, *op. cit.*, t. IX, 2e part., comm. V, n° 27.

*conditionem*, et que d'ailleurs l'action Paulienne offre un secours énergique contre la mauvaise foi de cet héritier.

56. Aussi, sous l'empire du Code, ne refuse-t-on pas aux créanciers de l'héritier le droit de faire rétracter une acceptation frauduleuse de la part de leur débiteur. Déjà ce point n'avait pas échappé à Ulpien; mais le jurisconsulte romain pensait que la voie révocatoire ne devait être, en pareil cas, que très-difficilement ouverte à ces créanciers; cette réserve était approuvée et suivie par Lebrun et Pothier (n$^{os}$ 5-2° et 32). Aujourd'hui le doute ne serait plus permis en présence du texte positif et général de l'article 1167, et nous ne connaissons point d'auteur qui en ait nié l'application à cette matière. C'est donc bien à tort que M. Dufresne [1] range M. Chabot dans la catégorie des opposants; en effet, le passage de son *Traité des successions* auquel il est fait allusion, et que nous transcrivons en entier ici, enseigne au fond la même doctrine que les autres jurisconsultes [2] :

« Il est bien dit dans l'article 788 que les créanciers du suc- » cessible peuvent faire révoquer, dans leurs intérêts, la re- » nonciation qu'il a faite à la succession qui lui était échue, » et se faire autoriser à accepter la succession en son lieu et » place; mais il n'est dit dans aucun des articles soit du titre » *Des successions*, soit des autres titres du Code, que les créan- » ciers personnels de l'héritier qui a accepté une succession, » aient le droit de faire révoquer cette acceptation ou d'en em- » pêcher les effets, et au contraire, il est de principe élémen- » taire que l'acceptation d'une succession est irrévocable, sous » la seule exception énoncée dans l'article 783. »

L'auteur n'a voulu dire ici qu'une chose, c'est que l'acceptation est un acte que l'on ne peut plus détruire, et que les créanciers n'ont que la faculté d'écarter les effets désastreux qu'elle pourrait avoir pour eux, même seulement dans certains cas particuliers. En effet, son idée se trouve développée dans les phrases suivantes que M. Dufresne ne semble pas avoir méditées : « ..... Cependant s'il était prouvé qu'un individu » n'avait accepté une succession évidemment mauvaise que » par suite d'une connivence frauduleuse avec les créanciers » de la succession, il faut bien convenir que ces créanciers

[1] *Traité de la sép. des patr.*, n° 25.
[2] *Op. cit.*, sur l'art. 881, n° 2.

» ne devraient pas être admis à exercer des droits sur les » biens personnels de l'héritier, au préjudice de ses créanciers » personnels qui auraient des titres antérieurs à l'accepta- » tion..... » Et plus bas : « ..... *Mais ce serait uniquement en* » *vertu de l'action résultant de la fraude* que les créanciers du » défunt pourraient être écartés par les créanciers person- » nels....., etc. »

C'est donc bien là reconnaître aux créanciers le droit d'attaquer l'acceptation, et le premier fragment cité doit être entendu en ce sens, que l'action Paulienne ne peut avoir pour conséquence de détruire l'acceptation qui est irrévocable, mais seulement d'en paralyser les effets préjudiciables aux créanciers de l'héritier. Mais M. Chabot semble par là, et c'est son unique tort, faire une distinction entre l'acceptation et la renonciation, distinction qui tend à présenter la révocation du chef des créanciers comme opérant d'une manière plus restreinte quant à la première que quant à la seconde : et tout cela, sur le seul motif que l'acceptation en principe est irrévocable, tandis que la renonciation ne l'est pas; comme si la rétractation de cette renonciation n'avait pas lieu ici uniquement dans l'intérêt des créanciers, de même que la rétractation de l'acceptation, du reste; il ne peut donc y avoir là de différence dans les droits des créanciers. Au surplus, ce point est étranger à la question qui nous occupe.

Reconnaissons donc que tous les créanciers de l'héritier auront le droit de faire rétracter l'acceptation frauduleuse d'une succession de la part de leur débiteur, et écarter ainsi le concours des créanciers de la succession sur les biens propres de l'héritier. Que si l'article 788 ne parle pas de cette faculté, c'est que les rédacteurs ont jugé inutile de l'y mentionner, parce qu'ils se référaient alors au principe général énoncé en l'article 1167, tandis qu'on aurait pu douter, en présence des textes relatifs à l'action Paulienne romaine, que le créancier chez nous pût faire révoquer des actes négatifs de son débiteur, tels qu'une renonciation à l'hérédité.

Mais, pour exercer l'action révocatoire, il faudra établir la fraude de l'héritier, la complicité des créanciers du défunt et le préjudice qui s'en est suivi : triple exigence qui rendra assez souvent illusoire la mise en œuvre de ce moyen ; à défaut de quoi, il ne restera au créancier que la ressource d'intervenir à ses frais dans les opérations du partage, afin qu'il ne soit pas fait en fraude de ses droits ; et si ce partage avait eu lieu hors de sa présence, il resterait complétement inattaquable par lui [1].

57. Jusqu'ici il n'a été question que des créanciers d'une succession ordinaire. On peut se demander si la confusion des dettes qui se produit dans toute réunion sur une même tête de deux universalités quelconques, ne pourrait pas autoriser une séparation au profit des créanciers particuliers de l'universalité transmise par voie de succession ou d'autre mode d'acquérir à titre gratuit. S'il faut invoquer l'esprit du Code, nous devons avouer qu'il n'est guère favorable à ces sortes d'extensions : les rédacteurs connaissaient certainement celles que le Droit romain avait introduites en cette matière, et ils semblent avoir voulu rester fidèles en ceci aux principes de l'ancienne jurisprudence (n° 29).

Si toutefois on croyait devoir adopter des principes moins rigides, nous pencherions volontiers à accorder la séparation aux créanciers d'une institution contractuelle, qui est une véritable succession testamentaire. Ce caractère lui avait déjà été reconnu par les anciens auteurs, qui allaient même jusqu'à obliger l'institué au paiement des dettes *ultra vires*, sauf l'application du bénéfice d'inventaire qui ne lui était pas dénié [2]. Rien dans le Code ne nous indique que le législateur ait voulu changer ce qui existait antérieurement sur ce point.

Pareille doctrine était encore professée à l'égard des démissions de biens que l'on considérait comme de véritables *successions anticipées*, et la Cour de Bordeaux a dû avec raison juger, par application de ces principes, relativement à une démission de biens faite en l'an IV, que les créanciers du démettant avaient le droit de *demander* (nous conservons la terminologie de l'arrêt) la séparation de son patrimoine d'avec celui des démissionnaires [3]. Cette décision n'a, du reste, plus d'application sous le Code qui n'a pas conservé la démission de biens.

57 *bis*. Enfin *quid* des créanciers de biens soumis à un droit de retour successoral? L'ascendant donateur ne succède, il est vrai, que *in re singulari*, et ne peut en cette qualité repré-

[1] C. Nap., art. 882.
[2] Pothier, *Introd. à la Cout. d'Orléans*, tit. XVII, n° 13.
[3] Bordeaux, 14 juillet 1836 (S., 1837, II, 222) ; arrêt déjà cité aux nos 44 *bis* et 53.

senter la personne du défunt; mais, comme il est tenu de sa part contributoire aux dettes *ultra vires* et peut être poursuivi dans cette limite même sur ses biens propres, nous sommes forcés de reconnaître qu'il y a dans cette position quelque chose de plus que dans celle d'un légataire, même à titre universel, et qu'on pourrait sans inconséquence, en s'étayant même au besoin des termes de la loi qui visent l'hypothèse d'une succession, sans avoir égard à son caractère général ou particulier [1], accorder la séparation à ces créanciers contre ceux de l'ascendant donateur.

57 *ter*. D'après ce que nous venons de dire, on comprendra facilement que nous étendrons la même doctrine aux créanciers des légataires universels qui ne seraient pas en concours avec des héritiers réservataires; cas où ils sont saisis et représentent le défunt, au moins suivant une opinion assez répandue.

Il devra en être tout différemment des légataires universels non saisis et des légataires à titre universel, lesquels ne sont jamais tenus que *intra vires bonorum*, ce qui empêche les créanciers de venir sur les biens propres des légataires. A la vérité la confusion de droit qui s'opérera par l'acceptation du legs, sera préjudiciable aux créanciers de cette quote-part léguée, puisqu'ils devront souffrir le concours des créanciers personnels, et la séparation, dans ce cas, serait un remède bien efficace contre ce concours; mais nous sommes tellement convaincu que l'intention des législateurs a été de proscrire toute extension d'un bénéfice qu'ils semblent même avoir fait difficulté d'introduire dans notre législation nouvelle, que nous ne proposons qu'avec beaucoup de défiance tout ce qui tendrait à en généraliser l'application à des hypothèses trop différentes de celle où ils se sont placés : le Code a parlé d'une succession *ab intestat*, c'est-à-dire d'une transmission à titre universel des biens et de la personne juridique du défunt; il faut rester dans ces limites, et rejeter tous les cas où cette double transmission n'a pas lieu. Autrement et pour être conséquent, il faudrait encore admettre à la séparation les créanciers d'un légataire à titre particulier que le défunt a chargés d'une quote-part de dettes correspondante à son émolument; et où en arriverait-on avec ces extensions?.....

[1] V. les art. 747 et 352, qui emploient en effet l'expression *succède*.

58. Aussi repoussons-nous encore toute séparation au profit des créanciers d'une donation à titre universel, et, à plus forte raison, d'une donation à titre particulier, même de biens présents et à venir, ou de biens compris dans un partage d'ascendant. La première entraîne avec elle, il est vrai, obligation de payer les dettes proportionnellement à la part d'actif entrée dans le patrimoine du donataire; mais nous avons déjà jugé cette raison insuffisante pour les legs, même universels, qui n'emportent pas saisine, et nous n'hésiterons pas pour les donations; puisque, en interrogeant les anciens auteurs, nous voyons que le donataire de biens présents et à venir (et *à fortiori* le donataire universel de biens présents seulement) n'était considéré que comme un simple successeur aux biens, ne représentant nullement la personne du donateur, et qu'il pouvait se soustraire à l'action des créanciers de ce dernier en leur abandonnant les biens donnés, sans même avoir besoin de déclarer qu'il acceptait sous bénéfice d'inventaire [1]; et en présence de la disposition du Code qui prescrit la formation d'un état des dettes [2], il est impossible d'admettre que le donateur ait voulu faire un héritier, lorsqu'il ménage à son donataire un droit de division et d'option incompatible avec la qualité d'héritier.

Les partages d'ascendant opérés par acte de dernière volonté ne sont pas régis par ces principes; car, n'étant qu'un règlement anticipé de la succession qui va s'ouvrir à la mort de cet ascendant, ils ne modifient en rien les règles sur la saisine et la confusion des patrimoines qui se produisent dans toute autre succession non partagée par le défunt lui-même. La séparation, quand elle est possible pour celle-ci, le sera toujours pour ceux-là, sans qu'on doive avoir égard à cet acte qui ne pouvait en changer le caractère.

59. Ce que nous venons de dire nous dispenserait, à la rigueur, de passer à d'autres hypothèses où la séparation a encore été proposée, et qui s'écartent de plus en plus du seul point de départ que les textes nous présentent. Ainsi l'on a prétendu qu'il était possible de faire distinguer, par la séparation, la communauté du patrimoine de la femme, l'actif social du patri-

[1] Ferrières, sur l'article 334 de la *Cout. de Paris*, n° 11; Coquille, *Quest.*, n° 138; Brodeau, *sur Louet*, lettre D, somm. LIV, n° 4, etc.

[2] Art. 1084.

moine de l'associé. Les termes de la loi ne se prêtent plus à une interprétation favorable à cette solution; cependant, comme l'esprit d'analogie pourrait encore laisser quelque doute à cet égard, nous croyons devoir entrer dans l'examen de l'une et de l'autre question.

Première question. *La séparation est-elle possible en matière de communauté?* — Ce point a été encore peu examiné par les auteurs, et à notre connaissance il ne s'est présenté que devant une seule Cour, celle de Caen [1]; encore la solution affirmative qu'elle lui donne dans les motifs de l'arrêt n'était-elle point le véritable objet du débat. Et une jurisprudence très-répandue qui préfère les créanciers de la communauté aux créanciers personnels de l'un ou de l'autre des époux sur les biens de cette communauté [2], au moins jusqu'au partage de l'actif [3], ôte toute utilité à la séparation que voudraient exercer les créanciers de la communauté contre les créanciers propres de la femme. Aussi, réduite à ces termes, la question n'offrirait pas beaucoup d'intérêt : mais elle se présente sous une forme plus complexe. Distinguons d'abord deux hypothèses, selon que la communauté s'est dissoute par la mort de la femme, selon qu'elle s'est dissoute par toute autre cause.

I. La mort de la femme met en présence trois masses qui sont toujours confondues de fait, au moins quand les héritiers ont accepté la communauté (car en cas de renonciation, il n'y a plus de question), mais qu'il pourrait y avoir intérêt à séparer :

1° Les biens de la communauté, c'est-à-dire la part de la femme dans cette communauté;

2° La succession de la femme, c'est-à-dire ses propres;

3° Les biens personnels des héritiers qui ont accepté l'une ou l'autre des deux masses précédentes.

Il s'agit d'abord de savoir si ces trois universalités peuvent exister chacune isolée des autres, en sorte que la séparation pourrait les distinguer en fait, et les faire jouir de cette vie propre qui seule leur donne une personnalité juridique.

Or, nous n'hésitons pas à le dire, il ne peut en être ainsi des deux premières, et la part de la femme dans la communauté

[1] 13 novembre 1844 (S., 1846, II, 31).

[2] Bordeaux, 23 janvier 1826 (*Journ. du Pal.*, 3e édit., 1826, p. 82).

[3] Bordeaux, 6 juillet 1832 (S., 1833, II, 54).

que l'on a l'habitude de distinguer analytiquement et pour la détermination des droits des divers intéressés, ne peut en réalité exister indépendamment de ses propres. Effectivement l'avantage conféré par l'article 1483 à la femme, de n'être tenue que jusqu'à concurrence de son émolument vis-à-vis des créanciers de la communauté, n'empêche pas que sa part dans cette communauté ne se confonde irrévocablement avec le reste de son patrimoine, puisque les créanciers peuvent poursuivre leur paiement pour la part dont elle est tenue, non-seulement sur les objets tombés dans son lot, mais encore sur tous ses autres biens propres : ce sont des dettes qui affectent les biens particuliers de chaque conjoint, parce qu'il en a été le créateur et qu'il doit en rester le débiteur personnel. Cela est si vrai, que, lors même que la femme aliène les biens de la communauté tombés dans son lot, elle n'est pas déchue du bénéfice de cet article 1483, si du reste elle agit sans fraude et rend compte des sommes provenant de ces aliénations, parce qu'elle est censée avoir opéré sur ses biens personnels, tandis que l'héritier, qui n'aliène même que les meubles, sans observer les formalités prescrites dans les articles 805 (C. Nap.) et 989 (C. de proc.), se trouve déchu pour jamais du bénéfice d'inventaire : parce que les biens de la succession ne sont pas les siens, avant le paiement intégral des créances héréditaires. Cela est encore si vrai, que les héritiers de la femme, pour accepter ou répudier la communauté, sont obligés d'accepter la succession de la femme, c'est-à-dire l'universalité de ses propres; donc cette communauté fait partie de la succession, et si la loi permet de renoncer à la première, c'est en vertu d'une dérogation formelle aux principes des successions et des sociétés, principes qui devaient s'effacer devant un autre principe plus important et presque d'ordre public : c'est que le mari, seigneur et maître de la communauté, ne doit pas obliger la femme qui n'a peut-être pas approuvé ses actes. Avant le partage, les créanciers de la communauté ont, à la vérité, une sorte de droit réel qui les autorise à se faire payer sur les biens dont elle se compose, par préférence à tous autres créanciers personnels et, par suite, à tous les créanciers de la succession de la femme; mais cette séparation momentanée n'est imaginée que pour régler les droits respectifs de chaque époux et empêcher que l'un ne s'enrichisse aux dépens de l'autre, en partageant cette universalité fictive qu'on appelle communauté, et dans laquelle ont pu être versées des sommes appartenant à l'un des époux, ou de laquelle ont pu être tirées des sommes au profit de l'un d'entre eux : moyen facile pour faire des libéralités indirectes que la loi ne saurait tolérer. Mais cette fiction disparaît après l'acceptation de la femme : il n'y a plus qu'un droit universel distinct du patrimoine de l'autre conjoint; disons mieux, l'acceptation n'est pas même l'origine de l'anéantissement de cette fiction; la communauté se confond dès le principe pour moitié avec les biens de chaque époux, puisque l'acceptation de la femme ou de ses héritiers la fait considérer rétroactivement comme ayant toujours été commune avec son mari, dont elle partage les gains comme les pertes.

Nous reconnaissons bien tout ce qu'a de séduisant l'analogie qu'on pourrait établir entre la position des créanciers d'une communauté et de ceux d'une succession, et l'article 1476, en se référant pour le partage de la communauté et tous ses effets, aux règles établies par le titre *Des successions*, donne encore un aliment de plus à cette illusion, attendu qu'on admet généralement que cette disposition n'est pas limitative, et qu'on reconnaît, par exemple, à l'époux la faculté de faire rescinder le partage pour lésion de plus du quart [1]. Mais on ne pourrait sans témérité pousser cette induction plus loin; car, d'une part, il serait impossible de soutenir que la séparation fût un effet du partage, et comme telle rentrât dans les matières auxquelles l'article 1476 a voulu faire allusion : c'est bien un droit que donne le partage, mais il ne dérive pas fatalement de cette circonstance, et c'est bien plutôt un droit que la loi donne *contre* le partage; d'autre part, la communauté n'est pas une succession ni la femme un héritier, puisque la communauté peut lui être dévolue, sans décès d'aucun des deux époux, comme nous le supposons dans la seconde hypothèse; et la différence du bénéfice dont parle l'article 1483 avec le bénéfice d'inventaire, différence que nous avons essayé de faire ressortir plus haut, entraîne également une différence entre la position des créanciers de la communauté et celle des créanciers de la succession, le Code ayant organisé, pour la contribution aux

[1] Paris, 21 mai 1823 (arrêt inédit). — Cette doctrine est déjà enseignée par Lebrun dans son *Traité de la communauté*, liv. III, ch. 2, sect. 6, distinct. 1, n° 15.

dettes, des règles peu en harmonie avec celles en matière de succession. Enfin il est peu probable qu'il ait ici rien osé innover sur l'ancien Droit français, et en tous cas une semblable innovation eût appelé une manifestation plus évidente de sa volonté que celle qu'on prétend tirer de textes conçus évidemment en vue d'autres positions.

Tout cela nous autorise à affirmer que ces deux patrimoines n'en font réellement qu'un, et que les créanciers de la communauté ni ceux de la succession de la femme ne pourront jamais les faire séparer à leur profit. Au reste, il n'y aurait de nécessité pour les premiers, que lorsqu'ils ont laissé effectuer le partage sans faire leurs réclamations, et seulement au cas où les biens de la succession demeureraient insuffisants pour payer les deux catégories de créanciers; et quant aux seconds, ils n'ont jamais à craindre, lorsqu'il y a eu inventaire, de voir les créanciers de la communauté attaquer les biens propres, pour une valeur supérieure à celle dont ils ont été accrus par suite de l'acceptation de cette communauté. C'est donc à eux de veiller à ce que cet inventaire soit confectionné ; car s'ils ont laissé les héritiers de la femme partager sans faire inventaire, les créanciers de la communauté deviendront créanciers de la succession, et réciproquement : la masse servira alors de gage commun pour le paiement de tous les intéressés sans distinction.

Tout ce qui vient d'être dit laisse intacte la question de savoir si les biens propres des héritiers sont ou non distincts de ceux qui composent les deux premières universalités. Or l'affirmative n'est pas douteuse ; car nous nous trouvons ici dans l'hypothèse rigoureusement prévue par les articles 878 et suivants : les deux premières universalités jouent vis-à-vis de la dernière le rôle d'une succession ordinaire, qui a seulement cela de particulier, qu'elle est composée de deux éléments hétérogènes, mais confondus par la mort de la femme et transformés tous deux en universalité successorale. Les créanciers de la communauté pourront donc ici recourir à la séparation, mais ce ne sera plus en cette qualité qu'ils l'invoqueront à l'égard des créanciers personnels de l'héritier : ce sera comme créanciers de la succession de la femme acceptée purement et simplement par lui.

II. Si la communauté s'est dissoute du vivant de la femme, la question est bien moins complexe, mais se résout de la même manière et par les mêmes principes. Ici il ne se trouve plus en présence que les créanciers des deux premières catégories que nous avons examinées : les créanciers de la communauté et ceux des biens propres; nous croyons avoir prouvé que la séparation n'est pas praticable entre elles, et nous renvoyons aux arguments développés précédemment, lesquels serviront parfaitement à la démonstration de cette seconde proposition.

59 *bis*. Seconde question. *Doit-on étendre aux sociétés le principe de la séparation?* — Disons d'abord qu'on retrouve ici les traces du même esprit qui a dicté à la jurisprudence la faveur qu'elle accorde aux créanciers de la communauté, à l'encontre des créanciers personnels des époux; mais il est ici bien plus unanime et a trouvé plus d'occasions de se manifester. On doit donc regarder comme un point constant, que les biens composant l'actif social sont affectés par privilége au paiement des créanciers de la société, à l'exclusion des créanciers particuliers des associés [1]. Et en effet la loi ne reconnaît aux créanciers personnels des associés qu'un droit sur ce qui tombe dans leur patrimoine privé, par l'effet du partage de l'actif : ils ont donc dû savoir que, pour la mise sociale, la société et ses créanciers par conséquent avaient été investis d'un droit supérieur qui amoindrissait celui des associés considérés individuellement, et par suite le leur également. Admis par la jurisprudence commerciale à une époque où les règles de publicité des sociétés étaient à peu près nulles, ce principe doit l'être à plus forte raison sous une législation qui prescrit des mesures de publicité propres à faire connaître la personnalité commerciale des associés et à la distinguer de la personne privée. Ceci nous conduit immédiatement à dire que le privilége ne peut plus exister aujourd'hui, si l'acte de société n'a été rendu public selon les formes exigées [2].

Toutefois ce principe de préférence est beaucoup moins gé-

[1] C. Nap., art. 1862 ; C. de comm., art. 22. — V. entre autres les arrêts suivants : Cass., 11 mars 1806 (S., *Coll. nouv.*, 2, I, 222); Cass., 18 octobre 1814 (S., *Coll. nouv.*, 4, I, 618); Cass., 9 août 1850 (S., 1859, I, 721); Paris, 10 décembre 1814 (S., *Coll. nouv.*, 4, II, 423).

[2] Cass., 13 février 1855 (S., 1855, I, 721) ; Paris, 4 mars 1840 (S., 1840, II, 162). On a même jugé que, dans l'hypothèse prévue au texte, les créanciers personnels des associés primaient les créanciers sociaux; Cass., 13 février 1821 (S., *Coll. nouv.*, 6, I, 381); Paris, 8 juillet 1847 (S., 1848, II, 58).

néral que celui que nous avons eu occasion de signaler en Droit romain (n° 5-3°), où, d'après la loi 5, §§ 15 et 16, D., *De trib. act.*, la séparation pouvait être prononcée entre les deux masses, au profit des créanciers de l'une et de l'autre, tandis qu'aujourd'hui, comme nous allons le voir, la séparation n'existe plus pour aucun d'entre eux. En conséquence, si d'un côté la constitution actuelle des sociétés, qui assure à leurs créanciers un droit exclusif sur le fonds social, n'empêche pas qu'en cas d'insuffisance de ce fonds, ils ne viennent s'adresser au patrimoine que les associés responsables se sont réservé; d'un autre côté, les créanciers de ces derniers ne peuvent pas invoquer le même droit de préférence sur le patrimoine privé de leur débiteur (n° 135) : comme il n'y a pas eu de séparation invoquée ni prononcée au profit des créanciers de la société, on ne peut pas non plus venir leur opposer les conséquences désastreuses qu'elle entraînerait pour eux à cet égard.

Il résulte encore de ce que nous disions en commençant, que jamais le privilége ne saurait être invoqué lorsque la société ne constitue pas de personne juridique, et cela est tout juste : une association où il n'y a point de personnification à l'égard des tiers, point d'être juridique qui traite avec eux, ne peut se constituer à elle un patrimoine spécial et distinct de celui de ses membres; en un mot, il n'y a proprement plus de société, il n'y a plus que des individus : chacun poursuit ou est poursuivi pour son propre compte, et est constitué maître de ce qu'il fait; la circonstance que ces individus mettent en commun leurs profits et pertes est un arrangement entre eux qui est inconnu aux tiers, et auquel ces derniers doivent par conséquent rester étrangers. Cela nous paraît de toute évidence, et nous avons d'autant plus de peine à concevoir que la Cour de Paris, dans deux arrêts, l'un du 9 août 1831 et l'autre du 22 novembre 1834 [1], ait pu aller jusqu'à consacrer ce droit de préférence en matière de société en participation; car c'est bien là qu'un seul individu est propriétaire, qu'un seul administre et contracte avec les tiers, et s'il admet d'autres individus à participer à l'opération qu'il entreprend, ce droit de participation aux bénéfices ne confère pas de propriété aux participants, qui ne peuvent que demander un compte à l'associé en nom :

[1] Sir., 1831, II, 259, et 1835, II, 69.

les dettes contractées à raison de cette association sont pour celui qui les a faites, et lorsque la société en profite, il ne reste qu'une action *de in rem verso* contre les autres associés. Tout privilége doit donc disparaître pour les créanciers.

Ces considérations puissantes ont entraîné toute la jurisprudence la plus récente à se prononcer, d'accord avec la doctrine, contre la Cour de Paris [1]; ajoutons que cette Cour elle-même est revenue sur ses errements [2], après avoir déclaré aussi que les créanciers d'une semblable association ne pouvaient faire séparer l'actif social du patrimoine personnel de l'associé failli, et exclure ensuite les créanciers de la faillite sur l'actif ainsi séparé [3] : les privant ainsi et du privilége et de la séparation.

Cette décision, qui sera vraie également pour les sociétés civiles, dans l'opinion de ceux qui ne leur reconnaissent point de personnalité juridique, est certainement fâcheuse pour les créanciers, mais elle est conforme aux principes; et si la séparation devait avoir quelque intérêt, ce serait bien là où le privilége n'existe plus. Car dans les sociétés qui constituent une individualité juridique, les principes développés auparavant font assez pressentir que, dans notre opinion du moins, les créanciers ne pourront pas recourir à ce remède, qui ne leur procurerait d'ailleurs pas plus que le droit qu'ils tirent, en vertu de la loi, de la qualité même de leur créance.

Une seule hypothèse avait soulevé des doutes; c'était celle où, après la dissolution de la société, l'un des associés, nommé liquidateur, aurait confondu l'actif social dans le sien propre. On avait pensé que le privilége ainsi éteint pourrait être ressuscité au moyen de la séparation des patrimoines provoquée par les créanciers [4]; mais il est aisé de voir qu'il y a là une fausse application des effets de la confusion. Car la liquidation des valeurs de la société étant une opération qui a pour but de convertir en un capital disponible l'avoir social, afin d'en payer les dettes, il est de toute nécessité que ces valeurs restent à la disposition du liquidateur; et la circonstance qu'il y a eu à un certain moment confusion *de fait*, ne peut porter

[1] Cass., 19 mars 1838 (S., 1838, I, 343); Cass., 15 juillet 1846 (S., 1849, I, 289).

[2] Paris, 17 novembre 1849 (S., 1849, II, 200).

[3] Paris, 19 avril 1831 (S., 1831, II, 202).

[4] Grenoble, 1er juin 1831 (S., 1832, II, 591).

atteinte aux droits des créanciers; car les fonds qui représentent le patrimoine social demeurent grevés du même privilége que le patrimoine lui-même, lorsqu'il existait encore en nature. Au surplus, cette confusion n'est qu'apparente : les livres de commerce, les inventaires et autres pièces justificatives que le liquidateur est tenu de dresser pour faire apurer ses comptes, donneront toujours la consistance du fonds social, et permettront de le distinguer assez pour le soumettre au privilége. Dira-t-on qu'il y a confusion *de droit?*..... Cela est impossible : l'associé liquidateur n'est qu'un mandataire et non un propriétaire; obligé de rendre compte de ce qui est entré dans sa caisse, il doit toujours avoir une connaissance exacte du *quantum* de son *débet*. Si le contraire a lieu en matière de succession, c'est que l'héritier pur et simple devient propriétaire de tous les biens du défunt, l'origine diverse et multiple des valeurs dont se compose alors son patrimoine n'altérant pas l'étendue et les effets de son droit; et si les formalités requises pour séparer l'actif ne sont pas remplies, la confusion juridique qui résulte de la saisine ne peut être paralysée que par la séparation. Il est donc facile de comprendre que, même dans notre espèce, la séparation serait encore sans objet.

### § 2. — *Des légataires.*

60. Les articles du Code, au titre *Des successions*, n'ont pas mentionné les légataires au nombre des personnes appelées à exercer la séparation. Malgré ce silence, il est probable qu'en présence des lois romaines [1] on n'eût pas hésité à leur donner les mêmes avantages qu'aux créanciers, si un texte formel, l'article 2111, n'était venu réparer l'omission qu'on pouvait regretter dans les premières dispositions de la loi sur notre matière, et prévenir toute éventualité de discussion. Les legs, en effet, sont aussi des charges de l'hérédité, qui doivent être acquittées sur elle préférablement même aux créances provenant de l'héritier.

61. Seulement le principe énoncé est encore soumis à de nombreuses restrictions. Et d'abord une première se rencontre déjà en ce qui concerne les légataires universels ou à titre universel : pour eux la demande en délivrance du legs, imposée par l'ar-

[1] LL. 4, § 1, et 6, *pr.*, D., *De sep.;* Const. 1 et 2, C., *De bon. auct. jud.*

ticle 1011, est une véritable demande en partage qui les place sous la protection de l'article 883 du Code; en sorte que les biens légués arrivent dans leurs mains francs et quittes de toute charge créée du chef de l'héritier copartageant. Dès lors, à quoi servirait la séparation?..... Elle sera donc en général sans utilité; cependant elle en aura encore, dans le cas où le legs est fait sous condition suspensive. La propriété n'étant alors acquise au légataire qu'au moment où s'accomplit la condition et non au moment du décès, il pourrait arriver très-bien que dans l'intervalle les créanciers de l'héritier voulussent attaquer les biens de la succession, et les absorber au point de n'en plus laisser suffisamment de quoi remplir le légataire de ses droits : en leur opposant la séparation, ce dernier sauvegardera efficacement son droit éventuel. C'est ce que fait observer très-judicieusement M. Dufresne [1]; mais, en voulant aller plus loin, il commet une double erreur : il limite notre proposition précédente à l'hypothèse d'un legs d'immeubles, et prétend ensuite que, lorsqu'il s'agit « de meubles *légués* IN GENERE, le légataire » universel ou à titre universel devra toujours, soit que le legs » ait été fait avec ou sans condition, recourir à la séparation » *pour empêcher la confusion de ce mobilier avec celui de l'hé-* » *ritier.* » Nous sommes fâchés de nous trouver ici en désaccord avec cet auteur, mais nous croyons qu'il s'est mépris complétement sur les effets de cette confusion, en créant des exceptions que la force des choses ne peut justifier.

Et premièrement nous avouons ne pas comprendre ce qu'il entend par legs universel ou à titre universel fait *in genere* : il y a là tout au moins une locution redondante; car un legs universel est toujours fait *in genere*, autrement il n'est plus qu'un legs à titre particulier; c'est en effet dans ce dernier seul qu'il est possible de distinguer le genre de l'espèce. Mais passons sur cette objection de pure forme; ce sur quoi nous voulons appeler l'attention, c'est que M. Dufresne semble croire que la séparation empêchera la confusion du mobilier, prenant ainsi la confusion dans le sens d'une mixtion matérielle des choses.....; idée complétement fausse et que nous retrouverons plus tard encore chez un autre jurisconsulte (n° 80). La séparation ne saurait empêcher ce genre de confusion, puisqu'au

[1] *Op. cit.*, n° 20.

contraire elle se trouve paralysée par lui, ainsi qu'il sera exposé au chapitre III, § 2 (n$^{os}$ 80 et suiv.); la séparation n'empêche que la confusion juridique produite par l'adition d'hérédité. Or celle-ci a lieu pour les immeubles tout autant que pour les meubles, et s'il n'avait eu en vue qu'elle, notre auteur ne devait pas dire que la séparation n'aurait d'utilité en matière immobilière que lorsque le legs est fait sous condition suspensive; car il y avait une confusion semblable à éviter lorsque le legs d'immeubles est pur et simple; et cette erreur lui a fait dire ensuite que la séparation, inutile pour le legs immobilier fait sans condition, devenait une nécessité pour le legs mobilier, même lorsqu'il est pur et simple : proposition que nous ne pouvons accepter; parce que s'il s'agit d'éviter la confusion, ce ne sera qu'au moyen d'un inventaire et de tous autres actes conservatoires qui obligent d'en dresser un.

62. Lorsque le legs est à titre particulier et porte sur une chose déterminée par son espèce, la séparation ne vaudra pas non plus pour les légataires l'action en revendication qui leur compète, en vertu du droit de propriété dont ils sont investis à partir même du décès du testateur, si le legs est pur et simple [1]. Cette action, qui se confond avec l'action en délivrance, lorsqu'elle est intentée contre l'héritier, devient une véritable action réelle contre le tiers détenteurs au profit desquels l'héritier aurait disposé de la chose. La séparation est donc tout à fait inutile ici, et ne servirait pas même, quoi qu'en dise M. Dufresne [2], à procurer au légataire la restitution des fruits de la chose; attendu que l'action en revendication suffira pour comprendre dans la restitution et la chose et les fruits produits depuis la demande, si le détenteur a été de bonne foi, et tous les fruits perçus et même consommés depuis l'origine, s'il a été de mauvaise foi [3]. Mais jamais la séparation ne pourra assurer à elle seule la restitution des fruits non restituables à un autre titre, parce qu'elle n'a pas pour conséquence d'empêcher la confusion ni la consommation, comme nous l'avons dit plus haut, à propos d'une autre conséquence que le même auteur tirait de la manière de voir opposée.

Lorsque, au contraire, le legs particulier est *in genere* ou

[1] C. Nap., art. 1014.
[2] *Op. cit.*, n° 19.
[3] C. Nap., art. 550.

lorsqu'il est conditionnel, la séparation acquerra, pour le légataire, la même importance que s'il s'agissait d'un legs à titre universel sous condition, parce que le légataire ne devient propriétaire qu'à partir du moment de la délivrance opérée par l'héritier ou de l'événement de la condition; jusque-là il n'est pas propriétaire, et ne pourrait se retourner contre les créanciers de l'héritier, qui auraient saisi la chose léguée pour se faire payer de leurs droits; il faut donc, s'il veut éviter ce résultat, qu'il oppose la séparation, lorsque ces créanciers viendront exercer leurs poursuites. C'est par application de ces principes, que la Cour d'Agen a jugé que le légataire d'une somme d'argent pouvait *demander* (*sic*) la séparation des patrimoines [1].

63. Tout cela ne donne pas lieu à de bien grandes difficultés; mais ce qui en donne davantage, ce qui est bien plus embarrassant, c'est de savoir jusqu'à quel point la séparation fait double emploi avec l'hypothèque légale conférée par l'article 1017 à tous les légataires, sans exception aucune, sur les biens de la succession; et si au contraire elle n'est pas une garantie d'une nature spéciale et distincte du droit hypothécaire. Cette question mérite une sérieuse attention; car, si peu examinée qu'elle ait été, il n'en est peut-être pas qui ait donné lieu à plus de divergences doctrinales. Pour beaucoup d'auteurs, les deux droits sont identiques et confondus dans la disposition de l'article 2111 [2]; quelques-uns pensent que l'hypothèque, en s'unissant au droit de séparation, l'a toutefois investi du droit de suite, qui est de l'essence de toute hypothèque [3]; enfin le plus petit nombre d'entre eux, qui reconnaissent une dissemblance entre les deux institutions, restreignent pourtant les effets de l'hypothèque légale à un simple droit de préférence sur les créanciers de l'héritier, en la rendant inefficace à l'encontre des créanciers du défunt, en vertu de la maxime *nemo liberalis nisi liberatus*. En présence du vague et de l'incohérence de cette doctrine, l'esprit demeure dans l'incertitude la plus complète; force est donc de recourir aux sources mêmes, à l'histoire,

[1] 11 juin 1809 (Sir., *Coll. nouv.*, 3, II, 87).

[2] Grenier, *Donat. et testam.*, n° 312, et *Privil. et hyp.*, n°s 421 et 422; Toullier, *Droit fr.*, V, 567 et suiv.; Duranton, IX, 386; Aubry et Rau, § 722, notes 21 et 22 (3e édit.).

[3] Merlin, *Répert.*, v° *Légataire*, § 6, n° XII.

ce flambeau de l'interprète, et de voir si l'on ne peut en tirer quelques lumières pour éclairer ce dédale de solutions contradictoires.

Tout d'abord, une première considération nous frappe : c'est que le bénéfice de séparation des patrimoines et l'hypothèque légale coexistaient en Droit romain et dans l'ancienne jurisprudence, comme deux remèdes indépendants l'un de l'autre. L'hypothèque, en effet, est une création de la fameuse constitution de Justinien, Const. 1, C., *Comm. de legat.*, et cet empereur, en l'introduisant dans sa législation, la présentait comme une innovation bienfaisante; ce qui nous montre évidemment que la séparation avait et continuait d'avoir des effets distincts de ceux de l'hypothèque.

L'action hypothécaire ne pouvait du reste s'appliquer qu'aux choses dont l'héritier était devenu propriétaire, et non plus aux choses léguées ni données à cause de mort : *Quia nulli res sua pignori esse potest*; en outre elle naissait divisée contre chaque héritier, de telle sorte qu'aucun d'entre eux ne pouvait être tenu au-delà de sa part virile; circonstance qui l'assimilait en cela à l'action personnelle compétant au légataire en vertu du testament, mais subordonnée évidemment à la solvabilité de l'héritier. L'action hypothécaire, au contraire, qui pouvait s'intenter contre les tiers, était affranchie de cette éventualité. Cependant quelques interprètes ont refusé à cette action le droit de suite, sous le prétexte assez singulier qu'étant donnée contre les tiers pour le tout, ceux-ci auraient été tenus plus que l'héritier lui-même; d'autres, tout en admettant le droit de suite, en tempéraient la rigueur par l'exception de discussion, d'après les Authent. 14, C., *De oblig. et act.* et 24, C., *De pign. et hyp.*, à moins pourtant que le défunt n'eût expressément accordé, dans son testament, une hypothèque au légataire [1]; la plupart n'admettaient pas que cette hypothèque pût conférer un droit de préférence sur les créanciers [2].

Sous l'ancienne jurisprudence, alors que la séparation, dépouillant les caractères qu'elle présentait en Droit romain, dégénérait à peu près en simple cause de préférence, on eût pu douter de l'utilité simultanée de ce remède et de l'hypothèque.

[1] Nov. CXII, ch. 1 : v^is^ Ἐκ ταύτης δὲ τῆς τοῦ *litigioσου* προσηγορίας..., etc.

[2] Brunemann, sur la Const. 1, C., *Comm. de legat.*; Carpzow, liv. I, chap. 28, déf. 177, etc.

Cependant nous n'avons trouvé dans aucun auteur des traces d'un conflit possible sur ce point : tous ont parlé de cette hypothèque comme d'une chose étrangère à la séparation des patrimoines. Le point sur lequel se concentraient les discussions de ce temps-là était la divisibilité de cette hypothèque légale.

Quatre opinions paraissent avoir partagé les jurisconsultes dans cette question. Dans une première, on niait complétement que la constitution de Justinien dût être observée en France; et l'on pensait même que c'était par erreur qu'on y avait cru voir une division de l'hypothèque : que telle n'avait pas été la pensée de l'empereur grec; que l'action hypothécaire avait été introduite par lui pour assurer le payement des legs, et qu'une hypothèque ainsi tronquée et mutilée n'aurait pu remplir ce but ni surtout rien ajouter au bénéfice de séparation octroyé déjà par l'ancien droit aux légataires; que d'ailleurs l'hypothèque leur était acquise dès l'instant du décès du testateur, et partant aussi avant que les héritiers fussent saisis de la succession, puisqu'ils ne l'étaient que du jour de l'adition [1]; or, étant établie dans le temps que l'hérédité représentait la personne du défunt, elle devait rester indivisible et solidaire. Dans le Droit français, il est vrai, les héritiers sont saisis avant l'adition, mais les légataires le sont aussi, et leur droit n'est pas postérieur à celui des héritiers. Il n'est pas divisé dans son origine, puisque l'obligation ne commence que dans la personne des héritiers, et les légataires n'avaient pas d'action contre le défunt; mais c'est du défunt qu'ils font dériver leur droit, parce que c'est le défunt qui leur a affecté ces biens, avant qu'ils fussent dévolus à ces héritiers, et par conséquent avant qu'il pût se faire aucune division de l'action hypothécaire. Cette opinion, enseignée par Mornac [2] et Bacquet [3], pouvait, disait-on, invoquer en sa faveur la coutume de Paris elle-même [4], celle d'Anjou [5], enfin toute la jurisprudence, même la plus ancienne [6], puisque ses adversaires mêmes étaient

[1] Const. *un.*, §§ 1 et 6, C., *De caduc. toll.*

[2] Mornac, sur la loi 18, C., *De pact.*

[3] Bacquet, *Des droits de just.*, ch. VIII, n° 26.

[4] Art. 333. Voy. Ferrières, sur cet article, gl. I, n° 19.

[5] Art. 469. Voy. Chopin, sur cette coutume, liv. III, ch. 3, n° 7.

[6] Le plus ancien arrêt que l'on connaisse sur cette matière est cité par Duluc, liv. X, ch. 2, tit. 3, et remonte au 6 juin 1386.

obligés d'avouer qu'aucun arrêt n'avait jugé en faveur de la divisibilité de l'hypothèque [1]. Remarquons aussi que la tradition de cette jurisprudence a traversé sans s'altérer les épreuves révolutionnaires; car on peut citer un arrêt de la Cour de cassation du 11 brumaire an XI qui, par application des anciennes doctrines, avait encore consacré l'indivisibilité de l'hypothèque [2].

Une deuxième opinion qui réunissait la majorité des auteurs en sa faveur, enseignait au contraire la divisibilité la plus complète du droit hypothécaire conféré aux légataires : partant du principe que l'action personnelle est le véritable fondement de l'action hypothécaire, on en concluait nécessairement que celle-ci devait comme l'autre se diviser de plein droit entre les héritiers, et l'on écartait facilement les deux textes des coutumes en faisant remarquer qu'ils visaient une toute autre hypothèse : celle où le testateur avait de son vivant hypothéqué ses biens à la sûreté d'une dette qui existait déjà dans sa personne; et les héritiers, en trouvant ces biens hypothéqués à toute la dette, ne pouvaient évidemment diviser la sûreté des créanciers qui n'avaient contracté que sous la foi d'une hypothèque générale. Mais l'hypothèque des légataires n'est pas de ce genre, parce qu'elle ne commence qu'après la mort du testateur, et non plus avant la saisine de l'héritier auquel les légataires sont obligés de demander la délivrance du legs; et cette action en délivrance, qui ne peut commencer évidemment qu'après la saisine, est le résultat d'un engagement déjà formé et a pour accessoire l'hypothèque. Aussi, n'ayant commencé qu'après la saisine, elle ne peut frapper indivisément tous les biens du testateur [3].

Entre ces deux doctrines si tranchées venait se placer une opinion mixte, qui enseignait l'indivisibilité seulement dans certains cas dignes de faveur. Elle ne faisait du reste que consacrer d'une manière générale les principes de la seconde opinion, à laquelle elle se rattachait dans les cas les plus fré-

[1] Espiard, *Observ. sur Lebrun*, *Des succ.*, liv. IV, ch. 2, sect. 14, n° 4.

[2] Sir., *Coll. nouv.*, 1, I, 712.

[3] Ricard, *Des donat.*, t. I, 2e part., ch. 1, sect. 4, nos 29 et 30; Pothier, *Introduct. à la Cout. d'Orl.*, n° 107; Henrys, liv. IV, quest. 171; Dumoulin, *De divid. et individ.*, 2e part., nos 8 et s.; Cujas, sur la loi 33, D., *De legat. II, in lib. IX Resp. Her. Modest.*

quents. Ainsi les legs pieux, les legs d'aliments, ceux en faveur du mariage, etc., devaient être garantis par une hypothèque indivisible [1].

Enfin nous ne citons que pour mémoire une quatrième opinion qui proposait encore une autre distinction, en vertu de laquelle les testaments reçus par une personne publique, auraient seuls procuré hypothèque solidaire et indivisible, pour les legs, comme le procuraient du reste tous les contrats authentiques. Système insoutenable, car il s'agissait bien moins d'une hypothèque dérivant d'un acte volontaire de l'homme que de la loi elle-même qui lui attachait cet effet, indépendamment de la forme authentique ou olographe dans laquelle il était conçu. Aussi cette opinion comptait-elle peu de partisans [2].

Tel était l'état de la question dans l'ancienne jurisprudence et à l'époque de la confection du Code. Quant aux rédacteurs de ce Code, il est certain qu'ils avaient présentes à l'esprit toutes ces divergences de doctrine; car il est facile de voir qu'ils y faisaient allusion, lorsqu'ils écrivaient dans le projet, au titre *Des donations et testaments :*

« Art. 99. — Les héritiers ou débiteurs d'un legs sont per- » sonnellement tenus de l'acquitter chacun au prorata de la » part et portion dont ils profitent dans la succession; *ils en » sont tenus hypothécairement pour le tout*, jusqu'à concurrence » de la valeur des immeubles de la succession dont ils sont » détenteurs. »

« Art. 100. — L'hypothèque du légataire est légale; elle » résulte de la donation valablement faite, même sous signa- » ture privée, dans les formes ci-dessus indiquées. »

De ces deux articles, le premier seul se retrouve dans le texte définitif du Code, encore est-il privé de sa première partie; et ainsi tronqué, il porte le n° 1017. MM. Aubry et Rau [3] voient dans cette double modification du projet primitif une preuve de l'intention non équivoque du législateur de dénier au légataire toute hypothèque légale, et ils la corroborent en faisant ressortir l'absence de mention de cette hypothèque dans l'article 2121,

[1] Chopin, sur la *Cout. de Paris*, liv. II, tit. 4, n° 19; Charondas, *Rép.* 33, liv. VI; d'Espeisses, *Des legs*, sect. II, n° 41, etc.

[2] V. entre autres Loyseau, *Du déguerp.*, liv. I, ch. 7, n° 5; Renusson, *Des propres*, ch. III, sect. 12.

[3] *Droit civil français*, § 722, note 21.

qui contient la liste générale des hypothèques légales. — Mais nous répliquerons en faisant observer qu'on ne saurait attacher avec certitude cette signification à la suppression de l'article 100, attendu qu'il se trouvait lui-même en opposition (nos adversaires le reconnaissent du reste) avec l'article 42 du titre *Des hypothèques*, ainsi conçu : « Les dispositions testamentaires » reçues par acte authentique n'emportent hypothèque que du » jour du décès. » Cette seule antinomie pouvait donc suffire pour motiver la suppression dont il s'agit. Le silence de l'article 2121 n'a pas plus de valeur, et si l'article 1017 suffit pour établir l'hypothèque légale, il devenait inutile de le rappeler une seconde fois dans un article subséquent : tout le monde sait que le législateur ne fait pas une œuvre de doctrine, et qu'il n'est pas tenu de coordonner toutes les dispositions qui ont quelque rapport entre elles. Si l'on voulait être rigoureux, une autre omission pourrait être reprochée à l'article 2121 : c'est celle de l'hypothèque des créanciers du failli qui, au moins dans l'opinion des savants professeurs [1], est aussi légale. Enfin on peut voir une rédaction pareillement incomplète dans l'article 2059, qui n'énumère pas non plus tous les cas de stellionat, et auquel il faut suppléer par l'article 2136.

Dans leur système d'ailleurs, pour expliquer d'une manière satisfaisante les termes *hypothécairement pour le tout* de l'article 1017, ces auteurs sont obligés d'en forcer le sens, et ils prétendent qu'ils doivent être entendus avec plus d'extension que les expressions identiques qu'on retrouve dans l'article 873, lequel n'est pas pour cela attributif d'une hypothèque au profit des créanciers, ceux-ci devant être, disent-ils, sur la même ligne que les légataires : ce qui le prouve, c'est que l'article 2111 les confond dans une même disposition.

On a souvent et étrangement abusé de cette nature d'argument par analogie, et nous avons cité, n° 44 *bis*, une opinion opposée au système de MM. Aubry et Rau sur le caractère privilégié de la séparation, opinion qui renverse la proposition précédente, et s'appuie sur la nature hypothécaire du droit conféré aux légataires par l'article 1017, pour soutenir ensuite que l'article 873 n'a pas pu vouloir traiter moins bien les créanciers..... Qui a raison ? Quel point de départ faut-il pren-

[1] *Op. cit.*, § 264, note 34.

dre? Quel est celui des deux articles qui doit servir à expliquer l'autre, si chacune des deux interprétations s'appuie tour à tour et sur l'un et sur l'autre?..... Cette seule réflexion doit ouvrir les yeux sur le danger des arguments d'analogie et d'induction dont on fait malheureusement trop usage, lorsqu'on ne devrait recourir qu'aux sources et aux principes de la matière.

Or ici, en nous reportant à l'historique de toutes les contestations auxquelles cette question a donné naissance, il est impossible de nier que les rédacteurs n'aient voulu s'en référer à ce qui était reçu invariablement dans l'ancienne jurisprudence; car les controverses mêmes, que nous avons à dessein exposées avec quelque prolixité, portaient sur le caractère et non point sur l'existence de l'hypothèque : si donc le législateur moderne avait voulu la supprimer, il se serait certainement expliqué là-dessus, comme il s'est expliqué sur la question de divisibilité de cette hypothèque, en la tranchant d'un mot dans l'article 1017, comme il s'est expliqué en maint autre endroit toutes les fois qu'il y avait un ancien édit, une ancienne coutume à abolir, une ancienne controverse à faire cesser. Loin de là il se sert, dans l'article 1017, des termes *hypothécairement pour le tout*, consacrant ainsi ce qui se pratiquait avant lui. Je sais bien qu'on s'est prévalu de l'article 333 de la coutume de Paris, ainsi conçu : « Héritiers détenteurs d'héritages de la suc- » cession peuvent être poursuivis solidairement par les créan- » ciers hypothécaires », et qu'on a essayé de dire ici, comme on disait anciennement de cet article, qu'il n'était question que des créances hypothécaires nées avant le décès du débiteur, et que ce serait aussi le cas prévu par l'article 1017, comme il l'est par l'article 873 du Code; mais le simple coup d'œil comparatif sur la teneur respective de ces trois dispositions fera évanouir cette dernière objection; car il était très-naturel d'écrire dans l'article 333 de la coutume, de même que dans l'article 873 du Code Napoléon, qui en est la reproduction assez fidèle, que les héritiers devaient être tenus des dettes hypothécaires de la succession, parce que le défunt peut avoir constitué de son vivant une pareille sûreté au profit de ses créanciers. Ce qui était rationnel pour ces deux textes ne l'est plus pour le premier, l'article 1017, d'ailleurs différemment rédigé, et d'après lequel le legs, véritable créance contre la succession, ne prend naissance qu'au moment où celle-ci vient à s'ouvrir;

l'hypothèque, qui n'est qu'un accessoire de cette créance, ne peut donc la précéder dans l'ordre des origines ; si elle ne la précède pas, elle peut naître indivise, comme on le soutenait au reste dans l'ancienne jurisprudence. Est-il nécessaire enfin de faire remarquer, pour écarter l'argument de l'article 2111, que cet article, en introduisant un privilége nouveau dans le Code, devait y appeler concurremment créanciers et légataires, mais qu'il ne pouvait faire allusion à ceux d'entre eux qui avaient une hypothèque déjà inscrite?.....

Un mot encore sur cette question. A vrai dire, les rédacteurs du Code Napoléon, en se prononçant pour l'indivisibilité de cette nouvelle hypothèque, n'ont pas été heureux dans le choix qu'ils ont fait entre les diverses opinions en conflit sur ce point, dans l'ancien droit. Il est certain que l'ancienne jurisprudence, si elle a cru interpréter par là sainement la constitution de Justinien, s'est gravement méprise sur le sens cependant bien clair de ses expressions, et en consacrant cette intelligence tronquée d'une loi romaine, nos rédacteurs ont commis une véritable erreur législative. Quoi qu'il en soit, on ne peut que la constater et non la redresser.

Mais, rigoureux observateur des termes mêmes de la loi, nous croyons l'être d'un autre côté aussi de son esprit, en repoussant la doctrine de la plupart des auteurs qui, effrayés de la concession qu'ils venaient de faire aux légataires, en leur reconnaissant une hypothèque, et, s'abusant sur l'importance de la maxime : *nemo liberalis nisi liberatus*, n'accordent aux légataires qui ont inscrit leur hypothèque aucun droit de préférence sur les créanciers du défunt, tout en les investissant d'un recours contre les tiers : ce qui revient à reconnaître à cette hypothèque un droit de suite sans droit de préférence ; anomalie sans exemple dans aucun système hypothécaire, à notre connaissance du moins. Au contraire et de l'aveu même de tous les auteurs, à l'exception pourtant de Marcadé[1], la maxime en question n'est applicable qu'en matière de séparation des patrimoines : c'est en la provoquant que les créanciers du défunt pourront seuls se soustraire à la préférence des légataires qui ont inscrit leur hypothèque ; et nous verrons plus loin (n° 134) qu'ils n'ont pas même besoin de faire, dans les

[1] Sur l'article 1017, n° II.

six mois, l'inscription ordonnée par l'article 2111, attendu que ce délai de faveur n'existe qu'à l'encontre des créanciers hypothécaires de l'héritier, mais non point des créanciers hypothécaires du défunt, auxquels sont assimilés les légataires [1].

63 *bis.* A présent, que la nature et le caractère de cette hypothèque sont bien définis, il nous sera facile de voir l'intérêt que puiseront dans l'hypothèque légale les légataires auxquels compète cumulativement avec elle la séparation des patrimoines. Cela résulte des différences suivantes qui caractérisent ces deux garanties :

1° Le principe de la division des dettes entre les héritiers du défunt n'est nullement altéré par la séparation (n° 128); par suite, le légataire qui se contenterait de ce dernier bénéfice serait obligé de diviser ses poursuites, et ne pourrait obtenir de chaque héritier que jusqu'à concurrence de ce dont il est tenu dans les dettes du défunt. L'hypothèque au contraire, qui a pour conséquence de suspendre les effets du grand principe de la répartition proportionnelle des charges de la succession, ne verra pas l'affectation des immeubles réduite pour chaque héritier dans les limites de son contingent héréditaire. En deux mots, la séparation ne peut être imposée à l'héritier que jusqu'à concurrence de sa part contributoire : l'hypothèque peut l'être pour la totalité du legs; mais dans cette limite la première peut avoir encore plus de valeur que celle-ci, dans une succession renfermant un petit nombre d'immeubles, puisqu'elle s'applique également aux meubles;

2° La séparation laisse le créancier désarmé contre les aliénations de l'héritier; l'hypothèque légale, pourvue d'un droit de suite qui est de l'essence de toute hypothèque, ira chercher les immeubles ainsi sortis de la succession, jusque dans les mains des tiers acquéreurs, même de bonne foi;

3° La séparation est un privilége; en remplissant à son égard les formalités conservatoires imposées par l'article 2111, le créancier jouira de l'attribut essentiel et caractéristique de tout privilége, celui de prendre rang en vertu de la seule qualité de

[1] En général, ce que nous dirons à l'avenir des créanciers hypothécaires ou chirographaires, nous l'entendrons toujours des légataires qui ont ou n'ont pas inscrit l'hypothèque : le tout afin d'éviter des redites inutiles; et nous aurons toujours soin de faire remarquer, s'il y a lieu, les différences qui caractérisent ces deux classes d'ayants droit.

sa créance et indépendamment de la date de l'inscription; le tout dans la mesure d'un délai préfix [1]. L'hypothèque, au contraire, ne prend rang que par la date de l'inscription, sauf un petit nombre d'exceptions soigneusement définies par la loi, et qui ne sauraient s'appliquer ni directement ni indirectement à l'hypothèque légale du légataire;

4° Nous expliquerons plus tard (n° 119) pour quelles raisons et en quels cas la séparation des patrimoines, virtuellement produite par l'acceptation sous bénéfice d'inventaire, survit à la déchéance dont l'héritier bénéficiaire peut être frappé. D'après l'article 2146, au contraire, il est formellement interdit d'inscrire aucune hypothèque sur des biens faisant partie d'une succession bénéficiaire; en revanche, la séparation est soumise à des déchéances et prescriptions particulières, lesquelles ne sont le plus souvent que le résultat d'une situation de fait, qu'il n'était plus au pouvoir de la loi de changer, et dont le droit hypothécaire empêche toujours la réalisation;

5° Le retard dans l'inscription requise en matière de séparation dans un délai de six mois, fait dégénérer le droit de préférence attaché au privilége en un droit de préférence moins parfait, et soumis aux éventualités de la date comme toute autre hypothèque, comme l'hypothèque du légataire qui ne jouit d'aucun délai de faveur à cet égard. Mais l'inscription de cette dernière, quelque tardive qu'on veuille la supposer, pour détériorer, selon les cas, le droit de préférence, laissera toujours intact le droit de suite, si toutefois elle est prise avant la transcription de l'acte d'aliénation [2]. Si donc il y a des créanciers déjà inscrits, le légataire, qui a laissé écouler les six mois pendant lesquels en s'inscrivant en séparation il eût pu primer ceux-là, pourra encore s'inscrire en vertu de l'article 1017; non plus pour acquérir aucune priorité désormais perdue par son retard, mais parce que l'inscription qu'il prendra en vertu de l'article 1017 aura encore, à la différence de celle de l'article 2111 ou 2113, cet effet de le protéger contre les aliénations des biens immobiliers de la succession.

Des auteurs très-recommandables placent ici une sixième différence. Tirant de l'article 926 la preuve que tous les légataires ont un titre égal à la bienveillance manifestée par le

[1] C. Nap., art. 2096 et 2106.

[2] Loi du 23 mars 1855, art. 6, al. 1 et 3.

défunt, ils pensent qu'ils doivent la conserver dans la protection de la loi, et que l'inscription n'établira en aucun cas de priorité entre les différents légataires compétiteurs, de peur que cette prééminence ne devînt pour eux le prix de la course; tandis que les choses se passent tout autrement pour les créanciers de la succession, lorsqu'on en est arrivé au moment où la séparation n'est plus pour eux qu'un simple droit hypothécaire.

Cette théorie serait, à coup sûr, très-rationnelle, car le rang des légataires ne doit pas ainsi se trouver subordonné à une condition posthume. Mais il nous paraît impossible d'entrer dans ces distinctions, sans faire nous-mêmes la loi; car, après avoir invoqué toujours les principes généraux du système hypothécaire, pour accorder à l'hypothèque des légataires son indivisibilité, son droit de suite et enfin tous les attributs caractéristiques des autres hypothèques, il nous semble peu conséquent de repousser ceux d'entre eux qui présenteraient quelque anomalie plus ou moins choquante; dût cette anomalie introduire de l'incohérence dans l'application des principes de notre matière. Il aurait fallu, si l'on avait voulu faire concourir entre elles toutes les hypothèques des légataires, donner un certain délai pour s'inscrire, passé lequel l'inscription tardive n'eût plus conféré à l'hypothèque que le rang même de sa date. Autrement, qui ne voit combien le système proposé amènerait de complications dans les ordres, si un légataire inscrit dans les premiers jours de l'ouverture de la succession, par exemple, devait partager l'actif disponible avec un autre légataire inscrit dix ans, vingt ans plus tard?.....

Le législateur, il ne faut pas se le dissimuler, n'avait pas songé à toutes les combinaisons abstraites, dont les règles, par lui si laconiquement tracées, pouvaient devenir susceptibles; mais que faire de plus, sinon constater les lacunes et l'insuffisance de la loi?

## CHAPITRE II.

### Des biens qui peuvent faire l'objet de la séparation.

64. *Le droit de séparation s'exerce sur tous les biens meubles ou immeubles, corporels ou incorporels qui se trouvent dans les mains de l'héritier, à titre de succession :* l'art. 880 (C. N.) le suppose virtuellement, et cela se déduit au surplus de cette autre

disposition du Code qui les répute tous indistinctement le gage commun des créanciers du défunt [1]. C'est là le principe général; il ne reste plus qu'à le développer et à en faire l'application aux diverses hypothèses qui peuvent se rencontrer le plus fréquemment.

65. D'abord, il résulte des termes mêmes que nous avons employés, que, puisque tous les biens sont grevés du droit de gage au profit des créanciers héréditaires, il n'y a aucune distinction à faire entre les créances du défunt contre les tiers et celles contre l'héritier : car elles font toutes partie des biens de la succession; aussi avons-nous déjà réfuté (n° 53) une opinion qui voudrait éteindre complétement la créance du défunt contre l'héritier, par le seul effet de la saisine, et la soustraire ainsi à la séparation que l'on exercerait à l'égard de cette créance.

Lorsqu'on dit qu'une action qui compétait au défunt, contre d'autres que l'héritier, peut être l'objet de la séparation, il faut entendre cette locution en ce sens que les créanciers qui en revendiquent l'exercice, en vertu de l'article 1166, ne sont pas obligés de partager l'émolument qu'ils en retirent, avec les créanciers propres de l'héritier, et qu'ils peuvent empêcher ces derniers de l'exercer contre le tiers qui en était passible. Ainsi les actions résolutoires, les actions en restitution des choses du défunt détenues par des tiers à titre de louage, prêt, dépôt, etc., sont soumises à ces règles.

65 *bis*. Spécialement en ce qui concerne l'exercice du pacte de rachat, les créanciers pourront faire prononcer la séparation de ce droit, c'est-à-dire exercer le réméré qui faisait évidemment partie de la succession; et cela aussi longtemps que ce droit n'est pas prescrit [2]. Et lorsque le rachat a été exercé par l'héritier lui-même avant que les créanciers en aient revendiqué le bénéfice, celui-ci, s'il a fourni de ses propres deniers la somme nécessaire à cette opération, sera fondé à prélever sur la succession, avant les créanciers, le montant de ce qu'il a déboursé; car il a fait les affaires de la succession, et les créanciers s'enrichiraient infailliblement à ses dépens, s'ils pouvaient empêcher cette reprise. Aussi, en cas de revente de de l'objet, si l'héritier n'a pas pu trouver dans l'argent comp-

[1] C. Nap., art. 2093.
[2] C. Nap., art. 1660 et 1662.

tant de la succession de quoi se remplir de ses prétentions, lui donnerons-nous, sur le prix de cette vente, un privilége qui le fera passer avant les créanciers de la succession, comme ayant fait des frais pour la conservation de la chose [1].

66. Lorsqu'une action appartient au défunt contre l'héritier, les créanciers de la succession réclameront par la séparation le droit d'exercer l'action par préférence aux créanciers personnels de l'héritier; et ils le pourront d'autant mieux que celui-ci qui, ainsi que nous l'avons vu, n'a pas le droit d'opposer aux premiers l'extinction de l'obligation par confusion, opposera toujours avec succès aux seconds ce moyen péremptoire.

67. Cependant la séparation des patrimoines ne saurait être invoquée à l'égard des choses dont les cohéritiers peuvent exiger le rapport en nature à la succesion. D'ailleurs, il ne s'agit plus ici d'une dette de l'héritier envers le défunt, et qui prend naissance antérieurement à l'ouverture de la succession, mais d'une dette envers les cohéritiers, et qui tire son origine de l'acceptation même de cette succession.

Cette question était fortement controversée dans l'ancienne jurisprudence. Lebrun [2], d'Héricourt [3] et Pothier [4] tenaient pour la négative; et cela sur cette raison décisive que le rapport, arrangement entre cohéritiers, n'avait lieu que pour maintenir l'égalité du partage; que les choses données n'étaient réputées biens de la succession, que par une fiction qui n'était pas faite pour les créanciers du défunt, et dont ils ne pouvaient par conséquent se prévaloir. Bourjon [5], au contraire, pensait que le rapport ayant assimilé les biens donnés aux biens de la succession, devait leur en faire partager la condition et les rendre désormais susceptibles de séparation.

L'article 857 du Code a ôté tout intérêt actuel à ce débat : le créancier ne pouvant plus profiter du rapport, ne peut évidemment en faire distraire les biens réunis, en vertu de cette opération, au patrimoine successoral, uniquement dans l'intérêt des cohéritiers. Cependant l'acceptation pure et simple de la part de l'héritier, qui rend inapplicable la disposition de l'article

[1] C. Nap., art. 2104.
[2] *Op. cit.*, n° 28.
[3] *De la vente des immeubles*, ch. XI, sect. 2, n° 43.
[4] *Des succ.*, *loco cit.*
[5] *Droit commun de la Fr.*, 2e part., *Des success.*, ch. XII, n° 27.

précité et permet par suite aux créanciers de profiter des biens rapportés, ne les fait pas pour cela tomber sous l'empire de la séparation : parce qu'en poursuivant leurs prétentions sur ces biens, les créanciers du défunt manifesteraient par là l'intention de se porter créanciers de l'héritier, d'accepter la personne de ce dernier pour débiteur ; et nous verrons plus loin que cet acte, qualifié *novation* par la loi, entraîne la déchéance du bénéfice de la séparation (n[os] 74 et suiv.).

L'acceptation bénéficiaire ne dispense pas non plus du rapport; mais comme elle a aussi pour effet de soustraire l'héritier à l'action des créanciers du défunt dont il cesse d'être débiteur personnel, ceux-ci ne pourraient en aucun cas, même s'ils renonçaient à user de la séparation, exiger le rapport au nom de l'héritier. Mais ceci est étranger à notre sujet.

Au contraire, la séparation n'empêchant pas l'héritier qui a accepté purement et simplement, de rester l'obligé des créanciers du défunt, il en résulte cette conséquence que nous avons déjà fait ressortir en examinant le système de Pothier, à savoir que, du moment où les créanciers personnels de l'héritier ont été intégralement payés, les créanciers de la succession, admis à profiter du reliquat disponible sur les biens de ce dernier, pourront exiger le rapport, si cela n'a pas encore eu lieu, ou en profiter : toujours, bien entendu, en s'interdisant désormais d'invoquer la séparation à l'égard de tout bien de la succession qui n'aurait pas encore été discuté.

Ajoutons encore que Lebrun ainsi que Goujet voulaient que, si la donation était postérieure en date à la créance, elle ne dût plus être opposable aux créanciers de la succession, qui étaient alors préférés, sur l'immeuble donné, aux créanciers de l'héritier. Mais le texte précis de l'article 857 ne permet pas cette dérogation aux principes : tout au plus resterait-il à ces créanciers le droit d'attaquer la libéralité comme frauduleuse, suivant les règles enseignées sur l'article 1167.

68. La tâche de l'interprète semble donc être devenue bien facile dans l'application de la séparation aux nouveaux principes consacrés par le Code, en matière de rapport; et cependant nous allons voir que rien n'est moins vrai. Plusieurs auteurs ont proposé des solutions très-contradictoires sur ces points; et le rapport en moins prenant surtout soulève des questions fort délicates qui ont été peu examinées.

Voyons d'abord ce qui concerne le rapport en nature. A cet égard, M. Delvincourt[1] se pose l'espèce suivante :

Un père laisse en mourant trois enfants et 150 000 francs d'actif dans sa succession : il a donné entre-vifs à l'un de ses enfants un immeuble d'une valeur de 30 000 francs; dans le partage qui a lieu ensuite, le fonds tombe dans le lot du donataire; voici alors comment, selon notre auteur, doit s'opérer la liquidation :

| | |
|---|---|
| Montant de l'actif de la succession. . . . . . . . | 150 000 f. |
| Valeur de l'immeuble rapporté. . . . . . . . . . . | 30 000 |
| Total à partager. . . . . . . . . . . . | 180 000 |
| Dont le tiers, part de chaque successible, est de. | 60 000. |

Maintenant l'héritier donataire, pour être rempli de ses droits, recevra :

| | |
|---|---|
| 1° L'immeuble rapporté, ci. . . . . . . . . . . . | 30 000 f. |
| 2° D'autres biens de la succession pour une valeur de. . . . . . . . . . . . . . . . . . . . . . | 30 000 |
| Total égal à sa part. . . . . . . . | 60 000. |

A chacun des autres enfants, il sera attribué pour 60 000 fr. de biens pris directement dans l'actif de la masse délaissée par le défunt.

Maintenant, et pour ce qui concerne la poursuite des créanciers, M. Delvincourt veut qu'ils ne puissent exercer leurs actions, et par conséquent aussi la séparation, à l'égard de chaque cohéritier, non plus jusqu'à concurrence des 60 000 fr. dont ils sont pourtant détenteurs en valeurs successorales, mais de 50 000 francs seulement; c'est-à-dire jusqu'à concurrence de l'émolument que l'héritier aurait retiré de la succession, si le rapport n'avait pas eu lieu; en sorte que la séparation ne comprendrait en réalité que

| | |
|---|---|
| 1° Les biens du défunt attribués au cohéritier donataire, pour parfaire sa part héréditaire, ci. . . . . . . . | 30 000 f. |
| 2° La part des autres héritiers si le rapport n'avait pas eu lieu, savoir. . . . . . . . . . . . . . . . | 100 000 |
| Au total. . . . . . . . . . . . . . . | 130 000; |

alors que la succession vaut 150 000 francs sans les biens rapportés : en tout 20 000 francs qui sont soustraits à la sépara-

[1] *Cours de Code civil*, t. II, p. 173 et s.

tion; de telle sorte que, pour empêcher que les créanciers ne profitent du rapport, M. Delvincourt leur fait éprouver un préjudice dont ils n'auraient pas souffert si le rapport n'avait pas eu lieu, et que le partage n'eût compris que les 150 000 francs dont se composait en définitive la succession : ce qui va contre le vœu et contre le but de la loi.

L'honorable professeur est plus heureux dans une seconde hypothèse qu'il imagine également, et où l'immeuble rapporté, au lieu d'être attribué au cohéritier donataire, tombe dans le lot d'un des deux autres enfants; car il permet aux créanciers de comprendre dans la séparation toute la part que le cohéritier détenteur de l'immeuble rapporté devait avoir dans la succession, abstraction faite du rapport. Ainsi, comme il aurait reçu :

| | |
|---|---|
| 1° L'immeuble rapporté qui vaut. . . . . . . . . | 30 000 f. |
| 2° D'autres biens en valeur égale à . . . . . . . | 30 000 |
| Total égal à sa part. . . . . . . . | 60 000; |

mais que la succession ne se compose que de 150 000 francs, dont 50 000 pour lui, il ne devra être poursuivi que pour cette somme : ce qui soustrait l'immeuble à l'action des créanciers pour 10 000 francs, c'est-à-dire qu'il serait considéré comme bien successoral pour les deux tiers de sa valeur. Ici il est parfaitement vrai de dire que le rapport ne nuira ni ne profitera aux créanciers, puisqu'ils retrouveront entre les mains de tous les cohéritiers, même de celui qui est détenteur du rapport, une valeur à poursuivre égale à la part héréditaire et à l'émolument qu'ils auraient retiré de la succession, abstraction faite du rapport, et que la créance n'attaque jamais la valeur de ce rapport.

Cette manière de régler les droits respectifs des diverses parties prenantes est très-ingénieuse, et nous ne voyons réellement pas ce qui a empêché l'auteur de l'appliquer à sa première hypothèse. En effet, il nous semble qu'il ne faut pas, pour appliquer l'article 857 et le faire concorder avec le principe de la division des dettes (principe qui ne doit pas fléchir devant la séparation des patrimoines [n° 128]), en se préoccupant ici de l'objet identique du rapport, priver les créanciers d'une partie de leurs droits, sous prétexte que l'immeuble rapporté doive en être affranchi (c'est l'erreur de M. Delvincourt dans sa première espèce); ou, en respectant l'identité, renverser le principe de la division des dettes, comme le voudrait M. Hureaux [1], qui fait retomber sur les cohéritiers non détenteurs de l'objet rapporté, tout le surplus des prétentions que cet objet a empêché de faire valoir sur les parts et lots où il était compris par le partage.

Tout cela n'offre pas une règle d'équitable distribution. Si l'objet rapporté n'est pas réparti également dans chaque lot, ou même s'il se trouve tout entier dans un seul, son équivalent s'y trouve, lui, réparti également, et c'est à cet équivalent qu'il convient de s'attacher. Le cohéritier, pour ne rien prendre dans l'objet rapporté, ou pour y prendre moins qu'un autre, profite évidemment du rapport, puisque la masse à partager s'en trouve augmentée d'autant, et qu'il prend davantage dans les autres parties de cette masse comprises dans la succession délaissée par le défunt; mais il n'en profite pas dans la même proportion que celle dont M. Hureaux voudrait qu'il fût tenu quant aux dettes. Au contraire, ce surplus dont son lot se trouve augmenté par l'effet du rapport, doit échapper à l'action des créanciers, et le restant seul pourra être soumis à la séparation.

68 *bis*. Toutefois, nous devons le dire, le second procédé de M. Delvincourt, procédé que nous adoptons volontiers pour notre part, ne peut plus être employé lorsque le rapport s'est fait en moins prenant, et il est regrettable qus cet auteur n'ait pas songé à s'expliquer sur cette seconde phase de la question. Pour arriver à la même solution, seule compatible en définitive avec les lois de l'équité, il faut invoquer d'autres principes. Nous conservons l'espèce proposée auparavant.

Le père fait à l'un de ses enfants une donation de 30 000 fr. qui sont dissipés avant l'ouverture de la succession, de telle sorte que le donataire est complétement insolvable ; celui-ci effectue le rapport en moins prenant, c'est-à-dire qu'il reçoit pour être rempli de ses droits :

1° Sa dette envers ses cohéritiers consistant dans le montant de la donation rapportée, soit. . . . . . . . . . . . 30 000 f.

2° D'autres biens pour une valeur de . . . . . . 30 000

Total égal à sa part. . . . . . . . 60 000.

Les autres enfants recevront aussi chacun 60 000 francs puisés en totalité dans l'actif de la succession : or cet actif,

[1] *Op. cit.*, n° 408.

comme on le sait, se compose de 150 000 francs grevés d'un passif d'égale somme. Si l'on oppose aux créanciers la division de ce passif, ils ne pourront jouir d'un recours que jusqu'à concurrence de 50 000 francs contre chaque cohéritier; et comme le donataire n'a touché que 30 000 francs, ils éprouveront de ce côté un préjudice de 20 000 francs.

Pour éviter ce résultat désastreux, on ne pourra plus dire ici, comme plus haut, que l'objet rapporté doive subir pour partie l'action des créanciers : la matière échappe à la poursuite, puisque le rapport s'est résolu en une opération toute négative; on ne pourra pas non plus dire que la séparation *retiendra* la succession et l'empêchera de se répartir entre les ayants droit, avant le désintéressement des créanciers, puisqu'elle se divise de plein droit et en vertu de la même cause, avec la poursuite de ceux-ci; elle n'a donc aucune influence sur cette situation et doit être écartée du débat. Malgré cela, nous n'hésitons pas à dire que les autres cohéritiers devront être tenus en proportion de l'émolument qu'ils ont retiré de la succession, c'est-à-dire jusqu'à concurrence de 60 000 francs, si le passif divisé monte à cette somme. Car il est bien entendu que s'il était inférieur, il devrait toujours se répartir entre les cohéritiers détenteurs de biens successoraux, sans que jamais l'un d'eux pût être poursuivi pour le tout ou pour une part plus forte que celle de son cohéritier, si d'ailleurs l'actif s'est partagé également entre eux [1]. En effet, le défunt a laissé autant de dettes que de biens, et les mêmes biens doivent répondre des mêmes dettes. S'il n'y avait eu ni donation ni rapport, chaque héritier aurait reçu 50 000 francs dans le partage des biens existants, et lors du décès, ces mêmes créanciers eussent trouvé de quoi être payés intégralement; tandis que par l'événement d'une opération à laquelle ils sont et doivent rester étrangers, et qui par contre ne peut non plus leur nuire jamais, ils se sont trouvés en perte: chose qui ne serait même pas arrivée si le défunt, au lieu de donner à un enfant, avait gratifié un étranger, ou que l'enfant donataire eût renoncé. Et il est impossible de voir dans la donation une intention quelconque de nuire aux créanciers, parce qu'il ne faut pas que leur sort puisse dépendre du caprice d'un

[1] On peut cependant voir une décision contraire dans un passage de M. Duranton (VII, 270), sur lequel nous reviendrons plus loin (n° 128).

successible, dont l'acceptation a été peut-être le fruit d'une collusion honteuse.

A la vérité, toutes ces raisons sont applicables à l'hypothèse du rapport en nature, et l'on pourrait nous demander, à ce propos, pour quel motif nous n'avons pas cru devoir appliquer à celui-ci la décision actuelle, en donnant aux créanciers le droit de poursuivre les héritiers non débiteurs du rapport, jusqu'à concurrence de 60 000 et non de 50 000 francs. Ce motif, le voici : c'est que le rapport de l'immeuble a en réalité accru la quotité de la masse partageable, et que chaque cohéritier a profité également de cette augmentation ; on pouvait donc sans injustice les obliger dans la même proportion. Mais ici, c'est autre chose : il n'y a pas accroissement; les cohéritiers non débiteurs du rapport retiennent une quote-part plus considérable de la succession, plutôt *jure non decrescendi* ; et cette inégalité dans la répartition doit produire une inégalité dans la contribution. Au surplus, les créanciers pourraient dire que les biens laissés par le défunt sont dévolus activement, dans la même proportion et aux mêmes personnes, que les dettes; que si on leur oppose la division de ces dernières, il faut aussi subir la division de l'actif; que la dévolution dans une autre proportion ne se fait qu'en vertu de l'existence d'une créance contre les donataires, au profit de ceux des cohéritiers qui n'ont rien reçu entre-vifs, créance donnant lieu à un règlement que les créanciers sont censés ne pas connaître. Ajoutons enfin que la question se trouve décidée dans le même sens par Pothier [1], et même avant lui par Dumoulin, lequel la mentionne comme une exception à la règle qui veut que l'héritier ne soit pas tenu de l'insolvabilité de ses cohéritiers ; et les raisons invoquées par ces deux jurisconsultes, concordent avec celles que nous venons de présenter.

69. Il a été dit en commençant que le droit de séparation s'exerce sur tous les biens qui existent encore dans les mains de l'héritier *à titre de succession.* Cette proposition suppose démontrée cette autre, à savoir que le droit de séparation est détruit par l'aliénation que l'héritier a opérée des biens de la succession. Ce n'est pas ici le lieu d'établir ce point; nous y reviendrons au chapitre suivant (n°s 85 et suiv.), et nous détermi-

[1] *Des obligat.*, n° 310.

nerons en même temps la valeur et l'étendue du mot *aliénation*, et les limites dans lesquelles il faut en circonscrire l'influence sur le droit de séparation. Il ne nous reste ici qu'à insister sur cette idée que si, en thèse générale, ce droit est éteint par l'aliénation, il ne l'est jamais d'une manière complète que sur le bien même qui aurait dû en être l'objet, et non point sur les autres valeurs qui, par l'effet d'une subrogation réelle, ont remplacé ce bien dans le patrimoine de la succession, pourvu toutefois qu'ils aient conservé leur individualité, leur identité (si l'on peut s'exprimer ainsi), qui permettra toujours de reconnaître cette substitution. (Voy. encore n° 103.)

Conséquemment, lorsque le prix d'une chose aliénée est encore dû, le droit de séparation se reportera de cette chose sur le prix. On le décidait déjà ainsi anciennement, comme on peut le voir dans Voët et dans Brunnemann [1]; et aujourd'hui, que, dans l'article 747, la loi fait l'application de la même subrogation au profit de l'ascendant qui reprend dans la succession du défunt donataire les choses qu'il a données entre-vifs (c'est-à-dire en réalité dans une hypothèse où le vœu principal de la loi est de restituer autant que possible le bien en nature), il est à plus forte raison permis de décider de même quand il s'agit de personnes qui ne peuvent avoir droit, en définitive, qu'au prix et jamais au bien. Nous ajouterons que l'on peut considérer la succession comme créancière du prix, et que l'action en payement est une chose incorporelle qui doit tomber sous la séparation, en vertu des principes développés plus haut.

Toutefois il ne faut pas oublier que le prix doit être encore dû; car s'il avait été payé, même à l'héritier, la confusion qui s'en est irrévocablement opérée avec les biens propres de ce dernier, paralyserait tout recours des créanciers; à ce point qu'on a jugé que, lors même que les créanciers de l'héritier eussent contraint l'acquéreur à payer une seconde fois dans le cas où la chose serait possible, les créanciers du défunt ne seraient plus fondés à intervenir dans l'ordre, pour y faire valoir leur préférence sur ce prix [2].

[1] Voët, *ad Pand.* *h. t.*, n° 4; Brunnemann, *in L.* 2, D., *De separ.*

[2] Paris, 29 août 1811, arrêt confirmé en cassation le 27 juillet 1813 (Sir., *Coll. nouv.*, 4, I, 407). — V. sur cette question plusieurs espèces dans les arrêts suivants : Cass., 16 et 25 juillet 1828 (S., *Coll. nouv.*, 9, I, 119 et 133).

70. La décision laisse encore moins de doute en cas d'échange, où la subrogation fait substituer le plus souvent à l'objet aliéné un objet de même nature. Lebrun[1], qui a examiné cette question avec assez d'attention, prétend qu'on doit laisser aux créanciers de la succession le choix d'exercer, suivant leur intérêt, leur droit de préférence, ou sur l'immeuble échangé, ou sur l'immeuble donné en contre-échange et entré dans le patrimoine de la succession ; et la raison qu'il donne pour légitimer ainsi ce droit de suite sur un immeuble qui n'en fait plus partie, est difficile à faire concorder avec ses principes ordinaires en matière de vente[2], puisqu'il semble reconnaître, au profit des créanciers, un droit réel, une hypothèque sur tout immeuble héréditaire, et que l'aliénation n'a pu éteindre. Cette manière de voir ne peut être adoptée dans la théorie de la séparation telle que nous la comprenons, pas plus au reste qu'elle n'aurait dû l'être dans celle de Lebrun, qui ne réputait jamais les créanciers du défunt hypothécaires par le seul fait du décès de leur débiteur.

Il faut donc dire aujourd'hui que ces derniers n'ont point d'action sur le bien échangé, mais qu'ils en auront certainement sur le bien que l'échangiste lui a fait subroger et qui prend complétement la place de l'autre : non pas, comme dit M. Grenier[3], parce qu'au cas où la succession serait évincée de la chose, la propriété de l'immeuble aliéné pourrait être retirée au coéchangiste (car cette raison n'est point une preuve de l'identification de l'objet, et il ne se produit qu'une résolution du contrat, en vertu de l'article 1184, laquelle remet les parties dans le même état qu'auparavant), mais parce qu'il se produit là une subrogation aussi complète qu'en matière de vente : chaque chose échangée est à la fois et le prix et l'objet d'une double vente réciproque entre les deux parties[4]. M. Hureaux[5] nous objecte que l'héritier pourrait facilement, en échangeant un objet de grande valeur contre un autre de valeur bien moindre, frustrer les créanciers du défunt, et que les subrogations, du reste très-rares dans notre droit, ne doivent jamais nuire

[1] *Op. cit.*, n° 29.
[2] *Ibid.*, n° 25.
[3] *Traité des hypothèques*, t. I, n° 429.
[4] L. 1, D., *De contrah. empt.*
[5] *Op. cit.*, n° 331.

aux tiers. Mais à son premier argument nous répondrons qu'il reste la ressource de l'article 1167, et que si elle fait défaut, le même inconvénient se présentera dans les ventes faites à vil prix ou à prix dissimulé ; et quant à la seconde proposition, nous ne connaisons aucun texte de loi qui puisse être présenté pour sa justification.

Dans une espèce qui s'est présentée assez récemment, la Cour de Nîmes a, en conformité de ces principes, décidé que la séparation pouvait affecter l'immeuble livré en contre-échange [1].

71. La séparation s'étend-elle également aux fruits naturels et civils produits par la chose qui peut en faire l'objet? Selon M. Grenier [2], les créanciers ne peuvent profiter des fruits échus avant la séparation, parce qu'ils « ont été la propriété exclusive » de l'héritier, et se sont, dès l'instant même qu'ils ont été per- » çus, confondus dans les biens personnels; ces fruits d'ail- » leurs n'ont jamais fait partie du patrimoine du défunt, n'étant » échus que depuis l'ouverture de la succession; » et il cite à l'appui un arrêt du parlement de Paris, rapporté par Brillon [3]. Mais son dernier argument ne justifie évidemment pas la distinction qu'il prétend établir entre les fruits perçus avant ou après la *demande* en séparation; c'est d'ailleurs une idée qui pouvait être vraie à Rome, dans un système attribuant aux créanciers la possession de la succession par suite d'un décret du préteur, et où cette constitution de gage devait faire changer le sort des fruits échus au moins depuis le décret : elle est incompatible avec le système actuel qui ne reconnaît ni demande ni jugement de séparation (n° 106).

Lebrun [4] avait sainement appliqué les principes de cette matière, lorsqu'il disait que le créancier de l'héritier qui saisit le premier les loyers d'une maison faisant partie de la succession, est primé par la saisie faite postérieurement à la requête d'un créancier du défunt, quoique les loyers soient échus depuis le décès et qu'il n'y ait point eu de *demande* en séparation. Mais il avait tort de donner pour raison décisive que les fruits de la succession sont affectés aux dettes du défunt comme la chose frugifère elle-même ; cette proposition beaucoup trop générale et que

[1] Nîmes, 21 juillet 1852 (S., 1853, II, 701).

[2] *Traité des hypoth.*, II, 436.

[3] *Dictionn. des arr.*, v° Séparat., n° 4.

[4] *Op. cit.*, n° 24.

d'ailleurs il ne justifiait même pas, n'était plus qu'une pétition de principes. MM. Dufresne[1], Aubry et Rau[2] appliquent à la solution de cette question la maxime *fructus augent hæreditatem*, et cela parce que suivant eux l'héritier ne peut profiter des biens de la succession, n'étant pas possesseur de bonne foi ; et comme cette succession est devenue, par l'effet de la séparation comme par celui du bénéfice d'inventaire, un être juridique qui représente le défunt, et dont les droits doivent être absolument les mêmes et doivent être exercés sur ses biens de la même manière que si le *de cujus* n'avait jamais cessé d'exister, il percevra les fruits au fur et à mesure qu'ils seront produits pour le compte de la succession et des créanciers auxquels elle appartient.

Cette assimilation de la séparation au bénéfice d'inventaire est complétement inexacte en ce point, et nous devons la repousser de toutes nos forces : car si le bénéfice d'inventaire frappe la succession en bloc, la séparation, au contraire, procède par individualité dans les personnes comme dans les choses, et n'affecte que un à un au privilége les biens dont elle se compose. Pour nous la question se réduit à ceci : l'héritier est-il oui ou non libre de ses droits? a-t-il, oui ou non, la faculté d'en disposer selon son bon plaisir? Les développements que nous donnerons par la suite montreront bien quelle est la réponse à faire; nos adversaires sont d'ailleurs sur ces points d'accord avec nous. Or le propriétaire d'une chose a le droit de percevoir les fruits qui n'en sont que l'accessoire[3] : c'est par suite comme propriétaire et non comme possesseur que l'héritier peut les retenir ; dès lors la question de mauvaise foi devient sans intérêt. Il peut donc évidemment disposer de ces fruits, et la séparation qu'on lui opposera n'aura pas plus l'effet de le priver de cette perception, que de saisir-arrêter les sommes de la succession qui lui sont dues par des tiers et qu'il aurait touchées.

La perception l'ayant rendu propriétaire des fruits, ceux-ci deviennent le gage commun de ses créanciers personnels, et doivent être soumis au même régime que ses autres biens propres, quant à la distribution entre les ayants droit. Toutefois nous excepterons de cette règle : 1° les fruits des biens loués ou

[1] *Op. cit.*, n° 118.
[2] *Op. cit.*, § 618, et note 18.
[3] C. Nap., art. 547.

affermés par le défunt à des tiers qui les occupent ou exploitent : car ils forment une créance de la succession et rentrent sous le régime commun de tous les biens héréditaires, que cette dette fût due soit en vertu d'une prestation unique, soit en vertu de prestations périodiques [1]; 2° les fruits immobilisés par la transcription de la saisie réelle qui frappe les immeubles du défunt [2] : le débiteur se trouve ici privé de l'administration de ses biens, et les fruits sont, pour ainsi dire, réalisés comme les autres immeubles sous le coup de la saisie.

## CHAPITRE III.

### Des causes qui empêchent l'exercice de la séparation.

72. Les causes qui font obstacle à la séparation peuvent être résumées dans les quatre suivantes :

1° La *renonciation* expresse ou tacite de la part du créancier;

2° La *confusion* ou l'impossibilité matérielle de distinguer les biens de la succession de ceux de l'héritier;

3° L'*aliénation* faite par l'héritier des biens du défunt; enfin,

4° La *prescription* du droit.

Leur explication fera l'objet des numéros suivants.

#### § 1. — *De la renonciation et de la novation.*

73. Il est hors de doute que la renonciation expresse que ferait un créancier du droit de se prévaloir de la séparation des patrimoines, le lierait parfaitement au regard des créanciers de l'héritier : on rentre ici dans les règles générales en matière de renonciation. Il faut donc dire qu'elle ne serait irrévocable que si elle avait été acceptée par les créanciers intéressés, et seulement après l'ouverture de la succession [3].

74. Mais en outre le créancier peut renoncer virtuellement à l'exercice de la séparation au moyen de certains actes qui feront présumer son intention de se contenter de la personne de l'héritier comme débiteur. Voici comment s'exprime l'article 879 à cet égard :

[1] C'est sans doute le cas prévu par Lebrun dans le passage ci-dessus indiqué.
[2] C. proc., art. 682 et suiv.
[3] C. N., art. 791 et 1130.

« Ce droit ne peut cependant plus être exercé, lorsqu'il y a « novation dans la créance contre le défunt, par l'acceptation de « l'héritier pour débiteur. »

Cet article est le plus difficile de toute la matière, et celui pour lequel il est peut-être chimérique d'espérer qu'on s'entende à jamais d'une façon bien satisfaisante. Tâchons au moins de bien préciser d'abord la nature des difficultés qu'il soulève.

On est assez généralement d'accord que la novation dont il est ici question n'est pas ce mode ordinaire d'extinction des obligations dont parlent les articles 1271 et suivants ; car le législateur a lui-même caractérisé, par les expressions finales de notre article, le genre de novation auquel il accorde cet effet de déchéance. La véritable novation emporterait évidemment aussi cette déchéance, parce qu'elle constituerait un abandon des titres conférés par le défunt[1] ; mais l'article ne dit pas cela : car, ainsi que l'observe très-judicieusement M. Duranton[2], « si « l'on entend exiger une novation proprement dite, il suffisait « de dire que le droit de séparation serait éteint *par la nova-* « *tion de la créance*, ou *par la novation opérée avec le débiteur*, « et il ne fallait pas dire *lorsqu'il y a novation dans la créance* « *du défunt par l'acceptation de l'héritier pour débiteur*, ce qui « certes n'est pas la même chose. » Une nouvelle preuve que l'article ne fait nullement allusion à la novation ordinaire, c'est que celle-ci ne présente ni substitution d'une dette nouvelle à une dette ancienne, ni substitution de créancier, ni même changement de débiteur ; tout au plus pourrait-on dire dans ce sens, avec M. Marcadé[3], que si le créancier, qui peut rester créancier du défunt et créancier de la succession, consent à devenir celui de l'héritier, en l'acceptant comme propriétaire unique des deux patrimoines confondus, il y a là une véritable novation par changement de débiteur. Mais cette idée est trop sub-

[1] Remarquons ici cette particularité, que, si le créancier, en reconnaissant l'héritier pour débiteur, sans avoir fait novation dans le sens de l'article 1275 du Code Napoléon, perd son droit à la séparation, le légataire par contre, qui agit de même, ne perd pas son droit à l'hypothèque légale de l'article 1017, et ne le perdrait que par suite d'un acte constituant la véritable novation, aux termes de l'article 1278, et faute d'avoir fait réserve expresse de cette hypothèque. Le légataire est donc mieux traité que le créancier ; et c'est là une différence de plus à ajouter à celles que nous signalions au chap. Ier (n° 63 *bis*) entre ces deux ayants droit.

[2] *Op. cit.*, VII, 497.

[3] *Expl. du C. Nap.*, sur les articles 878 à 880, n° II, note.

tile pour être juste, et nous trouverons dans l'histoire elle-même des éléments suffisants pour expliquer cette énigme législative.

75. On se rappelle que le § 10 de la loi 1, D., *De separat.* qui traite précisément de la matière dont nous nous occupons ici, renferme un vice de rédaction qui tient aux anciennes idées abandonnées depuis la constitution de Justinien (n° 24). D'après le dernier état de la législation romaine, la novation n'était donc pas nécessaire pour constituer une acceptation de la personne de l'héritier, et n'était plus liée à la *mens eligendi*, dans le mécanisme des actes constitutifs d'obligations. Ces distinctions n'avaient point échappé aux anciens jurisconsultes français : ni Doneau [1] ni Domat [2] ne les avaient méconnues ; et quand Lebrun [3] disait que « la séparation doit être demandée *rebus* « *integris,* tellement que si dans le dessein de faire une nova- « tion, les créanciers du défunt avaient stipulé leur dû de son « héritier, ils ne seraient plus recevables à demander la sépa- « ration..., » il était encore resté fidèle aux anciennes traditions. Mais nous ne pourrions en dire autant de Pothier. Déjà égaré dans la fameuse controverse de Paul et de Papinien, il n'est pas plus heureux dans la paraphrase qu'il présente de la loi 1 § 10, en ces termes :

« Cette séparation ne peut être demandée par les créanciers « du défunt, *lorsqu'ils ont fait novation de la créance* qu'ils « avaient contre le défunt, en une créance contre son héritier, « en le prenant pour leur propre débiteur à la place du défunt; « car par là ils cessent d'être créanciers du défunt, et devien- « nent *plutôt* créanciers de l'héritier [4]. »

Il n'a donc pas saisi cette distinction si rationnelle entre l'*animus novandi* et la *mens eligendi ;* et n'osant rejeter ni l'un ni l'autre, il les cumule et appelle la *mens eligendi* une nova-

[1] *Comm. de jure civ.*, liv. XXIII, ch. 16, n° 10.

[2] *Lois civiles*, sect. II, n° 22.

[3] *Op. cit.*, n° 25.

[4] *Des successions,* ch. V, art. IV.

Il est aisé de voir combien ce passage, identique en apparence avec celui de Lebrun, en est pourtant dissemblable, si l'on veut rechercher le fond de la pensée. Lebrun parlait d'une véritable novation de celle qui se produit, lorsque, *dans l'intention de nover*, on stipule de l'héritier la créance qu'on avait contre le défunt. Pothier, lui, dit toute autre chose : car il qualifie *novation* l'acceptation pure et simple de l'héritier comme débiteur à la place du défunt, sans s'inquiéter s'il y a eu, dans cet acte, intention de nover ou non de la part des contractants.

tion, sans doute parce qu'il espère ainsi, sous le voile de cette dénomination impropre, lui donner droit de cité dans son système de la séparation réduite à un droit de préférence, système où elle est complétement déplacée.

Les rédacteurs du Code ont copié Pothier dans cet article, comme en tant d'autres où leur idée est si souvent obscure : la fameuse théorie de l'indivisibilité des obligations n'a pas d'autre origine.

76. Il s'agit maintenant de donner, aux termes de la loi, une interprétation qui puisse concorder avec le caractère général que nous avons reconnu à la séparation Nous ne ferons pas comme M. Hureaux [1] qui paraphrase ainsi notre article 879 : « Ce droit ne peut plus être exercé, lorsqu'il y a novation dans « la créance du défunt, *par l'acceptation de l'héritier pour dé- « biteur, dans un contrat passé avec ce dernier* ANIMO NOVANDI » ; cela serait à coup sûr très-rationnel, mais nous ne pouvons que répéter ce que nous avons déjà proclamé à satiété : nous interprétons et ne faisons pas la loi, et il ne faut pas changer un texte qui est susceptible d'être compris dans la teneur où le législateur l'a rédigé. Nous conviendrons bien, avec notre auteur et M. Vazeille [2], qu'il y a quelque chose d'inconséquent dans le système du Code qui, d'une part, rend l'héritier débiteur personnel des créanciers du défunt et, d'autre part, lorsqu'ils acceptent le premier en cette qualité, fait déchoir ces créanciers du bénéfice de la séparation ; et cette inconséquence, beaucoup d'auteurs, M. Vazeille tout le premier [3], l'ont encore aggravée, selon nous, en autorisant sur les biens de l'héritier le concours au marc le franc, entre les créanciers de ce dernier et ceux du défunt. Aussi, forcé que nous sommes par les textes d'admettre la déchéance telle que la prononce l'article 879, repousserons-nous énergiquement cette dernière proposition (n° 135), qui n'a plus de précédent historique à invoquer pour sa défense.

La loi est également trop formelle pour nous autoriser à admettre la modification proposée par M. Hureaux à l'article 879 :

[1] *Op. cit.*, n° 345.

[2] *Des success.*, sur l'article 879, n° 1.

[3] Vazeille, *Op. cit.*, sur l'article 878, n° 7; Poujol, *Des success.*, sur les articles 878 à 881, n°s 7 et 9; Chabot, sur l'article 878, n° 13, et sur l'article 879, n° 2; Aubry et Rau, *Op. et loc. cit.*, texte et notes 6 et 52; Dufresne, n°s 26 et 110.

l'acceptation de l'héritier pour débiteur y est qualifiée de *novation* et se trouve être un obstacle à l'exercice de la séparation des patrimoines; le texte est clair, et l'on ne peut lui faire dire autre chose. Aussi l'auteur que nous combattons, en voulant aller plus loin, est arrivé à des conséquences que l'on accepterait difficilement sous l'empire de notre législation [1].

77. La simple reconnaissance de l'héritier emportera donc déchéance de bénéfice de la séparation, et cela précisément parce que les créanciers de ce dernier sont préférés sur ses biens propres aux créanciers du défunt, et qu'il fallait donner aux premiers le temps et les moyens d'appréhender les biens de leur débiteur, en défendant jusque-là aux créanciers de la succession de les saisir et de les accepter en gage de leurs créances.

Mais encore faut-il que cette reconnaissance, cette acceptation pour débiteur ressorte clairement des actes du créancier, qui doit marquer son intention d'abandonner ses anciens droits, pour se contenter de l'obligation particulière de l'héritier, sans toutefois que sa volonté ait besoin d'être formellement exprimée à cet égard : il suffit en effet qu'il ait suivi *qualiter qualiter* la foi de l'héritier [2]. On sent bien ici que la matière est élastique et les principes incertains; les tribunaux restent souverains appréciateurs de la valeur des actes du créancier et de la portée des expressions dont il s'est servi; les circonstances devront surtout guider leurs décisions, qui ne doivent jamais laisser présumer trop facilement l'intention de nover [3].

En conséquence le créancier qui poursuit l'héritier, qui lui fait signifier des titres exécutoires ou le fait assigner en condamnation personnelle pour sa part et portion et hypothécairement pour le tout, qui en reçoit des à-compte, des intérêts ou une promesse de payement, n'opère pas novation dans le sens de l'article 879 [4]; car l'héritier a pu toucher les sommes sans vouloir profiter de la confusion; il ne fait que remettre au créancier ce qui a passé par ses mains. On a même jugé en

[1] V. n° 349 de son ouvrage.

[2] L. 1, § 15, D., *De sep.*

[3] Cass., 19 juin 1832 (S., 1832, I, 859); Cass., 22 juin 1841 (S., 1841, I, 727), etc.

[4] Paris, 14 floréal an XI (Sir., *Coll. nouv.*, 1, II, 135) et 1er nivôse an XIII (Sir., 2, II, 12).

faveur du créancier qui avait produit son titre à la faillite de l'héritier[1].

Toutes ces décisions ne sont que des applications du principe énoncé dans la loi 7, D., *De separat.* (n° 24, *in fine*), en vertu duquel la demande en justice dirigée contre l'héritier ne prive pas le créancier du bénéfice de la séparation. Car tout acte d'exécution, même sur les biens de la succession, doit être précédé d'une sommation de payer, et cette sommation ne peut être faite que contre son représentant légal, l'héritier : admettre le contraire, ce serait rendre illusoire l'exercice de la séparation, puisqu'on n'y a recours en général que lorsque l'héritier ne satisfait point à son obligation de payer les dettes de la succession. Nous irons même plus loin, et nous dirons que celui qui est à la fois créancier du défunt et créancier de son héritier, après avoir dirigé contre ce dernier, pour l'une et l'autre dettes, des poursuites infructueuses, peut encore invoquer la séparation pour sa créance héréditaire, sans avoir à craindre d'être repoussé, sous prétexte qu'il aurait suivi la foi de l'héritier. Enfin il nous paraît rationnel et conséquent avec notre précédente exposition de principes, de ne pas considérer comme novation la simple adjonction ou suppression d'un terme et d'une condition : circonstances où le débiteur est censé avoir agi pour le défunt et dans l'intérêt de la succession qui prolonge sa personnalité juridique.

78. Mais en revanche, si la simple acceptation de l'héritier pour débiteur emporte privation du droit à la séparation, *a fortiori* l'acceptation de la part des créanciers du défunt d'un tiers qui s'oblige à payer aux lieu et place du débiteur, devra avoir cet effet; et cela, lors même qu'ils auraient expressément fait leurs réserves quant à leurs droits contre le débiteur (cas où la loi dit formellement[2] qu'il n'y a pas véritable novation). On peut en dire autant de l'acceptation d'une caution, d'un gage ou d'une hypothèque ; car l'héritier, en présentant un délégué, une caution, en offrant un gage, une hypothèque, ne peut plus agir qu'en son nom propre, sans pouvoir substituer ses nouveaux ayants cause à la personne du défunt ; et le créancier, en les acceptant, fait plus qu'il n'a besoin pour obtenir le payement

[1] Paris, 23 mars 1824 (Sir., *Coll. nouv.*, 7, II, 331).
[2] C. N., art. 1275.

de sa créance : il exige des sûretés particulières, et prouve donc par là qu'il ne se contente plus de la qualité du titre tel qu'il le tenait du défunt[1].

Enfin il faudra adopter la même décision à l'égard du créancier qui a poursuivi l'expropriation des biens de l'héritier, à l'égard du créancier qui a produit dans un ordre ouvert contre ce dernier, ou même de celui qui a pris inscription sur ses biens[2]. Car s'il avait voulu recourir à l'exécution réelle, il devait attaquer au préalable les biens de la succession : puisque, d'après une théorie que nous développerons plus loin (n° 136), il ne peut venir sur les biens de l'héritier qu'après les créanciers personnels de ce dernier ; s'il les discute sans respecter cette préférence, il agit comme eux-mêmes auraient pu agir, et en invoquant leurs prérogatives, il doit donc aussi partager leur condition dans ce qu'elle a de désavantageux.

79. Telles sont à peu près les principales solutions à donner dans cette matière délicate, qui est et restera toujours le siége de grandes controverses, tant qu'on ne voudra pas en revenir législativement aux principes si simples et si clairs de la loi romaine.

Mais on est parfaitement d'accord sur cette idée, que, la séparation restant tout à fait individuelle activement et passivement, la déchéance de l'article 879 doit l'être aussi ; les créanciers qui n'ont pas fait les actes de novation que nous avons définis, conserveront le droit d'invoquer le bénéfice en question, *quia nemo, ex alterius facto, deteriorem conditionem pati debet* ; et réciproquement aussi, l'héritier, même lorsqu'il n'a pas concouru à ces actes, ne pourra les opposer aux créanciers qui ne se sont pas adressés à lui (n° 110).

### § 2. — *De la confusion.*

80. On peut définir la confusion, dans cette matière, *le mélange matériel des biens du défunt avec ceux de l'héritier, de manière à en rendre à l'avenir la distinction impossible* ; et c'est cette impossibilité qui fait obstacle à la séparation, à laquelle manque désormais une base propre à asseoir le droit de préférence qu'elle implique.

[1] V. Cass., 3 février 1857 (S., 1857, I, 321).
[2] Liége, 13 mars 1811 (S., 3, II, 444).

Il résulte de ceci qu'il faut éviter soigneusement de tomber dans une erreur ici assez naturelle, touchant la nature de la confusion dont il s'agit, et qui n'est point ce mode d'extinction des obligations par la réunion sur une même tête de deux qualités incompatibles. Nous avons déjà donné, aux nos 48 et suivants, des explications sur ce genre de confusion dans ses rapports avec le droit de séparation, et nous n'avons plus à y revenir. C'était là une sorte de confusion fictive, œuvre de la loi seule, et que nous pourrions appeler à cause de cela *confusion de droit;* ici, au contraire, se produit une véritable *confusion de fait,* non pas entre deux qualités juridiques, mais entre deux choses corporelles.

81. C'est pour avoir méconnu cette distinction, cependant bien simple et bien logique, que M. Vazeille en est arrivé à nier l'influence de la confusion sur l'exercice du droit de séparation. En effet, voici ce que nous lisons dans son commentaire sur l'article 880[1] : « ..... Où est la loi vivante qui fait de la confusion prolongée jusqu'à la vente une cause de refus pour « la séparation? L'on ne sépare que ce qui est mêlé, et la loi « n'accorde le privilége de la séparation que pour faire cesser « la confusion, *laquelle est ainsi une cause et non pas un empê-* « *chement de division.* »

Nous regrettons de ne pouvoir partager la manière de voir d'un jurisconsulte pour les opinions duquel nous avons la plus grande déférence; mais il nous semble être tombé ici dans la même erreur que ces praticiens dont se moquait si spirituellement le président Favre, dans le passage auquel nous faisions déjà allusion au no 53 : *Vidi ego,* disait le facétieux magistrat, *et nudis dentibus risi aliquando ex pragmaticis plerosque abutentes in contrariam sententiam eo quod scriptum est in L.* 1, § 12, *postquam bona hæreditaria bonis hæredis mixta sunt, non posse impetrari separationem, ideo quod confusis et unitis bonis separatio fieri nequeat, quasi vero tractet Ulpianus eo loco de confusione quæ fit sola juris potestate, per aditionem hæredatis, ac non potius de vera et reali mixtione corporum in hæreditate repertorum, cum corporibus bonorum hæredis.....* etc. — N'en pourrait-on pas dire autant aujourd'hui? et ces praticiens, tout en arrivant à des conséquences que M. Vazeille

[1] Sur l'article 880, no 5.

désavouerait certainement, n'étaient-ils pas partis du même principe vicieux?...

En vain nous opposera-t-il le silence de la loi; car dans une législation imparfaitement élaborée par ses rédacteurs, il faut toujours recourir aux sources où ils ont puisé; c'est un genre d'interprétation qu'on est souvent forcé d'adopter en pareil cas: témoin l'article 1167, pour l'application duquel on fait bien des distinctions qui ne sont plus écrites aujourd'hui dans son texte même; et jamais il n'est venu à l'idée de personne de contester la légitimité de ces procédés, qui seuls donnent encore actuellement de l'importance aux études historiques.

82. Il est assez difficile de comprendre comment les immeubles et les droits incorporels du défunt pourront être confondus avec ceux de l'héritier : leur nature même s'oppose à la confusion; à moins que les possessions ne soient tellement unies qu'elles ne puissent plus être discernées, chose qu'Ulpien déjà constatait comme devant arriver très-rarement [1].

La vente simultanée et en bloc même d'un ou de plusieurs immeubles de la succession avec des immeubles de l'héritier, n'opérerait confusion du prix, que si la ventilation en restait impraticable.

83. Mais si la confusion n'atteint que rarement les immeubles, il en est tout autrement des meubles, et c'est même chez eux le cas le plus ordinaire, en raison de leur transformation facile et de leur détérioration rapide. L'inventaire, qui est le moyen le plus efficace de prévenir cette confusion, en conservant les indices propres à faire reconnaître l'identité des objets, n'est pas cependant un remède infaillible; et nous verrons plus tard qu'il ne donne jamais, à lui seul, aux créanciers le droit d'exiger la valeur du mobilier qu'on ne peut leur représenter en nature (n° 107).

A l'inverse, il n'est pas non plus requis à peine de déchéance, comme pour le bénéfice d'inventaire [2], et la séparation pourra toujours être invoquée, si l'origine des meubles est susceptible d'être établie d'autre manière. Enfin la confusion d'une partie du mobilier n'empêche pas la séparation, quant à la portion non confondue : individuel au point de vue des personnes

[1] L. 1, § 12, D., *De separ.*
[2] C. N., art. 794.

entre lesquelles il s'exerce, ce bénéfice l'est aussi à l'égard des objets auxquels il s'applique.

84. Les moyens ouverts aux créanciers pour prévenir la confusion seront expliqués au chapitre IV (n[os] 107 et suiv.).

### § 3. — *De l'aliénation.*

85. La séparation étant dirigée contre les créanciers de l'héritier et non contre l'héritier lui-même (n° 106)[1], il s'ensuit qu'elle ne détruit point les effets de la saisine, en vertu de laquelle l'héritier se trouvait investi de plein droit et par la seule puissance de la loi, dès l'ouverture de la succession, de tous les droits actifs et passifs du défunt; il s'ensuit encore qu'elle ne détruit point les droits attachés au titre indélébile de propriétaire, et qui permettent à cet héritier d'aliéner tous les biens de la succession, sans qu'il risque de voir cette prérogative circonscrite par les créanciers de la succession, obligés d'accepter les aliénations comme si elles procédaient du défunt lui-même; sauf bien entendu le cas de fraude, contre lequel l'application de l'article 1167 ne saurait être écartée.

C'est à ce droit de l'héritier que fait allusion l'article 880 dans son deuxième alinéa, lorsqu'il dispose que la séparation « à l'égard des immeubles..... peut être exercée tant qu'ils » existent dans la main de l'héritier. » La loi, il est vrai, ne statue expressément que pour les immeubles, mais il faut *à fortiori* appliquer sa décision aux meubles; et la distinction qu'elle fait dans les deux alinéas de cet article entre les meubles et les immeubles n'a trait, comme il est facile de s'en convaincre par une lecture attentive, qu'à la prescription du bénéfice de séparation, et ne saurait raisonnablement être étendue à l'aliénation; elle doit d'ailleurs s'effacer ici avec d'autant plus de raison, que les meubles en général ne sont pas soumis au droit de suite, pas plus au profit du propriétaire[2] qu'au profit du créancier hypothécaire[3], et il serait singulier que les créanciers du défunt pussent prétendre à un droit plus étendu que les créanciers hypothécaires par exemple, dont l'hypothèque s'étendrait accessoirement sur les meubles réputés immeubles par destination, et qui ne peuvent plus les poursuivre, lorsqu'ils ont été

[1] C. N., art. 878.
[2] Art. 2279, al. 1.
[3] C. N., art. 2119.

détachés de bonne foi, par le tiers détenteur de l'immeuble hypothéqué.

86. D'un autre côté, en subordonnant l'exercice de la séparation à cette condition que les biens ne soient pas encore sortis du patrimoine du défunt devenu jusqu'à un certain point patrimoine de l'héritier, la loi n'a point entendu, par cela seul et dans tous les cas, refuser aux créanciers de la succession la faculté d'user de la séparation : si l'acte d'aliénation, tout en diminuant ce patrimoine de quelques valeurs, y en a fait entrer d'autres qui, par la fiction d'une subrogation réelle, puissent prendre les lieu et place de celles qui en sont sorties; ou si encore cet acte d'aliénation n'a affecté qu'une portion du droit de propriété qu'il n'a fait que démembrer, en conservant à l'héritier les droits principaux qui sont l'apanage exclusif du propriétaire. Nous avons traité, au chapitre II (n$^{os}$ 69 et 70), des diverses hypothèses où la séparation est transportée, pour ainsi dire, des choses de la succession sur celles qui leur sont substituées : nous y renvoyons le lecteur, et il ne sera question dans celui-ci que des aliénations, en tant qu'elles font perdre le droit de séparation sur la chose même qui en a été l'objet.

87. La faculté d'aliéner librement les biens de la succession n'est pas reconnue par tous les auteurs. En effet, argumentant de la disposition finale par laquelle l'article 2111 prive l'héritier du droit de grever les immeubles d'hypothèques au préjudice des créanciers et légataires du défunt (ce qui n'est rien autre chose qu'une aliénation partielle de la propriété), M. Blondeau [1] pense qu'il doit, à plus forte raison, être interdit à l'héritier de faire une aliénation complète de la propriété pleine et entière des immeubles successoraux. Ce rapprochement, qui paraît *un trait de lumière* à M. Hureaux [2], dénonce une anomalie plus spécieuse que véritable.

Pour en détruire la valeur, nous n'invoquerons pas le Droit romain qui consacrait la même singularité (n° 22) [3]; nous

[1] *Op. cit.*, p. 480, texte et note 1$^{re}$.

[2] *Op. cit.*, n° 389.

[3] Un autre exemple, que l'on peut choisir dans le Code et qui est parfaitement approprié à cette matière, prouve encore bien péremptoirement que celui qui ne peut pas le moins, peut quelquefois le plus, et détruit ainsi de fond en comble l'argument *à fortiori* de M. Blondeau. D'après les articles 859 et 865, le donataire d'un immeuble sujet à rapport peut valablement et

renoncerons aussi à nous prévaloir de l'autorité de Domat, quand il dit si énergiquement[1] : « A l'égard des immeubles » aliénés par l'héritier, les créanciers du défunt qui n'avaient » pas d'hypothèque y ont perdu leur droit, et il ne leur reste » que l'action personnelle contre l'héritier..... *car ils n'avaient* » *pas acquis un droit de propriété par la mort du défunt.* » On nous répondrait, sans doute, que les nouvelles bases sur lesquelles a été édifié notre régime hypothécaire actuel, ne permettent pas d'appliquer une disposition qui se comprendrait tout au plus dans un système de clandestinité, trop nuisible au crédit public pour prendre faveur aujourd'hui. Nous ne nous armerons pas non plus de la disposition de l'article 834 du Code de procédure, d'ailleurs abrogée aujourd'hui ; on nous répliquerait encore que *ce n'est qu'une misérable argutie qui sacrifie l'esprit de la loi à sa lettre*[2].

Mais nous croirons avoir évité toutes ces critiques en affirmant que l'esprit du législateur, plus encore que son langage, tend certainement à permettre les aliénations[3] pour défendre l'hypothèque[4]..... Et pourquoi non? sera-ce pour cela une inconséquence, une anomalie? — Pas le moins du monde : il était parfaitement possible de maintenir l'hypothèque, avec des effets restreints contre les créanciers chirographaires de la succession qui auraient inscrit leurs privilèges après les délais fixés et postérieurement en date, ou contre tous les autres créanciers chirographaires de l'héritier, mais non pas contre ceux de la succession qui se trouvent en règle; tandis qu'il eût été difficile et dangereux de maintenir l'aliénation, par exemple, à l'égard des premiers, et de l'annuler à l'égard des derniers. Cette division de position n'aurait fait qu'engendrer des procès funestes pour la sécurité de l'acquéreur et le crédit de l'héritier.

Le législateur n'a prohibé les constitutions d'hypothèques que dans une certaine mesure; en tant qu'il jugeait nécessaire de maintenir les droits dont il investissait les créanciers de la

irrévocablement l'aliéner, tandis qu'il lui est interdit de l'hypothéquer au préjudice de ses cosuccessibles.

[1] *Lois civiles, loc. cit.*, n° 5.

[2] Blondeau, *loc. modo cit.*

[3] C. N., art. 880.

[4] Art. 2111.

succession, et afin de pouvoir donner quelque efficacité au privilége tel qu'il entendait l'organiser en leur faveur; mais cette efficacité bornée à un droit de préférence ne pouvait paralyser la faculté d'aliéner, qui ne connaît d'autres restrictions que celles que lui impose le droit de suite. Que maintenant la prohibition d'aliéner eût sauvegardé davantage les intérêts des créanciers, cela n'est pas douteux; mais la loi, si elle avait voulu aller si loin, devait aussi, sous peine d'encourir un reproche d'inconséquence, autoriser ce droit de suite, et le texte de l'article 880 nous prouve assez qu'elle a reculé devant cette extension. Et n'est-ce pas exagérer singulièrement la portée de ses dispositions, que de prétendre que l'inscription aura la vertu d'empêcher une aliénation, alors que le législateur s'est contenté de dire qu'elle empêchera l'hypothèque? Sera-ce de cette manière qu'on entendra respecter l'esprit qui lui a dicté son œuvre?... Une telle induction hardie en philosophie, le serait bien plus en jurisprudence, où l'interprétation est la base de tout raisonnement.

Reconnaissons donc, avec la majorité des auteurs, que l'aliénation est permise, mais que l'hypothèque n'est pas autorisée au profit de l'héritier.

88. Voilà tout ce que l'on peut dire sur cette matière, en s'en tenant au sens littéral de la loi; mais si l'on veut pousser plus loin ses investigations et faire fructifier, pour ainsi dire, ce qu'elle n'avait fait que déposer en germe dans le Code, il ne faudra pas s'arrêter ici; quelques développements encore deviendront alors nécessaires.

Ainsi il est impossible que l'article 2111, ne statuant que sur l'hypothèque, ait permis que d'autres droits réels, tels que le privilége ou l'antichrèse, fussent établis sur l'immeuble au préjudice des créanciers du défunt : c'eût été rendre illusoire et impraticable la séparation des patrimoines. De même, l'article 880, qui ne vise que l'aliénation de la pleine propriété, n'a pas pu vouloir que l'héritier consommât à son gré d'autres actes moins importants, à la vérité, mais tout aussi préjudiciables, tels que la constitution d'usufruit, le louage et autres aliénations partielles de la propriété. D'un autre côté, on n'oserait non plus pousser trop loin cette dernière conséquence; car, en argumentant de l'expression *aliénation partielle,* on pourrait aller jusqu'à dire que l'hypothèque, qui est aussi une aliénation partielle, un démembrement de la propriété, ne serait plus interdite à l'héritier ; ce qui heurterait de front le texte même du Code. Il importe à cet égard de bien préciser les expressions de la loi, et de les différencier assez pour pouvoir reconnaître les genres d'aliénations qu'il convient de rapporter à l'un ou à l'autre article.

Nous n'avons pas à faire ici la classification des droits susceptibles d'être démembrés de la pleine propriété, et nous ne rappellerons pas l'énumération tripartite qu'en fait la doctrine qui distingue le droit d'user de celui de jouir et de transformer : quoique complète, elle ne nous servirait point dans la question que nous voulons traiter en ce moment. Pour nous, au contraire, il y aura deux espèces d'aliénations, totales ou partielles (peu importe, car notre division ne se confond pas avec la précédente) :

1° Les unes ont pour but et pour conséquence de faire sortir définitivement du patrimoine de l'héritier ou de la succession l'immeuble sur lequel elles portent ; en d'autres termes, de le transmettre à ce qu'on appelle généralement un *tiers acquéreur :* telles sont les aliénations du droit de propriété *sensu stricto,* d'usufruit, de servitudes réelles, et même d'emphytéose et de superficie (pour ceux qui reconnaissent encore aujourd'hui l'existence de ces démembrements). Celles-ci constituent toujours une cession de droits réels, et sont évidemment permises par le Code qui, dans l'article 880, ne distingue pas si l'aliénation est partielle ou totale : qui peut le plus peut le moins.

2° Les autres, tout en dessaisissant l'aliénateur de la propriété partielle et démembrée des biens, n'ont pas pour but de l'en priver d'une manière définitive ou irrévocable, parce qu'elles n'ont eu lieu qu'au profit de *tiers créanciers*, auxquelles elles ont dû servir de sûretés pour la conservation de leurs droits contre l'aliénateur ; comme par exemple les constitutions d'hypothèques, de privilèges, de gages et d'antichrèses. Ce sont bien là encore des droits réels, mais leur existence n'empêche pas les biens de rester dans le patrimoine de la succession, quoique grevés d'une charge au profit de tiers. Toutefois les actes qui auraient pour objet de créer de semblables démembrements ne sont pas autorisés dans notre matière, ou du moins ils ne le sont qu'à condition de ne pas préjudicier au droit de préférence résultant de la séparation ; puisqu'en engageant les biens de la succession à la sûreté de ses propres dettes, l'héritier n'a pu que transférer un droit restreint sur des biens déjà tacitement engagés au paiement des biens de la succession. On devra donc ranger dans cette catégorie tous les droits qui ont pour conséquence de mettre en rapport les créanciers de l'héritier avec ceux de la succession, droits que la loi a toujours dû frapper d'inefficacité à l'égard de ces derniers.

3° Enfin il existe une troisième catégorie d'actes qui ne sont plus des aliénations de droits réels, dans le sens légal et ordinaire de ces expressions, mais des *aliénations de possession;* aliénations n'investissant l'acquéreur que d'une possession dépourvue de tout caractère juridique (c'est-à-dire incapable de conduire jamais à la pleine propriété) et ne conférant qu'un droit temporaire ou précaire. Ces aliénations, qui ne sont jamais faites au profit des créanciers, ni dans le but de garantir les dettes de l'héritier, comprennent les louages, prêts, dépôts, séquestres, etc.

La solution à donner ici à la question ne peut s'induire des considérations qui nous ont guidé dans les deux cas précédents. En effet, à ne considérer que leurs effets bien moins étendus que ceux des actes de disposition et tout-à-fait en dehors des rapports de préférence et de priorité entre les divers créanciers dont ils ne viennent jamais troubler l'ordre, on pourrait penser que ces actes seront opposables aux créanciers qui exercent la séparation [1]. Et cependant d'un autre côté, en présence de cette séparation des patrimoines qui vient frapper tous les biens compris dans la succession, il semble impossible, absurde même de soutenir qu'elle devrait céder le pas à l'acte de l'héritier qui a été impuissant, lui, à faire sortir du patrimoine du défunt le bien objet de l'opération juridique. Nous préférerons donc cette seconde manière de voir, et nous déciderons en thèse générale que les aliénations de possession ne seront point opposables aux droits des créanciers de la succession.

89. Ces notions sommaires étant posées, il nous reste à entrer dans les détails que comporte chaque nature d'actes. Pourtant nous n'aurons à examiner ici aucun des actes de l'héritier, qui rentrent dans la deuxième catégorie, parce qu'ils font naître une foule de questions qui se rattachent plus particulièrement

[1] V. pourtant ce que nous disons *in fine*, n° 95.

aux droits de préférence entre les diverses classes de créanciers qui font valoir leurs prétentions sur les biens de la succession : matière que nous aurons à étudier en traitant des *effets de la séparation entre créanciers* (n[os] 135 et suiv.). Il ne nous reste à voir que les aliénations de propriété pleine ou démembrée, faites au profit de tiers acquéreurs non créanciers, et les aliénations de possession dans le sens restreint que nous avons donné plus haut à cette expression.

Les solutions que nous allons proposer ici sont peut-être plus juridiques que réellement avantageuses au régime de la propriété foncière; et nous doutons qu'elles reçoivent jamais dans la pratique une sanction conforme : beaucoup de tribunaux reculeraient certainement devant cette rigueur. Mais, nous ne craignons pas de le dire, elles ne sont que la conséquence la plus directe des principes reconnus et proclamés par la majorité des auteurs (qui, toutefois, n'ont pas poussé si loin leurs recherches sur ces questions délicates); et ces principes tendent à présenter la faculté d'aliéner, permise par l'article 880, comme parfaitement compatible avec la prohibition d'hypothéquer, édictée par l'article 2111. C'est donc à concilier ces deux dispositions que seront surtout consacrés les développements qui vont suivre.

Nous devons prévenir que ces solutions eussent été tout autres, si, comme l'avait voulu le projet de réforme du titre *Des privilèges et hypothèques* discuté par l'Assemblée législative en 1851, l'héritier eût été constitué, par suite de la *demande* en séparation, ou même sans la *demande*, et pendant les six mois accordés à la prise d'inscription, dans un état d'incapacité absolue de disposer. Cette idée, qui est celle de M. Blondeau, fut insérée dans l'article 2116 du projet du Gouvernement, mais ne passa pas dans le projet voté et adopté par l'Assemblée en seconde lecture, ainsi qu'on peut le voir par les termes du nouvel article 2147 correspondant à celui du projet du Gouvernement[1].

### A. Des aliénations de propriété.

90. La vente et l'échange se présentent naturellement comme les modes d'aliénation les plus ordinaires et les plus radi-

[1] V. là-dessus le *Moniteur universel* de 1851, p. 536.

caux : l'objet vendu, comme l'objet échangé, sortis tous deux du patrimoine de la succession, sont donc désormais soustraits à la séparation. Mais les intérêts des créanciers ne sont pas irrévocablement lésés, toutes les fois qu'à la place du bien sorti il reste un droit qui, en vertu d'une subrogation réelle, est venu s'y substituer dans le patrimoine du défunt. Ainsi, dans une vente à réméré, l'exercice du rachat, qui appartient tout aussi bien au créancier du défunt qu'à l'héritier ou à ses ayants-cause, fait rentrer dans la succession le bien que ce dernier en avait distrait; et la séparation peut ensuite s'y appliquer, comme si la chose n'avait jamais cessé de faire partie de la masse héréditaire. Ici la séparation porte sur le droit, beaucoup plus que sur l'objet même, et ce droit, en vertu de la subrogation, a pu se substituer à l'immeuble aliéné; nous en dirons autant de l'hypothèse d'une vente simple, lorsque le prix n'a pas été payé.

Mais tout ceci a déjà fait l'objet du chapitre II (n° 65 *bis*) et ne doit trouver place ici que pour montrer qu'on ne porte pas pour cela atteinte au principe énoncé plus haut, et en vertu duquel les créanciers doivent rester désarmés contre toute aliénation opérée de bonne foi de la part de l'héritier.

91. La vente de droits successifs fait pourtant exception : la loi 2, *De separat.*, décidait, il est vrai, qu'elle restait opposable aux créanciers du défunt, et c'est encore l'opinion de M. Delvincourt [1]; mais cette solution n'est plus possible, sous l'empire des idées modernes, qui ont donné à une semblable vente une sorte d'effet dévolutif du titre d'héritier; ce que le principe romain : *semel hæres semper hæres*, n'aurait pas souffert. L'acquéreur d'une succession est héritier au lieu et place de l'héritier du sang : il peut réclamer les mêmes droits, sauf la restriction résultant de l'article 841; il est aussi soumis aux mêmes charges, comme le suppose bien l'article 1698, en obligeant l'acquéreur à « rembourser au vendeur ce que celui-ci a payé « pour les dettes et charges de la succession, » lors même que le vendeur en eût été créancier. Si donc il est tenu des dettes, il faut admettre que la séparation doit pouvoir atteindre les biens successoraux dans ses mains, comme dans celles du véritable héritier; et c'est aussi ce qu'a décidé, avec beaucoup

[1] Tome II, note 5 de la page 58.

de raison, la Cour de Lyon, dans un arrêt encore récent [1].

91 *bis*. *Quid* de la prescription acquisitive ou extinctive, accomplie au profit des tiers sur un immeuble héréditaire? éteint-elle le droit de séparation, si l'héritier l'a laissée se consommer, sans faire les actes interruptifs nécessaires? Nous devons encore décider affirmativement, comme pour toute autre aliénation. A la vérité, la prescription acquisitive consolide la propriété telle qu'elle a été possédée *ab initio*, et par suite ne la dégage pas des servitudes et hypothèques qui la grevaient au su de l'acquéreur; mais le droit inscrit de séparation n'est pas une véritable hypothèque, et l'inscription n'a pas d'effet contre les tiers, d'où il est facile de conclure que la prescription aussi éteint d'une manière absolue le droit de séparation, sans que les créanciers de la succession aient aucun moyen de se faire restituer contre ses effets.

92. Les aliénations à titre gratuit sont régies par les mêmes principes que les aliénations à titre onéreux. Sont-elles à titre particulier, les créanciers chirographaires ne pourront avoir de recours contre les tiers acquéreurs; sont-elles au contraire à titre universel, comme l'acquéreur en pareil cas est tenu des dettes et charges dans la proportion de son émolument, tout comme dans l'hypothèse d'une cession de droits successoraux, les créanciers ne souffriront pas de ces genres d'aliénation.

93. Mais dans l'un et l'autre cas, il reste une voie ouverte à ces créanciers, voie infiniment plus efficace contre les aliénations à titre gratuit que contre celles à titre onéreux, et qui sera pour ainsi dire le préliminaire de la séparation, à laquelle elle ouvrira la voie : nous avons nommé la voie révocatoire de l'action Paulienne.

Dans les aliénations à titre onéreux, soit que l'héritier n'ait opéré qu'une aliénation fictive au profit de personnes interposées qui le laisseraient propriétaire réel de la chose, soit qu'il ait délégué le prix de l'aliénation à quelques-uns de ses créanciers personnels, soit qu'il ait dissimulé tout ou partie du prix dans l'acte d'aliénation, etc., les créanciers, s'ils veulent faire révoquer tous ces actes, doivent établir que l'acquéreur a participé à la fraude, ou au moins qu'il en a eu connaissance [2] :

[1] Lyon, 17 novembre 1850 (S., 1851, II, 315).
[2] C. N., art. 1167.

concours de circonstances dont il sera la plupart du temps bien difficile d'administrer la preuve.

Pour les aliénations à titre gratuit au contraire, la bonne foi de l'acquéreur serait bien inutile : car, en soutenant la validité de l'aliénation, il n'aurait à opposer aux créanciers du défunt, que l'intérêt qu'il a de ne pas perdre un bénéfice ; *certat de lucro captando*, tandis que ceux-ci ne cherchent qu'à éviter un préjudice : *certant de damno vitando*. Cette différence de positions ne peut donner gain de cause aux acquéreurs, et les créanciers, en prouvant le préjudice et la fraude de l'héritier, n'ont plus rien à établir ; la bonne foi de l'acquéreur ne pourra servir qu'à une chose, à les empêcher de restituer les fruits et intérêts qu'ils ont retirés du bien aliéné[1].

94. Les règles que nous venons d'exposer, doivent être applicables aux constitutions de servitudes réelles ou personnelles, telles que les services fonciers, l'emphytéose, la superficie, l'usufruit sur des immeubles de la succession. Sans doute aucun texte et malheureusement aucun monument de jurisprudence, ne peuvent être invoqués à l'appui de cette proposition, mais nous nous croyons en droit de l'avancer, sur l'exposé des principes que nous avons présentés comme devant régir cette matière. Car, si l'immeuble n'est pas sorti du patrimoine de la succession, et s'il n'a pas été par là soustrait à la séparation, il s'en est pourtant détaché une partie ; le droit réel que nous qualifions, servitude, emphytéose, superficie, etc. : la loi n'avait nul besoin de le frapper de la même prohibition que les constitutions d'hypothèque dans l'article 2111, parce que son existence n'empêche en aucune façon l'exercice du droit de préférence résultant de la séparation, et que les deux droits peuvent en un mot marcher de front, côte à côte. On pourrait nous objecter, en rétorquant contre nous l'argument invoqué quelquefois pour justifier l'apparente incohérence des deux articles 880 et 2111, que l'héritier n'a pu aliéner qu'un bien déjà grevé d'un privilége, au profit des créanciers de la succession ; que par suite, l'usufruitier, l'emphytéote, etc., doivent subir la préférence de ceux-là. Mais nous répondrons toujours que l'on ne peut se prévaloir de cette espèce de gage tacite au profit de toute la classe de créanciers, que lorsqu'il s'agit de régler les

[1] C. Nap., art. 549.

rapports de ces créanciers avec ceux de l'héritier; qu'il doit donc en être ainsi, quand les créanciers de la succession seront en présence de créanciers hypothécaires de l'héritier; mais que d'autres considérations doivent présider aux règlements des droits des créanciers successoraux en conflit avec des tiers acquéreurs; et l'usufruitier, l'usager, l'emphytéote, etc., ne peuvent être autre chose : du moins jamais personne, à notre connaissance, ne s'est avisé de les regarder comme des créanciers.

#### B. Des aliénations de possession.

95. Déjà nous avons indiqué la valeur que nous voulons attacher ici à l'expression d'*aliénation*, qui ne doit s'entendre que des droits toujours temporaires, et au profit de toute autre personne que des créanciers. C'est dire assez que ces droits parmi lesquels nous rangerons le louage, le prêt, le dépôt, etc., ne feront jamais obstacle à la séparation des patrimoines, et que les créanciers pourront comprendre dans leur poursuite les biens qui en sont l'objet, comme s'ils étaient déjà rentrés dans le patrimoine de la succession. Mais ils n'auraient point le pouvoir de réclamer aux tiers la chose avant l'époque où l'héritier lui-même aurait pu le faire : dans ce sens-là, il est encore bon de dire que ces aliénations, sans empêcher la séparation (puisqu'elles ne sont jamais indéfinies dans leurs effets) y apportent une certaine entrave, et sont par suite opposables aux créanciers du défunt, tout comme les aliénations définitives de la propriété pleine ou démembrée.

96. Cette solution, moins sûre peut-être aux yeux de certaines personnes pour le prêt de consommation ou le prêt à usage, ne doit laisser aucun doute pour le louage des choses : car, sans examiner ici si le droit du preneur a ou non le caractère de réalité que l'on s'est plu à lui assigner[1], en admettant que ce preneur ne saurait opposer son droit comme dérivant de la faculté de disposer exercée par l'héritier, il est certain qu'il peut le faire comme dérivant de la faculté d'administrer. C'est ce qui arriverait encore pour le prêt à intérêt qui a toujours été considéré comme un acte d'administration :

[1] Entre autres M. Troplong, *Du contrat de louage*, nos 5 à 12.

à telle enseigne qu'il se trouve même imposé à certains mandataires légaux [1].

Pour les personnes qui n'accorderaient pas à l'héritier la libre disposition des biens de la succession, le bail passé par ce dernier ne pourra excéder la période novennale dans laquelle on se trouve au moment où les créanciers requièrent la séparation [2]. Pour celles au contraire qui partagent notre manière de voir, le bail pourra avoir une durée plus longue pourvu qu'il ne soit pas perpétuel [3].

Toutefois la loi du 23 mars 1855 est venue apporter un changement à cet ordre de choses pour les baux des immeubles. En disant [4] que *les baux qui n'ont pas été transcrits ne peuvent être opposés aux tiers* (c'est-à-dire aux créanciers de la succession, dans notre matière), *pour une durée de plus de dix-huit années*, elle a virtuellement frappé d'inefficacité à l'égard de ces derniers, pour le surplus du temps légal, les baux d'une plus longue durée qui n'auraient pas été transcrits ou qui ne l'auraient été qu'ultérieurement à l'inscription prise par les créanciers, en vertu de l'article 2111. Mais les mêmes créanciers ne pourraient invoquer le bénéfice du délai accordé par le deuxième alinéa de cet article, et soutenir que toute transcription d'acte, faite pendant cet intervalle et même postérieurement à leur inscription, mais pendant les six premiers mois écoulés depuis l'ouverture de la succession, ne peut avoir aucun effet; car ce délai de faveur n'existe qu'à l'encontre des créanciers de l'héritier, et pour les inscriptions hypothécaires seulement : les termes de l'article qui parle d'*inscription* et nullement de *transcription*, sont trop formels pour se prêter à aucune extension de ce genre.

Mais la nouvelle loi laisse intacte notre décision, quant aux baux des meubles : il suffit qu'ils aient date certaine antérieurement à l'acte d'exécution par lequel le créancier prélude à l'exercice de son droit de séparation.

97. Cette dernière observation est du reste générale, et s'applique évidemment à tous les actes d'aliénation consom-

[1] V. notamment C. N., art. 455, 1065 à 1067.

[2] C. N., art. 1718.

[3] C. N., art. 1709. Il en était autrement en Droit romain : voyez Gaïus, III, 145, et Const. 10, C., *De loc. cond.*

[4] L. du 23 mars 1855, art. 3.

més par l'héritier. Seulement pour les immeubles, cette date certaine ne résultera, aux yeux des créanciers, que de la transcription faite par l'acquéreur de son droit antérieurement à l'inscription du créancier, lorsque ce droit est de la nature de ceux que la nouvelle loi précitée a assujettis à cette formalité [1].

§ 4. — *De la prescription.*

98. On a pu voir, aux n°s 21 et 33, combien la prescription dont la loi romaine avait frappé le droit de séparation, avait soulevé de controverses dans l'ancienne jurisprudence. Un auteur de cette époque, Raviot, dans ses *Annotations sur Périer* [2] rapporte qu'en Bourgogne, où l'on suivait le droit écrit, on distinguait entre les meubles et les immeubles, en adoptant le délai de cinq ans pour les premiers, au moins lorsqu'ils n'avaient point encore été enlevés ou confondus avec ceux de l'héritier avant ce laps de temps; mais en le rejetant pour les immeubles, à l'égard desquels la séparation subsistait toujours « *nisi rebus integris.* » Cette distinction est consacrée par le Code, dans l'article 880, qui s'est contenté de substituer au delai de cinq ans celui de trois années : terme qui paraît avoir été le résultat d'une idée arrêtée en principe, dans l'esprit des rédacteurs, pour tous les droits touchant la propriété mobilière, puisque nous le retrouvons dans l'article 809 et dans l'article 2279, al. 2.

99. Le motif qui a dicté cette limitation est bien naturel : les meubles étant susceptibles d'un déplacement facile et fréquent, il devient impossible, au bout d'un certain temps, de déterminer leur identité et leur origine ; ce qui met les créanciers hors d'état d'établir que le mobilier provenait de la succession.

La prescription de l'article 880 est d'ordre public, et le créancier ne pourrait se faire restituer contre ses effets, quand même il alléguerait et prouverait qu'il n'a eu qu'une connaissance tardive de l'ouverture de la succession, ou que l'héritier n'a accepté que longtemps après la mort du *de cujus ;* quand même sa créance ne serait exigible que depuis peu de temps,

[1] V. la liste complète de ces actes dans l'article 1er de la loi.

[2] *Arrests notables du parl. de Dijon,* quest. 291, observ. VIII.

ou ne le serait pas encore à l'expiration du délai des trois années : car nous verrons (nos 105 et suivants), qu'il a toujours entre les mains les moyens conservatoires nécessaires pour interrompre cette prescription.

100. Le délai de trois ans est même abrégé, lorsque l'héritier a aliéné ou confondu les meubles successoraux avec les siens propres : sans doute la rédaction de l'article semble réserver ce mode de déchéance aux immeubles seulement; mais nous voyons dans le même Raviot, *loco modo cit.*, qu'il en était déjà ainsi sous l'empire de la coutume de Bourgogne; et d'ailleurs il y a plus forte raison d'appliquer la même décision aux meubles, eux qui ne sont pas même susceptibles de droit de suite.

101. A partir de quelle époque court cette prescription? Ce doit être évidemment à compter du jour même de l'ouverture de la succession; car il est de principe que la prescription commence à courir dès que l'action peut être exercée; et elle pourra l'être du moment que l'héritier sera saisi et qu'il pourra en cette qualité être l'objet des poursuites des créanciers. Sans doute la loi lui accorde un délai pour prendre qualité [1]; mais l'exception dilatoire qu'il peut opposer à toute demande prématurée n'empêche pas cette action d'avoir tous les effets qu'il importe le plus au créancier de produire : c'est-à-dire les effets conservatoires de ses droits, l'interruption de prescription entre autres. « Ainsi, dit Boitard dans ses excellentes *Leçons* » *sur le Code de procédure* [2], les demandes seront sans doute » valablement formées contre le successible, quoiqu'il n'ait pas » encore accepté, et par cela seul qu'il n'a pas renoncé, mais » ces demandes ne peuvent conduire à aucune condamnation » contre lui, parce qu'il n'est pas tenu de prendre encore qua- » lité.....; même avant l'expiration des délais pour faire inven- » taire et délibérer, même avant d'avoir pris qualité, le suc- » cessible, l'héritier, car il l'est tant qu'il n'a pas renoncé, » l'héritier a titre et qualité pour recevoir les assignations don- » nées par des tiers contre la succession. »

MM. Aubry et Rau [3] sont, à notre connaissance, les seuls auteurs qui contestent cette doctrine, adoptée au surplus formel-

[1] C. N., art. 797.
[2] T. I, n° 454, sur l'article 174.
[3] *Op. cit.*, § 61, texte et note 28.

lement par la Cour de cassation elle-même [1]. Fidèles aux principes du Droit romain [2], pour eux la prescription n'a son point de départ qu'à l'adition d'hérédité, et ils croient justifier leur manière de voir par cette considération que la loi, en constituant cette prescription, n'a eu en vue qu'une confusion de fait, laquelle ne saurait résulter que d'une acceptation de la part de l'héritier et non de la saisine qui engendre une simple confusion de droit.

Tout cela serait vrai, si l'acceptation résultait toujours nécessairement d'une volonté formellement exprimée ; au contraire, elle est bien souvent tacite, et la confusion de fait, en précédant une manifestation de volonté de la part de l'héritier, ne fait que l'entraîner en rendant toute renonciation impossible. Or cette confusion peut se produire dès la mort du *de cujus*; dès lors le créancier qui a intérêt à l'éviter, doit pouvoir agir à partir de cet instant, qui devient ainsi le point de départ de la prescription. Remarquez d'ailleurs qu'il ne pouvait entrer dans les vues des législateurs de subordonner ce point de départ à un événement qui n'est circonscrit dans aucun délai fixe et que plusieurs circonstances peuvent retarder, sans compter qu'il doit remonter par ses effets au jour de l'ouverture de la succession [3].

102. Quant aux immeubles, aucun délai n'est fixé par le Code ; le droit à la séparation n'est donc limité dans son exercice que par la force des choses : l'aliénation des biens ou leur confusion. Sauf cette restriction, les créanciers conservent la faculté d'opposer la séparation aussi longtemps que leur créance elle-même n'est pas prescrite; car la séparation des patrimoines est un droit accessoire protecteur du droit principal, de la créance dont il doit assurer le paiement sur l'actif de la succession.

103. Les principes ci-dessus exposés sont en tout applicables au cas où la séparation ne s'adresse plus qu'au prix des biens héréditaires aliénés par l'héritier; et nous ne pouvons souscrire à l'opinion de M. Duranton [4], qui, ne voyant dans le prix que sa nature physique et non sa qualité représentative (n° 69

[1] Cass., 9 avril 1810 (S., *Coll. nouv.*, 3, I, 171).
[2] L. 1, § 13, D., *De separ.*
[3] C. N., art. 777.
[4] VII, 490, *in fine.*

et suiv.), et méconnaissant ainsi complétement les effets de la subrogation réelle, applique ici la prescription de trois ans comme aux autres choses mobilières. Autant vaudrait dire, en s'armant du texte de l'article 2119, que l'hypothèque ne pourra frapper le prix des immeubles dû par les tiers acquéreurs; et comme il s'agit, dans notre matière, d'un droit de préférence qui porte sur l'hérédité entière considérée comme universalité juridique, il y aura nécessairement lieu à l'application de la maxime: *in judiciis universalibus, pretium succedit loco rei,* etc.

## CHAPITRE IV.

### De la procédure de la séparation.

104. Les règles en cette matière ne sont pas tout-à-fait les mêmes lorsque la succession est acceptée purement et simplement, que lorsque l'héritier a usé du bénéfice d'inventaire; lorsqu'il a été déclaré en état de faillite ou lorsqu'il ne se présente pas du tout, c'est-à-dire en cas de vacance d'hérédité. Nous expliquerons dans les §§ 2 et suivants les dérogations que ces diverses positions apportent aux principes développés à propos de l'acceptation pure et simple.

Disons encore que ce que l'on écrit ici des créanciers d'une succession est en tous points applicable à ceux dont le patrimoine affecté à la sûreté de la créance a été transmis en vertu d'autres modes d'acquérir à titre universel, ainsi qu'il a été dit au chapitre I^er^, § 1^er^ (n^os^ 57 et suiv.).

#### § 1. — *Du cas où la succession est pure et simple.*

105. Si nous ouvrons le *Répertoire* de Merlin, voici ce que nous y lisons, au mot *Séparation des patrimoines* [1] : « Observons que l'article 2111 n'accorde la faculté, comme il n'impose le devoir de s'inscrire sur les immeubles du défunt, » qu'aux créanciers qui demandent la séparation des patrimoines. Il est donc dans son intention que l'inscription ne » puisse avoir lieu ou produire son effet que dans le cas où elle » est soit accompagnée, soit précédée d'une demande en séparation. Si l'on pouvait élever là-dessus quelques doutes, ils » seraient bientôt résolus par un fait dont le procès-verbal du

[1] *V° citat.*, § 3, n° VI.

» Conseil d'État nous offre la preuve : c'est que les mots *qui*
» *demandent la séparation des patrimoines du défunt, conformé-*
» *ment à l'article* 878 ne se trouvaient pas dans le projet de
» l'article 2111 tel qu'il avait été préparé par la section de
» législation ; c'est qu'ils y ont été ajoutés d'après un amende-
» ment proposé dans le sein du Conseil d'État même. Or cet
» amendement, quel pouvait en être le but? Bien évidemment
» il ne pouvait en avoir d'autre que de limiter aux créanciers
» qui demanderaient la séparation du patrimoine du défunt, la
» faculté de s'inscrire sur les immeubles de la succession, à
» l'effet de conserver le privilége de cette séparation ; il ne
» pouvait pas en avoir d'autre que d'exclure de cette faculté
» ceux qui, dans les six mois de l'ouverture de la succession,
» n'auraient pas formé leur demande en séparation du patri-
» moine du défunt..... »

Il s'en faut que cette doctrine soit adoptée telle quelle par tous les auteurs; mais la plupart ne s'en écartent que sur des points de détail : discutant, les uns, si la *demande* doit être formée dans le délai de six mois; les autres, si elle doit ou non précéder l'inscription requise par l'article 2111; d'autres encore, si elle doit être accompagnée d'un jugement prononçant la séparation, comme ailleurs il se rencontre des jugements déclaratifs d'absence, de faillite, etc. [1]. Aucun n'a donné de nouveaux arguments pour soutenir le point capital de la question : la nécessité même de cette demande ; pensant peut-être que le texte des articles 878 et suivants suffisait à lui seul pour légitimer cette pratique, et empêcher toute contradiction. Nous verrons plus loin ce qu'il faut en penser. Et cependant les motifs par lesquels Merlin prétend établir que la demande en séparation doit être formée dans les six mois, terme fatal de la prise d'inscription, sont des plus fragiles; aussi, à l'exception de MM. Grenier et Chabot [2], aucun autre auteur ne l'a-t-il suivi dans cette voie jusqu'au bout.

L'autorité de la délibération au sein du Conseil d'État a peu de valeur, selon nous ; car l'intercalation dont parle Merlin a eu lieu sans aucune discussion : du moins les procès-verbaux

[1] Pour ces diverses opinions, consultez : Poujol, sur les articles 878 et suiv., n° 13 ; Vazeille, sur l'article 878, n° 18 ; Aubry et Rau, § 619, texte et notes 11 et 12 ; Troplong, *Hypoth.*, I, 325 ; Dufresne, n° 35, etc.

[2] Grenier, *Donations*, n° 312 ; Chabot, sur l'article 880, n° 9.

n'en présentent-ils aucune trace; et il est permis d'en inférer qu'il ne s'agissait là que de corriger une imperfection de rédaction, afin de mieux marquer la relation de l'article 2111 avec les articles du titre *Des successions*, dont il semblait bouleverser l'économie : les expressions finales *conformément à l'article* 878 sont là pour nous l'attester; et de fait, sans cette addition, l'article fût resté obscur et presque inintelligible, depuis qu'il avait subi la mutilation que nous avons relevée dans la première partie de ce travail (n° 44 *bis*).

D'ailleurs qui ne voit l'injustice de cette déchéance si courte pour les immeubles, dont l'identité est cependant facile à constater à toute époque, alors que les meubles, plus difficiles à retrouver et à reconnaître après un certain laps de temps, seraient soumis à une prescription de trois ans? Le législateur, en permettant de rechercher les immeubles aussi longtemps qu'ils se trouvent dans la main de l'héritier, n'aurait pas, sans autre avertissement, renversé, par un article isolé, tout le système qu'il avait édifié auparavant et auquel il avait encore soin de se référer.

Disons donc que cet argument, indigne du grand jurisconsulte qui l'a produit, ne doit pas faire pencher la balance en faveur de son système. C'est, du reste, ce que la majorité des auteurs ont compris, comme nous l'avons dit, et aujourd'hui on ne discute plus sérieusement cette question.

106. Mais il nous faudra aller plus loin encore que ces auteurs et repousser toute demande en séparation, n'importe à quelle phase du procès elle viendrait se placer; il faut la repousser, disons-nous, comme inutile, frustratoire et impossible. L'histoire et la raison suffiront pour le démontrer.

*L'histoire;* en effet, nous rappellerons d'abord que la pratique du Droit romain ne peut pas nous être opposée; certes, sous un régime collectif tel que celui qu'elle avait inauguré, une demande et un décret de séparation étaient de toute nécessité, comme ils le sont encore chez nous, dans les régimes de communauté de biens qui lui ont emprunté ce caractère, notamment dans la faillite; mais alors c'était contre l'héritier lui-même et non contre ses créanciers que l'action devait être dirigée. L'ancien droit français, plus disposé à adopter les mots que les choses, avait conservé l'expression de *demande*, quoique depuis longtemps les lettres royaux ne fussent plus en usage pour la séparation. Déjà Lebrun, Argou et Basnage constataient que cette séparation ne se demandait plus de leur temps, et il en fut ainsi jusqu'à la confection du Code. Mais, dira-t-on, la rédaction de ses dispositions où se retrouve le terme de *demande* peut laisser du doute à cet égard ; car si les rédacteurs voulaient proscrire une action en séparation, pourquoi ont-ils dit : *créanciers qui demandent la séparation,* plutôt que : *créanciers qui veulent user de la séparation,* par exemple, ou toute autre expression équipollente? — Pourquoi? Eh! mon Dieu, c'est par suite de ce respect irréfléchi qu'ils professaient pour les anciens auteurs, dans les principes desquels ils avaient été nourris, et pour les termes en usage dans la pratique d'alors où ils avaient été façonnés dès leurs débuts dans la carrière juridique. Le mot n'a donc aucune valeur, pas plus qu'il n'en avait du temps des Lebrun et des Basnage, puisqu'il avait été formellement déclaré que toutes ces dispositions légales ne devaient être que la reproduction des idées de l'ancienne jurisprudence, comme nous l'avons déjà fait observer (n° 44 *ter*). Qu'on interroge ensuite le Code de procédure, et l'on n'y trouvera aucune disposition consacrée à réglementer la marche de cette procédure imaginaire de la séparation ; au contraire, on y verra, tracée avec soin, toute celle qui concerne le bénéfice d'inventaire : pourquoi l'une et non pas l'autre?.....

En second lieu, *la raison* nous montre encore plus l'impossibilité d'une demande en séparation. Contre qui, en effet, le créancier dirigera-t-il son action? contre l'héritier, comme le voudraient M. Dufresne [1], la Cour de Nancy [2] et la Cour de Paris [3]? Mais, la loi le déclare implicitement et ces Cours l'avouent elles-mêmes, l'héritier reste toujours obligé envers les créanciers du défunt dont il va être séparé, de même qu'il n'est pas dessaisi de l'administration de ses biens, comme à Rome, comme dans nos faillites; dès lors cet héritier n'a nul intérêt à défendre à une demande qui ne change pas sa position, et qui, par suite, sera purement frustratoire. — Contre les créanciers de l'héritier? dira-t-on en s'étayant des termes équivoques de

[1] *Op. cit.*, n° 35.

[2] Nancy, 14 février 1833 (S., 1835, II, 304).

[3] Paris, 31 juillet 1852 (S., 1852, II, 604), et 15 novembre 1856 (S., 1857, II, 6). — V., n° 46, une autre question décidée encore par le premier de ces deux arrêts.

l'article 878. Mais on ne les connaît pas, ou l'on n'en connaît qu'un petit nombre; par conséquent le créancier ne pourra jouir de son droit dans toute sa plénitude, faute de trouver tous ses adversaires; à moins qu'on ne veuille ressusciter à ce propos cette vieille théorie du *légitime contradicteur*, écrite nulle part, et qui permettrait au jugement obtenu contre l'un des créanciers de valoir à l'égard de tous les autres coïntéressés [1], ce que nous ne prêterons pas gratuitement à nos adversaires. Il est vrai que l'action est imprescriptible quant aux immeubles, du moins en ce sens qu'elle dure aussi longtemps que l'action principale, et le créancier peut toujours, par des actes interruptifs de prescription, prolonger la jouissance de ses droits; mais elle ne l'est pas pour les meubles, et ce serait encore une grave question de savoir si le créancier pourrait se faire relever de cette déchéance, en invoquant simplement la maxime *contra agere non valentem non currit præscriptio*, surtout si sa créance est pure et simple.

Si donc il faut reconnaître, avec plusieurs de nos adversaires, que le jugement de séparation n'a d'effet qu'entre les parties, il en résultera que, lorsqu'il sera impossible d'appeler en cause tous les créanciers de l'héritier (et ce cas sera le plus fréquent), cette marche devra être recommencée au fur et à mesure qu'on arrivera à en découvrir de nouveaux et contre chacun de ces derniers. Le créancier ainsi attaqué se gardera bien de contredire un droit incontestable et s'en rapportera à prudence, en

[1] Cette théorie, une des conceptions juridiques les plus creuses que nous aient léguées les écoles de la Renaissance, a surtout été prônée, à propos des questions d'état, par Brunnemann (*Ad leg.* 25, D., *De st. hom.*), Vinnius (*Part. jur. civ.*, liv. IV, ch. 47), d'Argentré (*Avis sur les partages des nobles*, quest. XXIX, n° 1), Doneau (*Comm. jur. civ.*, liv. XII, ch. 5, 24), Tiraqueau (*Tract. res inter alios lim.*, n° 18) et plusieurs autres; elle est encore suivie aujourd'hui par la plupart des interprètes modernes du Droit romain (Savigny, *Traité de Dr. rom.*, § 301, II, A; Brackenhœft, *Die Identitæt und materielle Connexitæt der Rechtsverhæltnisse*, § 20; Vangerow, *Pandekt.*, § 173, rem. VI, 7, etc.).

Chez nous, Toullier (*Dr. civ.*, t. X, n°s 219 et s.) a cherché à remettre en honneur cette même théorie; il a été secondé par Proudhon (*De la patern. et de la fil.*, sect. IV), Rauter (*Proc. civ.*, § 147) et un petit nombre d'autres jurisconsultes. Mais cette innovation ne semble pas devoir faire fortune, et la Cour de cassation, appelée à se prononcer dans une espèce de ce genre, a manifestement repoussé la doctrine du légitime contradicteur. (Cass., 9 mai 1821; S., 6, I, 428.)

protestant contre les frais énormes d'une procédure qu'il n'a pas provoquée, et que la loi ne lui donnait aucun moyen d'éviter; de son côté, le créancier du défunt ne voudra pas supporter les frais que la négligence ou la mauvaise foi du débiteur l'a obligé à faire pour le recouvrement de sa créance; et comme, en définitive, il faut bien que quelqu'un paye, ce sera la succession, c'est-à-dire presque toujours le créancier lui-même, dernière personne qui eût dû en souffrir. Que de dépenses et de lenteurs, pour arriver à un résultat aussi inique!

Mais enfin supposons que le jugement ait pu être rendu envers et contre tous; à quoi servira-t-il? à annoncer aux créanciers de l'héritier que le créancier du défunt entend jouir du bénéfice de séparation? — Et que devient alors l'utilité de l'inscription sur les immeubles, si l'on est arrivé par d'autres voies à une publicité tout aussi générale et plus directe? Nous savons bien et concédons volontiers à M. Poujol[1] que l'inscription étant un mode inapplicable aux meubles, pour ceux-ci du moins le jugement de séparation aura toute l'utilité possible. Mais il faut aussi songer que la plupart du temps cette publicité sera inutile dans ce cas, et parfaitement acquise au moyen des mesures préliminaires que devra prendre le créancier pour arriver à se faire payer, comme celles qui précèdent la saisie; que d'ailleurs en matière d'acceptation bénéficiaire, c'est-à-dire là où il importait encore bien davantage d'arriver à porter à la connaissance des tiers la position particulière qu'a prise l'héritier, le législateur n'a pas exigé concurremment deux formalités propres à procurer la publicité : une déclaration au greffe lui a paru suffisante *à cet effet;* a-t-on le droit de se montrer plus prévoyant ou plus scrupuleux que lui?

On le voit donc, de tous côtés on ne rencontre qu'impossibilités ou absurdités; et l'on doit se refuser à croire que nos rédacteurs aient jamais songé à organiser une procédure sans précédents dans notre droit, et sans même insérer dans les Codes aucune disposition qui pût témoigner, de loin ou de près, de leur volonté à cet égard. L'expression *demande en séparation,* qui est restée dans les textes, est donc tout à fait impropre et doit être effacée de notre vocabulaire juridique, comme nous

[1] *Op. cit.*, n° 13.

l'avons, au surplus, fait remarquer déjà dans notre première partie (n° 30).

106 *bis*. Ce n'est pas qu'il ne faille, dans certaines circonstances, *faire une demande en séparation :* s'il s'agissait, par exemple, d'exclure, quand il se présente, un créancier de l'héritier qui prétendrait concourir avec un créancier du défunt sur une valeur de la succession, et qui invoquerait, je suppose, quelque cause de déchéance contre l'exercice du droit de séparation. Il faudra bien, en cas de persistance de sa part, recourir à une demande judiciaire en séparation; absolument comme il faudrait une demande pour se faire reconnaître la qualité d'héritier qui vous est déniée, et que vous tenez aussi de la loi : parce que personne ne peut être juge en sa propre cause, ni se faire justice à soi-même.

Mais la demande que formera en ce cas le créancier n'aura pas pour but de faire prononcer une séparation que la loi elle-même prononce sur le vœu de ce créancier, mais de maintenir et de valider cette séparation préexistante, en écartant les fins de non-recevoir que l'on aurait pu lui opposer; elle aboutira donc, en dernière analyse, à une *demande à fins de préférence,* et pas à autre chose. Aussi, dans la pratique, se présentera-t-elle toujours sous une forme incidente; et, à vrai dire, la séparation elle-même n'est le plus souvent qu'une exception, parce que le créancier ne connaîtra en général son adversaire que lorsque celui-ci se présentera pour lui disputer la préférence ou pour invoquer le concours.

106 *ter*. M. Dufresne, après avoir reconnu ce dernier point [1], paraît pourtant ensuite y introduire une dérogation, lorsqu'il écrit : « Il est cependant un cas où une demande directe et » principale formée contre l'héritier est nécessaire : c'est lors- » qu'il s'agit du mobilier, et que la créance n'est exigible qu'a- » près un terme qui ne doit expirer, ou est soumise à une con- » dition qui ne doit s'accomplir qu'après les trois années » pendant lesquelles la demande est seulement recevable. Mais » la loi n'indique pas la marche qui devra être suivie en ce cas » par le créancier. Je pense qu'il doit se faire autoriser par une » ordonnance du président du tribunal à saisir-revendiquer ce » mobilier, en annonçant dans la requête qu'il lui présentera,

[1] N° 58; V. aussi n° 75.

» l'intention où il est d'en demander la séparation, et en se » conformant aux dispositions des articles 826 et suivants du » Code de procédure..... — Cette saisie pourra être pratiquée et » cette demande formée au nom de tous les créanciers et léga- » taires collectivement..... »

Ce qui a été dit plus haut suffira pour faire sentir les erreurs qui sont accumulées dans ce peu de lignes. Et d'abord la marche à suivre que M. Dufresne se trace ici, montre bien que la séparation ne s'exercerait pas par demande principale, puisqu'elle ne serait qu'un accessoire de la saisie qu'il conseille; il en résulte que la dérogation annoncée ici au principe en vertu duquel la séparation ne se propose que par voie d'exception, n'en serait, à vrai dire, plus une.

Ce n'est pas tout : en ce qui concerne le mode d'exécution, M. Dufresne nous semble être tombé dans une erreur des plus graves; car comment admettre avec lui qu'un créancier conditionnel puisse jamais saisir-exécuter, saisir-arrêter ou même saisir-revendiquer? Cela nous paraît bien difficile, et les autorités les plus imposantes en procédure nous enseignent toutes le contraire. D'abord pour la saisie-exécution, cela est à peu près évident, lorsqu'on lit dans l'article 551 du Code de procédure qu'il faut à cet effet que la créance soit échue et exigible. Quant à la saisie-arrêt, M. Sirey, il est vrai, dans une consultation insérée à son *Recueil* [1], a essayé de démontrer que la voie était praticable; mais il a été énergiquement combattu par M. Carré [2], qui fait très-judicieusement observer que, si l'article 551 précité ne mentionne pas cette saisie (ce qui est encore contestable, attendu que le terme *saisie* est générique et s'applique aussi bien à la saisie-arrêt qu'à la saisie-exécution), ce n'est pas à dire pour cela qu'on fût en droit d'inférer de ce silence équivoque une dérogation au principe de l'article 1186 du Code Napoléon, qui ne permet pas qu'on puisse demander avant le terme (et *à fortiori* avant la condition); et c'est exiger le paiement que de saisir-arrêter, parce qu'on ne pourrait équitablement empêcher un tiers de s'acquitter envers le débiteur, pour servir de sûreté à une créance qui n'est pas échue. Et la saisie-revendication proposée particulièrement par

[1] *Recueil des lois et arrêts*, 1817, II, 83.
[2] *Lois de la proc. civ.*, sur les articles 557 et 558 du Code de proc.

M. Dufresne serait encore bien moins permise; car, en exigeant une demande en validité de saisie, l'article 831 du Code de procédure montre assez clairement qu'elle ne s'applique qu'aux meubles déjà sortis du patrimoine du défunt et détenus par des tiers, auquel cas le droit de séparation est éteint pour les meubles comme pour les immeubles (n° 85) [1].

Enfin est-il besoin de faire remarquer qu'en voulant pratiquer la saisie et introduire la demande en séparation collectivement au nom de tous les créanciers, M. Dufresne a méconnu le principe essentiel de cette séparation, telle que nous l'avons reçue des traditions de l'ancienne jurisprudence?

107. Puisque nous privons complétement les créanciers de la ressource d'un jugement de séparation, nous devons enseigner maintenant comment, dans notre pensée et avec les moyens ordinaires qui s'offrent à lui, il pourra sauvegarder ses intérêts et se mettre à même plus tard d'opposer la séparation, quand il s'agira de réclamer le paiement de sa créance. Mais nous devons avant tout insister sur une idée déjà indiquée en passant au n° 105, et qui tend surtout à écarter cette objection qu'on pourrait peut-être opposer à notre manière de voir : à savoir que le jugement de séparation, inutile à côté de l'inscription requise pour exercer la séparation sur les immeubles, ne le serait pas pour les meubles, à l'égard desquels aucune inscription n'est requise. Il ne faut pas croire, en effet, que le créancier reste privé de tout moyen conservatoire de ses droits, en présence d'une succession purement ou presque exclusivement mobilière; car la séparation, qui n'a en somme d'autre résultat que d'empêcher le concours du créancier particulier de l'héritier avec celui du défunt, sur le produit des biens vendus, n'est jamais tardivement présentée, lorsqu'elle vient se placer après une expropriation, mais avant la distribution du prix d'adjudication, lors même qu'elle ne le serait qu'en cause d'appel [2].

Ainsi, aussi longtemps que le créancier ne peut procéder à cette vente, il n'aura aucun intérêt à user de la séparation;

[1] Consultez encore sur ces questions : Pigeau, *Proc. civ.*, sur l'article 831, et Colmet-d'Aage, *Leçons sur le Code de proc.*, n° 494.

[2] Cass., 17 octobre 1809 (S., *Collect. nouv.*, 3, 1, 113) et 8 novembre 1815 (S., *Collect. nouv.*, 5, I, 107).

quoique pour beaucoup d'auteurs, qui s'abusent ici singulièrement sur l'importance et l'efficacité de ce droit, elle aurait tantôt les effets d'une saisie, en immobilisant les valeurs dans les mains de l'héritier ou même des autres créanciers, tantôt celle d'un inventaire, en empêchant la confusion des valeurs susceptibles de s'altérer ou de se mélanger facilement avec les biens du détenteur. C'est ainsi que M. Duranton [1] enseigne que la notification faite au débiteur, de la séparation, équivaut à une saisie : autant vaudrait dire qu'elle empêche l'héritier d'aliéner (nº 114).

Pour nous, elle n'est rien de tout cela, et a besoin du secours de tous ces actes, inventaire, saisie, notifications, etc., pour éviter les conséquences préjudiciables auxquelles ils sont destinés en général à parer. Mais elle n'a pas besoin de jugement déclaratif, parce qu'ainsi que nous croyons l'avoir démontré, une semblable décision judiciaire n'ajouterait rien à l'ensemble des effets qu'on veut obtenir par cette mesure.

D'après cela, le créancier pur et simple pourra attendre, s'il le juge à propos, qu'un créancier de l'héritier attaque le mobilier, pour venir ensuite, lui, interposer la séparation; ou, s'il craint de perdre le droit de l'opposer par l'accomplissement de la prescription, le créancier de l'héritier tardant à se présenter, il pourra prendre l'initiative, saisir et faire vendre les meubles corporels, saisir-arrêter les créances, et, en un mot, procéder à toutes les voies d'exécution auxquelles son titre lui donne droit, sauf à opposer plus tard la séparation aux créanciers personnels de l'héritier qui voudraient intervenir dans la distribution.

Que si la créance est conditionnelle ou à terme, il n'aura, nous le reconnaissons, aucun de ces moyens ; mais alors aussi la prescription ne courra pas contre lui [2]; seule la confusion pourra lui porter préjudice, si l'héritier est insolvable; mais c'est une chance à laquelle est exposée toute autre créance qui n'est pas pure et simple.

108. On comprend également qu'il est d'un très-grand intérêt pour le créancier d'éviter que l'héritier ne puisse se dessaisir des valeurs de la succession, ou du moins en toucher le

[1] VII, 485.
[2] Code Nap., art. 2257.

prix, s'il les a déjà aliénés. Aussi fera-t-il bien de requérir aussitôt après le décès du débiteur l'apposition des scellés [1] et la confection d'un inventaire; et, si la créance est exigible, de saisir et faire vendre les valeurs ainsi préservées, à condition toutefois que l'héritier ait pris qualité, c'est-à-dire qu'il ait fait acte d'acceptation ou de renonciation, et seulement à l'expiration du délai accordé à cet effet, s'il l'invoque. Il ne faut pas, en effet, que le créancier se comporte sur ces biens comme s'ils étaient à jamais détachés du patrimoine de l'héritier saisi; l'événement de l'acceptation pouvant les y faire tomber, il sera toujours temps à ce moment d'invoquer la séparation, de même qu'il n'y a pour le créancier aucun intérêt à l'invoquer plus tôt, parce qu'il n'y a jusque-là aucun concours étranger à redouter.

Mais il ne faudrait pas croire, avec MM. Chabot et Duranton [2], que l'inventaire ainsi confectionné suffira pour empêcher la confusion du mobilier de la succession avec celui de l'héritier, en ce sens que ce dernier serait tenu de restituer à la masse la valeur des objets qui ne se retrouvent plus en nature. Sans doute l'inventaire aura cette conséquence de donner la consistance, la nature et l'état descriptif du mobilier, et de fournir par lui-même les moyens de le retrouver parmi les biens de l'héritier; mais là s'arrêtent ses effets; et il ne saurait jamais constituer l'héritier débiteur du prix, comme le mari du prix des biens dotaux, dans l'hypothèse prévue par l'article 1551 du Code Napoléon. Si, dans certains cas, nous avons reconnu au prix cet effet représentatif de la chose, c'est qu'il n'était point encore entré dans le patrimoine de l'héritier; mais dans la situation présente, où le mobilier inventorié s'est tellement confondu avec celui de l'héritier qu'il n'est plus possible de le distinguer, on dénaturerait le droit de séparation, on anéantirait les effets de la saisine héréditaire, si l'on convertissait le contenu de l'inventaire en une créance du montant de l'estimation de ce mobilier. C'est en vain que M. Duranton s'appuiera sur le § 12 de la loi 1 de notre titre, qui dit en effet que la confusion ne peut porter préjudice aux créanciers du défunt; car le texte ajoute aussi : *nisi ità conjunctæ possessiones sint et permixtæ pro-*

[1] Code de proc., art. 909.
[2] Chabot, sur l'article 880, n° 4; Duranton, VII, 484.

***priis, ut impossibilem separationem effecerint.*** L'arrêt de cassation du 8 novembre 1815 [1], qu'il nous oppose, ne dit pas autre chose.

109. Si le mobilier de la succession et celui de l'héritier ont été compris dans une même saisie pratiquée sur ce dernier, il faudra, avant la vente, faire distinguer le mobilier suivant l'article 608 du Code de procédure ; et les créanciers pourront alors opposer facilement leur droit de séparation, en ayant soin de le faire autant que possible avant cette vente. S'ils ne le font qu'après, le droit de séparation ne sera pas pour cela perdu pour eux, si le prix est encore dû; et la seule circonstance d'une vente simultanée des biens de l'héritier et de ceux du défunt n'opérera pas confusion, lorsque la distinction de ce prix peut encore avoir lieu par suite de la description ou de l'estimation des objets vendus dont le détail aurait été consigné dans un inventaire ou tout autre acte probant.

110. Nous ne terminerons pas ce qui concerne la procédure de la séparation mobilière, sans faire remarquer qu'elle ne sape pas plus le principe de l'individualité que celle en matière d'immeubles : la séparation peut être opposée par un seul créancier sur une partie des biens seulement, contre un ou plusieurs créanciers de l'un des héritiers; tout reste encore ici individuel; la séparation se divise comme la créance qu'elle garantit (n° 79).

111. Passons actuellement aux immeubles. Quoique très-juste dans son principe, le droit de séparation se présente comme un privilége très-gênant pour l'administration de l'héritier et nuisible à son crédit. Aussi les rédacteurs du Code, toujours plus enclins à dispenser leur protection sur la fortune immobilière, écoutant en cela les observations du Tribunal de cassation (n° *44 bis*), ont-ils entouré l'exercice de la séparation de certaines formalités, de certaines déchéances de nature à en restreindre les effets. Telle est la pensée générale qui a présidé à l'article 2111 dont voici le texte :

« Art. 2111. Les créanciers et légataires qui demandent la » séparation du patrimoine du défunt, conformément à l'arti» cle 878, au titre *Des successions*, conservent, à l'égard des

[1] S., *Coll. nouv.*, 5, I, 107. — V. encore Cass., 14 août 1820 (S., *Coll. nouv.*, 6, I, 209).

» créanciers des héritiers ou représentants du défunt, leur pri-
» vilége sur les immeubles de la succession par les inscriptions
» faites sur chacun de ces biens, dans les six mois à compter
» de l'ouverture de la succession.

» Avant l'expiration de ce délai, aucune hypothèque ne peut
» être établie avec effet sur ces biens par les héritiers ou re-
» présentants, au préjudice de ces créanciers ou légataires. »

Cette inscription est donc indépendante de toutes celles qu'aurait pu prendre le créancier hypothécaire ou privilégié, pour assurer la validité d'une cause de préférence antérieure au décès, et ne saurait jamais la remplacer.

112. Quant à sa forme, elle est régie par les dispositions des articles 2148 et 2149 du Code, sur les inscriptions en général. Elle doit donc être spéciale, comme le prouvent encore les termes mêmes de l'article 2111 : *... par les inscriptions faites sur* CHACUN *de ces biens;* et il est étonnant que la Cour de Nîmes [1] ait pu juger le contraire, sous le prétexte plus que spécieux que l'article 2129 ne met pas le créancier qui s'inscrit en séparation au nombre des créanciers à hypothèque spéciale, et que d'ailleurs il est impossible de connaître tous les immeubles dépendant de la succession. Les termes mêmes de l'article 2111 suffisent pour répondre au premier argument, et l'inconvénient signalé par le second se trouve bien compensé par l'avantage qu'a le créancier de borner sa poursuite et ses inscriptions aux immeubles qu'il croit nécessaires à l'acquittement de sa créance, et par suite de ne pas grever outre mesure et pour une petite créance le crédit de l'héritier.

Outre les énonciations prescrites par l'article 2148, l'inscription doit mentionner la date exacte du décès. Cependant, comme elle peut être prise par des créanciers chirographaires, on ne doit pas appliquer rigoureusement le premier alinéa de cet article qui exige la présentation de l'original en brevet ou d'une expédition authentique de l'acte générateur du privilége. Ainsi le légataire gratifié par un testament olographe ou mystique, les créanciers porteurs de promesses sous seing privé sont autorisés à présenter leurs titres et à prendre inscription *de plano;* et nous ne pouvons souscrire aux exigences de M. Poujol [2], qui voudrait que le

[1] Nimes, 18 février 1829 (S., *Coll. nouv.*, 9, II, 214).
[2] Sur les articles 878 à 881, n° 17.

créancier chirographaire obtînt au préalable et à titre conservatoire un jugement de reconnaissance d'écriture contre l'héritier. Car si l'héritier ne dénie pas, ne sera-ce pas organiser là une procédure purement frustratoire? Et quand bien même le créancier parviendrait à se procurer ainsi un titre authentique, l'expédient ne serait toujours profitable qu'aux créanciers purs et simples, puique la loi du 3 septembre 1807 défend de prendre inscription avant l'exigibilité de la dette, outre qu'elle met les frais à la charge du créancier, si le défendeur n'a pas dénié l'écriture [1]. — Nous ne partageons pas non plus les scrupules de M. Duranton [2], qui ne croit pas qu'on puisse autoriser l'inscription des créanciers dépourvus de tout titre écrit, tels que les fournisseurs et autres ayants-droit auxquels il n'est pas d'usage de délivrer des reconnaissances écrites, parce que, selon lui, leur seule affirmation ne pourrait suffire en présence de toutes les exigences légales pour les pièces destinées à servir de base aux inscriptions hypothécaires; en conséquence il proclame aussi la nécessité de l'obtention préalable d'un jugement contre l'héritier ou au moins d'une ordonnance du président délivrée sur requête, et cette dernière manière de procéder est approuvée également par M. Dufresne [3]. Les objections que nous faisions à M. Poujol s'adressent également à ce premier mode de M. Duranton; quant au second, nous dirons que nous ne croyons pas que l'article 558 (C. proc.), qui prescrit cette procédure pour une saisie, soit aussi applicable à une inscription : l'analogie entre ces deux mesures n'existe guère que dans la pensée de M. Dufresne [4].

Au surplus, toutes ces pratiques partent d'une fausse idée, et n'aboutissent qu'à outrer la rigueur de la législation, surtout pour une inscription qui n'est pas destinée à assurer des effets aussi énergiques que celle d'une hypothèque ou d'un véritable privilége; pour ce dernier même, la loi ne se méfie point des actes sous seing privé, puisqu'elle semble autoriser l'inscription des architectes et ouvriers, aussi bien que celle des copartageants sur la présentation d'un acte qui n'a pas besoin d'être authen-

[1] Loi citée, art. 2.
[2] T. VII, n° 492.
[3] *Op. cit.*, n° 69.
[4] *Ibid.*, p. 78.

tique, et qui en fait l'est rarement. L'inscription d'ailleurs n'est qu'un acte conservatoire, ne préjugeant rien de la validité de l'obligation principale et n'empêchant pas les contestations de la créance lors de la production aux ordres.

Ajoutons que cette inscription se prend au bureau de la conservation des hypothèques, dans le ressort de laquelle se trouvent situés les immeubles héréditaires, objet de la poursuite.

113. Le délai fixé pour s'inscrire est de six mois, qui courent du jour de l'ouverture de la succession : toute inscription prise dans ce laps de temps procure au créancier le droit de préférence, même sur des inscriptions prises antérieurement par des créanciers de l'héritier; c'est d'ailleurs là le propre de tout privilége. Et si le créancier du défunt laisse passer ce délai, il n'est pas pour cela complétement déchu du droit de séparation, mais il ne peut plus invoquer le rang qui lui aurait été attribué en vertu de la qualité substantielle de son privilége, et seulement celui que lui assignera la date de son inscription : c'est la préférence du privilége réduite à la préférence de l'hypothèque[1]. Aucune remise ne peut être faite au créancier de cette déchéance sous quelque prétexte que ce soit : car ce n'est pas une prescription, et l'on ne pourrait renverser les lois de la priorité sans préjudicier aux tiers créanciers[2].

113 *bis*. Lorsque les biens d'un individu passent de sa succession dans celle d'un autre, par suite de transmission à titre universel (n° 52), il n'est pas besoin de prendre plusieurs fois inscription. Celle qu'on prendra dans les six mois à partir de l'ouverture de la première succession sauvegardera les droits des créanciers héréditaires à l'égard des créanciers de tous les héritiers successivement; et si l'inscription était prise après les six mois sur les biens de la première succession, le créancier ne serait plus qu'hypothécaire à l'égard des créanciers de l'héritier. Mais si la deuxième succession s'était à son tour ouverte moins de six mois avant la prise d'inscription, le créancier de la première succession serait encore privilégié à l'égard des créanciers de la seconde, à l'encontre desquels l'inscription a été prise dans le délai requis.

114. L'utilité de l'inscription est circonscrite dans les rap-

[1] Art. 2113.
[2] Bordeaux, 24 juin 1836 (S., 1837, II, 38).

ports des créanciers du défunt avec les créanciers de l'héritier : c'est ce que nous démontrerons plus loin (nº 131); mais, en outre, dans cette limite même, elle n'a de valeur qu'à l'égard des créanciers hypothécaires ou privilégiés et non point à l'égard des créanciers simplement chirographaires de l'héritier; c'est-à-dire qu'elle n'est nullement une condition *sine quâ non* de l'exercice de la séparation et que, sous ce rapport, il n'y a aucune distinction à faire entre la séparation mobilière et la séparation immobilière. Cette remarque avait été déjà faite par Merlin [1] et après lui par M. Troplong [2], qui dit très-bien « qu'il » ne servirait de rien aux créanciers chirographaires d'opposer » aux demandeurs en séparation le défaut d'inscription de leur » privilége dans les six mois, car les créanciers poursuivant la » séparation pourraient au même instant prendre une inscrip- » tion hypothécaire qui leur assurerait la préférence sur les » créanciers chirographaires. » Nous pourrons ajouter que la séparation, dépourvue d'une partie des attributs du privilége ordinaire et n'étant qu'une dérogation aux droits de préférence qui dérivent des priviléges et hypothèques dont elle entrave l'exercice, a besoin d'être inscrite, lorsque, en fait, cette dernière conséquence doit se réaliser : c'est-à-dire lorsqu'il y a des inscriptions sur l'immeuble. Hors de là elle ne porte aucune atteinte aux droits acquis; il est en effet parfaitement inutile que les créanciers chirographaires soient avertis de l'existence d'un privilége dont on ne peut pas dire que la connaissance les eût empêchés de contracter. Malgré cette décision, qui est toute doctrinale, il sera toujours plus sûr dans la pratique d'opérer cette inscription, parce qu'il est presque impossible d'être certain de la non-existence de priviléges ou d'hypothèques du chef de l'héritier.

Mais il ne faudrait pas dire, suivant une opinion qui a compté ses partisans, que l'inscription empêcherait l'acquéreur d'un immeuble vendu par l'héritier de se libérer valablement entre les mains de ce dernier, en l'exposant à payer une seconde fois le prix aux créanciers héréditaires de l'inscription desquels il n'aurait pas tenu compte. L'inscription, bornée quant à ses effets aux créanciers de l'héritier, est sans force contre les tiers

[1] *Répert.*, vº Séparat. de patr., § 3, VII.
[2] *Hypoth.*, I, 325. — V. aussi Persil, *Régime hypoth.*, sur l'article 2111, I.

acquéreurs, et nous ne comprenons pas que M. Dufresne [1], en défendant cette manière de voir, ne se soit pas aperçu qu'il tombait en contradiction avec lui-même, quand il relevait aussi l'erreur de M. Duranton [2], pour lequel la notification d'une demande en séparation faite au débiteur de la créance mobilière réussit à empêcher ce dernier de payer à l'héritier. La séparation, qui n'équivaut pas à une saisie en matière mobilière, le pourrait-elle en matière immobilière, et donnerait-elle ouverture à la faculté de surenchérir? — Au point où nous en sommes arrivé de nos explications, poser la question, c'est la résoudre.

115. C'est encore pour avoir méconnu ce dernier caractère si essentiel de la séparation, que nombre d'auteurs limitaient le délai de faveur de l'inscription des créanciers héréditaires à la quinzaine écoulée depuis la transcription de l'aliénation de l'immeuble par l'héritier, voulant ainsi se conformer à l'innovation que l'article 834 du Code de procédure avait introduite aux règles du Code Napoléon, touchant l'inscription de tout privilége ou hypothèque. La discussion de cette doctrine n'offre plus grand intérêt, depuis la promulgation de la loi du 23 mars 1855 sur la transcription en matière hypothécaire, qui a abrogé cette disposition du Code de procédure [3], et c'est pourquoi nous ne devons pas nous étendre longuement sur ce point.

Il est en tous cas bien étonnant qu'avant la confection du Code de procédure et sous l'empire du Code Napoléon seul, on n'ait pas discuté la possibilité de la prise d'inscription après l'aliénation des immeubles par l'héritier, dans le but de conserver le droit de séparation sur le prix, l'article 880 du Code Napoléon étant aussi exclusif dans cette question que l'article 834 du Code de procédure dans l'autre. S'il en eût été ainsi, la controverse n'aurait pas cessé depuis la nouvelle loi de 1855, et se serait tout au plus modifiée en ce sens qu'il s'agirait maintenant de savoir si la transcription de l'acte d'aliénation opérée avant l'expiration des six mois depuis l'ouverture de la succession, empêcherait les créanciers du défunt de s'inscrire en vertu de l'article 2111.

Cependant ce n'est pas ainsi que l'on présentait la difficulté;

[1] *Op. cit.*, nos 74 et 69, comparés avec n° 63.
[2] *Op. cit.* VII, 485.
[3] Loi du 23 mars 1855, art. 6, al. 3.

car tous les auteurs admettent volontiers que, puisque l'héritier conservait, nonobstant la séparation, la faculté d'aliéner, les inscriptions, sans pouvoir procurer un droit de suite sur la chose, transportaient après l'aliénation tous les effets de la séparation sur le prix qui représente cette chose, lorsqu'il n'est ni payé ni irrévocablement confondu. Aussi ne comprenons-nous pas comment ces auteurs, qui enseignaient cependant cette dernière proposition presque sans explication, ne voulaient dans aucun cas permettre l'inscription de l'article 2111 après la quinzaine écoulée depuis la transcription, c'est-à-dire que, passé cette époque, l'inscription n'eût plus même conféré le droit de préférence sur le prix non payé et non confondu [1].

C'est là assurément une doctrine très-bizarre; car quelques arguments qu'on eût pu trouver dans la rédaction impérative de l'article 834 (et nous ne prétendons pas les développer ici), il nous semble que ce seul rapprochement aurait dû arrêter nos adversaires; et en refléchissant à l'esprit de cet article, ils seraient restés plus convaincus de leur erreur. Effectivement, le droit de suite étant refusé au privilége de la séparation, on ne voit pas trop à quoi cût servi la prohibition d'une inscription tardive; la transcription, dans l'idée des législateurs de cette époque, ne devait être qu'un appel à ceux dont le privilége subsistait encore, afin de les avertir qu'ils allaient s'exposer à le perdre à l'égard des tiers acquéreurs, s'ils tardaient à l'insérer. Mais à quoi eût-il servi de faire cet appel aux créanciers du défunt, pour leur faire conserver par l'inscription un droit qu'ils n'ont jamais eu? L'inscription ne pouvant obliger l'acquéreur à payer une seconde fois, puisqu'elle ne vaut pas saisie-arrêt à son égard (n° 114), laisse ce dernier tout à fait hors de cause; s'il paie son prix à l'héritier, il est libéré, et elle devient inutile; s'il ne le paie pas, le débat qui s'élèvera sur la distribution, restera entre les créanciers de la succession et ceux de l'héritier, et le droit de préférence qu'invoqueront les premiers sera subordonné à la prise d'inscription dans les six mois de l'ouverture de la succession. Il n'y avait donc aucun inconvénient à permettre la prise d'inscription postérieurement à l'expiration de la quinzaine à partir de la transcription, parce

[1] Grenier, *Hypoth.*, II, 330 conf. avec 432; Duranton, VII, 490, conféré avec XIX, 222; Marcadé, sur les articles 878 à 880, n° V conféré avec n° IV.

qu'il n'y avait là non plus aucun danger pour l'acquéreur dans l'intérêt exclusif duquel ce délai avait été imaginé.

Il résulte aussi de ce que nous venons de dire que l'inscription de l'article 2111, en devenant inutile dès que le prix est payé, est par là bien moins efficace dans ce cas que celle des créanciers hypothécaires de l'héritier. Car si ces derniers ont pris une inscription sur l'immeuble, ils sont pourvus d'un droit de suite qui leur permet de forcer l'acquéreur à payer une seconde fois, ou au moins à saisir l'immeuble et à surenchérir; tandis que, sur ce second prix, les créanciers de la succession, nonobstant toute inscription, n'auront aucun droit à faire valoir : c'est en effet ce qui a été jugé en cassation le 27 juillet 1813 [1].

115 *bis.* On voit donc par tout ceci que le privilége des créanciers du défunt se vivifie par l'inscription d'une manière absolue à l'égard des créanciers de l'héritier, mais qu'il s'éteint par la transcription de l'acte d'aliénation opérée par l'héritier et ne peut que se reporter sur le prix encore dû (sauf le cas de confusion, comme il a été dit en son lieu et place); et que jusqu'à la transcription, les créanciers conserveront toujours le droit de faire vendre l'immeuble et de venir exercer le privilége sur le prix en provenant; car, à l'égard des créanciers de la succession, c'est la transcription qui forme le point de départ de la mutation de la propriété et de l'extinction de la séparation des patrimoines (n° 97).

Telle est la seule modification que la loi du 23 mars 1855 ait apportée au Code Napoléon sur cette partie de notre matière.

### § 2. — *Du cas où la succession est bénéficiaire.*

116. Jusqu'ici nous nous sommes toujours placé dans l'hypothèse d'une acceptation pure et simple de la part de l'héritier; il faut à présent voir les dérogations que les règles précédemment exposées doivent souffrir, lorsque le bénéfice de séparation des patrimoines invoqué par les créanciers vient se compliquer de la présence du bénéfice d'inventaire réclamé par l'héritier. Les différences à signaler sont peu nombreuses : il n'y a guère que deux points qui aient réellement de l'intérêt et sur lesquels la jurisprudence ait été assez fréquemment appelée

[1] Arrêt déjà cité au n° 69, *in fine*.

à se prononcer; tandis que nous avons eu plus d'une fois lieu de regretter la rareté des monuments qu'elle nous laisse sur la plupart des autres difficultés de la matière.

117. La première question qui se présente naturellement ici est de savoir, dans ce conflit de deux bénéfices qui produisent chacun un résultat commun, une séparation plus ou moins radicale, lequel des deux devra absorber l'autre, ou s'ils pourront s'absorber réciproquement. Il paraît clair que si cette fusion est possible, c'est le bénéfice d'inventaire qui doit l'emporter, car il conduit à une séparation plus générale et surtout complétement réciproque, quant aux personnes et quant aux biens : quant aux personnes, puisque l'héritier et ses créanciers propres sont séparés des créanciers de la succession, tout comme ceux-ci le sont de ceux-là ; quant aux biens, puisqu'il est incapable d'administrer librement, de même que les créanciers héréditaires ne peuvent attaquer la succession qu'en se conformant à certaines prescriptions. Cela est naturel et évident ; aussi ce point ne paraît pas avoir attiré un instant l'attention des auteurs.

Mais il s'agit de savoir aussi si le bénéfice d'inventaire est apte à tenir lieu de séparation des patrimoines aux créanciers de la succession, d'une manière absolue et permanente ; s'il peut constituer à leur profit un droit acquis que ne détruirait plus la cessation de ce bénéfice : question très-complexe, comme on le voit, et qu'il importe d'analyser soigneusement.

MM. Delvincourt[1] et Duranton[2] sont presque les seules autorités qui enseignent que l'acceptation bénéficiaire ne produit pas, à l'égard de la séparation des patrimoines, d'autres effets que l'acceptation pure et simple elle-même, parce que, disent-ils, le bénéfice d'inventaire est introduit exclusivement dans l'intérêt de l'héritier et ne saurait profiter à d'autres qu'à lui ; qu'il produit si peu la séparation, qu'il n'empêche pas l'héritier d'aliéner valablement, sans observer les formalités prescrites par l'article 806 (C. Nap.) : l'article 988 du Code de procédure n'édictant contre lui d'autre peine que la déchéance de son bénéfice, et non point la nullité de ses actes. D'autres personnes,

[1] *Op. cit.*, t II, p. 98.
[2] *Cours de Droit français*, VII, 47, et XIX, 218.

M. Cabantous entre autres [1], prennent un terme moyen et admettent que l'acceptation bénéficiaire dispense bien le créancier de *demander* (*sic*) la séparation, mais que l'inscription demeure toujours nécessaire. Or, d'après notre manière de voir, qui n'isole jamais la demande en séparation de l'inscription elle-même (n° 106), cette opinion reviendrait exactement à la précédente, au moins en ce qui concerne les immeubles.

Dans la discussion de cette controverse, il faut, ce me semble, écarter un argument qu'on a souvent invoqué et qui n'est pourtant que le produit d'une confusion manifeste. L'inscription, a-t-on dit, ne peut être prise en vertu de l'article 2111, puisque l'article 2146 déclare la nullité de toute inscription effectuée sur les biens d'une succession bénéficiaire; mais ce ne sont là que des arguties : l'article 2146 enlève seulement aux hypothèques prises depuis l'ouverture de la succession, par un des créanciers héréditaires, son effet à l'égard de ses cocréanciers, et l'inscription de l'article 2111 n'a précisément d'effet que contre les créanciers de l'héritier, ce qui est bien différent; d'un autre côté, on ne peut nous opposer la différence qu'on établit entre le bénéfice d'inventaire et la séparation quant à la prohibition d'aliéner, puisque dans notre système elle n'existe pas : l'héritier est libre de disposer dans l'une comme dans l'autre situation, sauf bien entendu la sanction de l'article 988, qui est spéciale au bénéfice d'inventaire.

Si l'on interroge maintenant la nature intime de ce dernier bénéfice, on arrivera certainement à adopter notre manière de voir. Effectivement, s'il peut être invoqué par l'héritier et par ses créanciers personnels pour mettre ses biens propres à l'abri des poursuites des créanciers de la succession, il nous paraît impossible de refuser à ceux-ci le bénéfice de la non-confusion ; et de même que nous avons décidé que les effets de la séparation pouvaient être invoqués au profit des créanciers de la succession tout aussi bien que rétorqués contre eux, nous devons proclamer que le bénéfice d'inventaire (séparation des patrimoines en faveur de l'héritier) pourra être rétorqué contre lui, celui-ci ne méritant pas plus d'égard que les autres. Le patrimoine héréditaire qui reste leur seul gage ne saurait être diminué par la concurrence des créanciers de l'héritier;

[1] *Revue de législ.*, t. IV, p. 41; ouvrage déjà cité.

si la loi oblige à provoquer la séparation, c'est pour faire cesser une confusion de droit; mais ici pourquoi séparer ce qui n'est pas confondu? l'inscription qu'on voudrait faire prendre aux créanciers serait moins publique que la déclaration d'acceptation que l'héritier a faite au greffe du Tribunal. Tous ces motifs ont entraîné la majorité des auteurs en faveur de cette doctrine, et la jurisprudence la plus récente est venue lui donner sa consécration souveraine [1].

118. Mais nous ne pouvons nous ranger à l'avis de ceux qui veulent que tant que dure l'indivision, la séparation des patrimoines résultant virtuellement de l'acceptation sous bénéfice d'inventaire par un des cohéritiers, lors même qu'elle est imposée par la loi (par exemple si le cohéritier est mineur), se produise d'une manière absolue à l'égard des cohéritiers, même qui accepteraient purement et simplement. C'est le sentiment de MM. Dufresne [2], Aubry et Rau [3], de la Cour de Riom [4], et même de la Cour de cassation [5].

Si l'on veut être conséquent, il faudra aussi alors, par voie de réciprocité, refuser aux créanciers de la succession le droit de poursuivre, sur leurs biens personnels, les héritiers purs et simples, pour la part que ceux-ci doivent supporter dans la dette, et rien dans la loi ne semble autoriser une pareille pratique. On se fonde en vain sur l'indivisibilité de la saisine qui se produit, en cas de dévolution au profit de plusieurs personnes simultanément appelées à la même hérédité; car ceci empêche-t-il le moins du monde la division des dettes dès le principe, et autorise-t-il un créancier à poursuivre avant le partage chaque héritier pour le tout? Nos adversaires ne vont pas jusque-là [6]. — Or si chaque créancier est obligé de poursuivre chaque héritier isolément, l'acceptation bénéficiaire de l'un ne pourra évidemment, dans une poursuite fractionnée, produire

[1] Cass., 18 juin 1833 (S., 1833, I, 730); Cass., 29 juin 1853 (S., 1853, I, 720); Cass., 3 août 1857 (S., 1858, I, 286), arrêt cassant une décision contraire de la Cour de Lyon, du 20 décembre 1855 (S., 1857, II, 289).

[2] *Op. cit.*, n° 79.

[3] *Op. cit.*, § 619, texte n° 6 et note 61.

[4] 8 août 1828 (S., *Coll. nouv.*, 9, II, 134).

[5] Cass., 11 novembre 1833 (S., 1833, I, 817); Cass., 11 décembre 1854 (S., 1855, I, 277); Cass., 25 août 1858 (S., 1859, I, 65).

[6] Aubry et Rau, § 609, note 13 *in fine*, et § 575.

des effets séparatifs des patrimoines, là où cette acceptation n'a pas été invoquée par le cohéritier : la séparation qui est tellement individuelle ne saurait se prêter à ces idées d'indivisibilité. Mais, dit-on encore, l'acceptation bénéficiaire d'un seul des cohéritiers suffit pour faire présumer l'état de déconfiture de la succession, état également individuel. Nous ne pensons pas, pour notre compte, que cette présomption pût entraîner la séparation des patrimoines, d'autant plus qu'elle n'existe plus lorsque le bénéfice d'inventaire est imposé par la loi.

119. Reste maintenant à savoir si l'effet du bénéfice d'inventaire relativement à la séparation survit à la cessation du bénéfice lui-même. Cette question est complexe, avons-nous dit; car il nous semble qu'il faille distinguer ici le cas de déchéance de celui de renonciation.

La déchéance ne sera prononcée la plupart du temps que sur la demande des créanciers de la succession, quoiqu'elle puisse aussi l'être par ceux de l'héritier. Or de deux choses l'une : ou les créanciers de la succession redoutent le concours des créanciers de l'héritier, ou ils ne le redoutent pas : — s'ils le redoutent, ils se garderont bien de provoquer la déchéance de l'héritier bénéficiaire, lors même que l'on admettrait avec M. Blondeau[1] que l'héritier ne pourrait jamais par sa faute porter atteinte à un droit acquis à ses créanciers par un fait personnel à lui, et par suite que la séparation continuerait de subsister; car cette conséquence est tout à fait impossible en présence du texte de l'article 879, puisqu'en faisant prononcer cette déchéance, les créanciers n'auraient en vue que de se venger sur les biens propres de l'héritier, cas où il y a novation et extinction du droit de séparation ; — s'ils ne redoutent pas le concours des créanciers de l'héritier, ils n'ont pas besoin de cette séparation, et la question ne présente plus d'intérêt pour eux. Il faut donc écarter l'hypothèse où cette dé-

[1] *De la sép. des patr.*, p. 509 et 510. — L'auteur enseigne là que l'héritier déchu du bénéfice d'inventaire reste tenu personnellement au paiement des dettes du défunt, mais que les créanciers conserveront néanmoins le droit de se faire payer exclusivement sur les biens de la succession, tout en poursuivant les biens de l'héritier. M. Blondeau est législateur plus équitable qu'interprète consciencieux.

chéance est prononcée à la requête des créanciers de la succession.

Reste encore celle où l'héritier renonce de plein gré ou bien est déclaré déchu par ses propres créanciers. Dans ces termes, nous pensons que la cessation du bénéfice d'inventaire ne pourra nuire aux créanciers héréditaires. Il serait dérisoire en effet que l'héritier pût se jouer ainsi des intérêts de ses créanciers. En matière de partis à prendre sur le régime d'une succession, le principe est l'irrévocabilité de la décision intervenue, et cela est très-sage : l'héritier devait réfléchir sur ce qu'il avait à faire, et il ne peut contre les créanciers héréditaires devenus les siens se créer un droit de l'inobservation des obligations à lui imposées; ses créanciers personnels eux-mêmes ne sauraient jouir de cet avantage. La loi, dans les articles 801 du Code Napoléon et 388 du Code de procédure, a entendu porter une peine contre l'héritier, et il serait singulier qu'on vînt argumenter de ces textes qui paraissent impératifs, pour soutenir que les créanciers du défunt n'auraient pas le droit de renoncer à la faculté de faire prononcer la déchéance, faculté qui ne doit être exercée que par eux. Disons donc que si l'héritier veut renoncer au bénéfice d'inventaire, ou ses créanciers l'en faire déchoir, ils le peuvent; mais que tous les droits acquis aux créanciers de la succession par ce bénéfice, notamment celui de la séparation des patrimoines, resteront entiers et continueront de subsister à leur égard.

La jurisprudence offre ici beaucoup de variations; pourtant la plus récente semble être en notre faveur [1].

119 *bis*. M. Blondeau [2], appliquant sa manière de voir dans la question précédente, décide par analogie que l'acceptation bénéficiaire de la part d'un héritier apparent qui a été évincé plus tard par un héritier véritable, subsisterait encore et produirait ses effets relatifs à la séparation, ce qui nous paraît conduire beaucoup trop loin : rien dans la loi ne nous semble justifier un pareil rapprochement; l'acceptation de la

[1] Contre notre opinion : Rouen, 5 décembre 1826 (S., *Coll. nouv.*, 8, II, 296); Bordeaux, 14 juillet 1830 (S., 1831, 2, 190). — Dans le sens de notre opinion : Cass., 18 juin 1833 (S., 1833, I, 730), arrêt cité plus haut, n° 117; Cass., 10 février 1839 (S., 1840, I, 92); Colmar, 9 janvier 1837 (S., 1837, II, 311). — V. aussi l'arrêt de cassation, du 3 août 1857, cité plus haut.

[2] *Loco modo cit.*

part d'une personne étrangère à la succession est sans valeur et ne constitue aucun droit acquis à la séparation des patrimoines. Nous préférons ici la distinction proposée par MM. Aubry et Rau [1], qui valident la séparation pour le passé, c'est-à-dire conservent aux créanciers de la succession tout ce qu'ils ont touché en vertu de cette séparation, parce que tous les payements faits par un héritier apparent sont maintenus à l'égard de l'héritier véritable, mais qui pensent que l'acceptation pure et simple de ce dernier, en venant écarter l'héritier apparent, met dès ce moment les créanciers héréditaires en demeure de provoquer la séparation.

120. A partir de quel moment court le délai d'inscription fixé par l'article 2111? Naturellement à partir du jour où soit l'exclusion, soit l'éviction de l'héritier a pu être connue des créanciers. Au contraire, la prescription de l'article 880, en ce qui concerne les meubles, a toujours son point de départ à l'ouverture de la succession, parce qu'il n'y a pas là de formes spéciales imposées à l'exercice de la séparation.

### § 3. — *Du cas où la succession est vacante.*

121. Nous retrouvons encore ici des principes analogues à ceux des précédents numéros. La séparation des patrimoines se produit aussi de plein droit; et si l'héritier se présente après la déclaration de vacance et accepte purement et simplement, il ne pourra mettre au néant les droits acquis en vertu de cette espèce de séparation collective propre au régime même de la succession.

122. Le délai de l'inscription à prendre sur les immeubles court ici à partir du moment où les créanciers ont eu connaissance de la cessation de la gestion du curateur.

### § 4. — *Du cas où l'héritier est tombé en faillite.*

123. Nous allons encore rencontrer ici, en raison de l'obscurité et de l'imperfection des dispositions législatives, bien des difficultés et bien des opinions divergentes à concilier ou à combattre. Nous voulons faire allusion à l'article 490 du nouveau texte du Code de commerce, qui oblige les syndics d'une faillite à prendre une inscription collective sur tous les im-

[1] *Op. cit.*, § 619, note 63.

meubles du failli dont ils connaissent l'existence. Le conflit possible entre cette hypothèque et le droit de préférence produit par l'inscription opérée à la requête des créanciers de la succession, donne lieu à des appréciations très-délicates qui exigent avant tout une notion exacte du caractère de ce droit, lequel, semblable en cela à celui que l'article 1017 confère aux légataires, ne se retrouve mentionné dans aucune autre disposition de nos Codes. Quelques préliminaires deviennent donc indispensables.

Les biens qui adviennent à un failli sont compris dans le dessaisissement général que cette faillite opère à son égard; et ce dessaisissement, pour le dire en passant, équivaut à une véritable séparation des patrimoines au profit de ses créanciers : si bien qu'il dispense ces derniers de recourir en aucune façon à ce remède, lorsque le failli est décédé et que sa succession est acceptée purement et simplement. C'est ce que l'on avait reconnu à la discussion du Code revisé, même pour une faillite déclarée après la mort du débiteur[1]. Toutefois, comme les biens advenus au failli sont le gage que les créanciers ont acquis du chef de l'individu qui les possédait avant lui, ils doivent servir préférablement au désintéressement de ses créanciers propres plutôt qu'à celui des créanciers de la faillite. Ainsi les charges imposées au donataire seront acquittées avant les dettes de la faillite sur les biens donnés; le vendeur pourra exercer son privilége sur le prix de l'immeuble avant les créanciers de cette faillite..., etc. : donc aussi les dettes d'une succession échue au failli peuvent et doivent être préalablement payées avec les valeurs qui la composent, si toutefois les créanciers de la succession usent de la séparation des patrimoines, avec cette restriction qu'ils doivent le faire avant le jugement déclaratif de faillite. Cette dernière condition, qui est hors de doute pour les immeubles (car l'article 448 du Code de commerce oppose une barrière invincible à toute inscription prise après cette époque), doit être étendue, selon nous, à toute séparation mobilière : l'induction est ici puissante, et nous ne croyons pas qu'il soit possible d'invoquer postérieurement la séparation, pour les valeurs mobilières qui composent le plus souvent le seul actif dans la déconfiture d'un commerçant.

[1] V. le *Moniteur universel* du 28 mars 1838, p. 703.

124. Tout cela paraît bien clair, et le serait en effet s'il n'y avait cette hypothèque dont nous parlions en commençant le paragraphe, et qui, en frappant sur tous les immeubles compris dans la faillite à n'importe quel titre, vient entraver l'exercice de la séparation invoquée à l'égard des immeubles par les créanciers du défunt. Il importe donc de bien étudier le caractère de ce droit hypothécaire. Or quels en sont les effets? Si l'on consulte les travaux préparatoires du Code de commerce sur l'article 500 (ancien texte correspondant à l'article 490), on voit qu'il n'avait pas été question par là de fournir une mesure propre à la conservation des droits de la masse, contre des créanciers particuliers du failli; c'était parce que « si l'on « n'établissait pas cette règle, la masse pourrait n'être pas « avertie des expropriations [1]. » Tout ceci ne donnait pas grande utilité à cette hypothèque; aussi la disposition fut-elle vivement critiquée pour ce motif par M. Berlier, qui pensait que les formalités inhérentes à une expropriation avertiraient suffisamment les tiers intéressés [2]. L'article fut pourtant maintenu tel quel, et depuis on l'expliqua généralement dans le sens que lui avait donné M. Berlier [3].

Dans cette manière de voir de la doctrine, il n'y avait là aucun droit hypothécaire en faveur de la masse, et par suite l'inscription de l'article 500 n'établissait, au profit des créanciers chirographaires de cette faillite, aucun droit de nature à amoindrir celui des créanciers de la succession, encore que ceux-ci n'eussent pris aucune inscription dans les délais prescrits; et même la jurisprudence n'exigeait pas que cette inscription fût au moins antérieure de dix jours à l'ouverture de la faillite, selon la disposition de l'ancien article 443, aujourd'hui adoucie par celle de l'article 448, nouveau texte, comme nous l'avons vu plus haut (n° 123, *in fine*) [4].

[1] Observation de M. Jaubert au Corps législatif, dans la séance du 16 avril 1807 (Locré, *Législ.*, t. XIX, 2e part., comm. X; n° 8).

[2] Même séance (Locré, *ibid.*).

[3] Pardessus, *Droit commerc.*, 2e édit., n° 1157; Troplong, *Des hypoth.*, III, 655 *bis*; Bédarride, *Traité des faillites*, I, 416; Dufresne, *op. cit.*, n° 92, etc.

[4] Nîmes, 27 janvier 1840 (S., 1840, II, 368), arrêt confirmé en cassation, le 22 juin 1841 (S., 1841, I, 723). — V. encore : Bourges, 20 août 1832 (S., 1833, II, 641); Caen, 29 février 1844 (S., 1844, II, 299), et Paris, 22 juin 1850 (S., 1851, II, 542).

Tel était l'état de la législation et de la doctrine avant la refonte du titre *Des faillites* au Code. Dans le nouveau texte, l'article 500 fut transporté tout entier et tel quel dans l'article 490 dont il forma le troisième alinéa. Jusque-là certainement rien ne prêtait à la controverse, et nous n'aurions nul motif plausible pour décider autrement aujourd'hui que sous l'empire du Code de 1807; au contraire, l'identité de la nouvelle disposition avec l'ancienne, l'absence de tout document dans la discussion des chambres, enfin le silence même de l'article 2121 du Code Napoléon sur l'existence de cette hypothèque légale, nous auraient défendu de consacrer ainsi *à priori* un droit qu'il était impossible de rattacher ni à une convention (puisque le concordat n'en est pas une, à proprement parler, et que d'ailleurs l'existence de l'hypothèque en précède le vote, d'après les textes), ni à un jugement (puisque le jugement déclaratif de faillite n'emporte pas condamnation, mais seulement constatation d'un état de fait antérieur devenu notoire); ce ne pouvait donc être qu'une hypothèque légale, et l'article 2121 du Code Napoléon était muet. Mais le nouveau texte du Code de 1838 contient un article 517 qui est la reproduction perfectionnée et plus explicite de l'ancien article 524, lequel parlait assez vaguement d'une hypothèque au profit des créanciers du failli, pour qu'on pût en inférer qu'il ne s'agissait là que de l'hypothèque dont ils étaient déjà investis avant la faillite par le titre constitutif de leur créance. Cet article 517 se rattache à l'article 490, en rappelant l'inscription qu'ont dû prendre les syndics, et en déclarant que l'homologation du concordat conservera à chacun des créanciers le droit ainsi inscrit, et qu'il appelle une *hypothèque*, expression que l'on chercherait en vain dans l'article 490 ou dans l'ancien article 500.

M. Dufresne [1], qui ne reconnaît d'hypothèque ni dans l'article 500 ni dans l'article 490, adopte ici une opinion mixte, et prétend que l'art. 517 consacre un droit hypothécaire au profit de la masse des créanciers, après que le jugement du tribunal a homologué le concordat intervenu entre les créanciers et le failli; tandis que l'inscription de l'article 490 n'aurait pour but que d'établir un moyen de publicité de l'état de faillite connu antérieurement. Il se fonde sur ce que l'article 517, comme l'ar-

[1] *Loco modo cit.*

ticle 524 (ancien texte), exige qu'une inscription soit prise en vertu du *jugement homologatoire* qui, dit-il, *donne naissance*, conformément à l'article 2123 (C. Nap.), *à une hypothèque* que la première inscription ne pouvait conserver, puisqu'elle n'existait pas.

Cette démonstration renferme trop d'hérésies pour ne pas rendre la réfutation facile. A ne considérer que la rédaction de l'article 517, on reconnaîtra bien vite qu'il ne parle pas de *l'inscription d'une nouvelle hypothèque* à prendre, mais seulement de l'inscription du jugement d'homologation du concordat, et cela dans le but d'annoncer que l'hypothèque de l'article 490 a été maintenue, puisqu'en l'absence de cette homologation, l'hypothèque ne pourrait subsister. En cas d'union, en effet, elle n'a plus d'intérêt : les créanciers ont un droit d'administration directe sur les biens du débiteur failli, et une hypothèque n'aurait pu avoir d'utilité que lorsque le débiteur restait à la tête de ses affaires, pour assurer l'exécution de son concordat. Voilà donc pourquoi il y avait nécessité à inscrire ce jugement : il fallait que tout le monde fût averti que l'hypothèque en quelque sorte provisoire, que l'on venait de prendre sur les biens, continuerait à les frapper.

Mais comment peut-on dire qu'il y a là un droit nouveau constitutif d'une hypothèque qui résulterait de ce jugement d'homologation? Jamais ces jugements ne peuvent avoir cet effet, pas plus que tout autre jugement rendu en juridiction volontaire; c'est là un point parfaitement établi. D'ailleurs, si nous voulons pousser l'examen un peu plus loin, nous verrons que la loi n'est pas si inconséquente qu'elle paraît l'être au premier abord. Il se passe ici, en effet, quelque chose d'analogue à ce qui a lieu en matière de séparation des patrimoines; l'article 490 confère une hypothèque ou, si l'on veut, un droit de préférence, et l'article 448, al. 2, ne souffre aucune inscription postérieure au jugement déclaratif de faillite qui est le point de départ de l'inscription; c'est appliquer à la faillite l'al. 2 de l'article 2111, qui prohibe toute inscription hypothécaire au préjudice des créanciers de la succession. Seulement l'hypothèque des créanciers de la faillite est plus complète que le privilége des créanciers du défunt, car elle n'est pas réduite au droit de préférence et est pourvue d'un droit de suite; en revanche, elle n'est pas privilégiée et subit l'application de la règle : *prior tempore potior jure,* de sorte qu'il n'y a aucun délai de rigueur pour la prise d'inscription.

Nous ne possédons sur cette matière qu'un seul monument de la jurisprudence : c'est l'arrêt de la Cour de Paris du 22 juin 1850, déjà cité plus haut; tous les autres sont rendus à propos de faillites régies par l'ancien texte du Code. L'un d'entre eux pourtant, celui de la Cour de Caen également précité, tout en refusant l'hypothèque aux créanciers, déclarait formellement qu'il ne pouvait plus en être ainsi sous l'empire de la loi nouvelle; et la Cour de Paris a jugé dans le même sens [1].

125. De tout cela, il paraîtrait résulter que si une succession s'est ouverte au profit d'un failli, les créanciers de ce dernier, en prenant par l'intermédiaire des syndics inscription en vertu de l'article 490, primeraient les créanciers de la succession qui n'ont inscrit leur séparation qu'après eux, et postérieurement aux six mois accordés par l'article 2111; mais qu'ils ne les primeraient point, si l'inscription en séparation avait été opérée dans le délai prescrit. C'était, du moins, l'opinion jadis enseignée par M. Bravard-Veyrières à son cours. Toutefois, nous ne croyons pas qu'elle doive être suivie à la lettre.

Car si l'article 448 du Code de commerce prohibe toute prise d'inscription postérieurement au jugement déclaratif de faillite, il est certain que les créanciers de la succession, bien qu'ils fussent encore dans le délai utile pour s'inscrire en vertu de l'article 2111, s'ils ont laissé rendre le jugement déclaratif de faillite sans se mettre en règle, se verront préférer les créanciers de l'héritier failli, au profit desquels l'inscription a été formalisée en vertu de l'article 490 (C. comm.), et quelle que soit l'époque où elle l'a été par rapport à celle des créanciers héréditaires, puisqu'il n'existe aucun délai préfix d'inscription établi par la loi pour maintenir cette cause de préférence dans toute son intégrité [2].

[1] Depuis l'achèvement de ce travail, deux autres arrêts sont venus confirmer cette doctrine : ce sont ceux de la Cour de cassation, du 29 décembre 1858 (S., 1859, I, 209), et de la Cour de Besançon, du 16 avril 1862 (S., 1862, II, 283).

[2] Cette doctrine est celle de M. Esnault (*Traité des faillites et banqueroutes*, t. II, n° 350), approuvé aussi par M. Dalloz (*Jurispr. gén.*, v° Fail-

D'un autre côté, si les créanciers du défunt ont laissé écouler le délai de six mois de l'article 2111 sans s'inscrire, et qu'ils se soient inscrits alors en vertu de l'article 2113 avant le jugement déclaratif de faillite, ils primeront encore les créanciers du failli, dont l'hypothèque n'a jamais pu être inscrite par les syndics que postérieurement au jugement qui, à la fois, déclare la faillite et nomme ces syndics.

Ainsi, en cette matière, le droit des créanciers du défunt, au regard de la masse de la faillite, n'est pas à considérer comme privilégié, et tout se réduit à l'application de la règle *prior tempore potior jure,* modifiée et restreinte encore par la prohibition particulière de l'article 448 du Code de commerce.

Il semble cependant que la rigueur de cette doctrine doive être abandonnée pour le cas où la succession est échue au débiteur depuis le jugement déclaratif de sa faillite. Car l'art. 448, qui ne parle que des priviléges et hypothèques *valablement acquis* avant le jugement, ne paraît pas s'appliquer au privilége de la séparation des patrimoines qui s'acquiert en définitive par la seule force des circonstances, et non pas, comme les autres priviléges sur les immeubles, avec le concours toujours suspect de la personne du failli. Il semble donc qu'en pareil cas le créancier devrait jouir intégralement du délai imparti par l'article 2111, nonobstant l'inscription de l'hypothèque légale opérée par les syndics; que pareillement, en matière mobilière, la séparation pourrait être opposée indéfiniment et aussi longtemps que que les biens n'ont pas été discutés par les syndics, et au fur et à mesure que ces derniers voudraient les attaquer.

Cette manière de procéder a quelque chose de choquant, d'inique même, en regard de celle qui dénie tout droit à la séparation et annule toute inscription postérieurement au jugement déclaratif de faillite au profit des créanciers d'une succession ouverte par exemple peu de jours seulement avant ce jugement. Ce serait peut-être ici encore, comme en beaucoup d'autres points qui touchent à notre matière, le devoir du législateur d'intervenir et de décider en principe ce que le silence

lite et Banq., n° 495). C'est encore celle que la Cour de Dijon a émise dans ses observations sur la refonte du titre *Des priviléges et hypothèques* du Code, en 1841. (V. la note suivante.)

de la loi nous empêche de faire, à savoir que la prohibition de l'article 448 n'aurait aucun effet sur l'inscription qu'on peut prendre en vertu de l'article 2111, ou même que l'état de faillite ne modifierait en général pas les effets du privilége de la séparation des patrimoines [1].

## CHAPITRE V.

### Des effets de la séparation.

126. Cette matière doit s'envisager à l'égard

1° Des successeurs universels du défunt;

2° Des créanciers et légataires du défunt entre eux; et

3° Des créanciers et légataires du défunt dans leurs rapports avec les créanciers de l'héritier.

[1] Appelée par la circulaire du Garde des sceaux du 7 mai 1841, concurremment avec les autres Cours et les Facultés de droit, à se prononcer sur les améliorations dont notre régime hypothécaire était susceptible, la Cour de Dijon formula, sur l'article 448 du Code de commerce, un avis encore beaucoup plus radical. On lit en effet, dans les *Documents relatifs au régime hypothécaire* qui contiennent l'ensemble des travaux de ces corps, réunis par ordre du ministre (t. III, n° 531; Paris, Imp. roy., 1844) :

« ... Cet article 448 lui-même est sujet à de graves objections dans ce qu'il » statue à l'égard des priviléges, et, malgré sa date récente, *la Cour n'hésite* » *pas à en demander la modification.* Il décide qu'à partir du jugement dé» claratif de faillite, aucune inscription de privilége précédemment existant » ne pourra être prise.

» Or n'y a-t-il pas là une injustice flagrante?

» Le vendeur, s'il est dépouillé de son privilége, exercera son action en » résolution, et les frais de vente se prélèveront sur la faillite qui se trou» vera ainsi grevée par l'abolition du privilége. — S'il s'agit d'un coparta» geant, l'événement de la faillite peut-il dépouiller un des cohéritiers en » blessant l'égalité si impérieusement exigée par nos lois, les syndics se» ront-ils admis à payer la soulte des lots comme un dividende? Si une » action en lésion contre le partage est admise, ne suppléeront-ils encore à la » portion du prix qu'ils seront condamnés à payer, qu'en fournissant un » dividende? De telles décisions paraissent impossibles à proposer, et ce» pendant elles sont des conséquences directes de l'article 448; et encore, » d'après cet article, il faut décider que la faillite profitera de la plus-value » d'un immeuble créé par un architecte qui ne s'est pas pressé d'inscrire; » il faut décider que *le privilége de séparation de patrimoine est perdu* » *sur la faillite, faute d'inscription*, tandis que c'est précisément pour le » cas de faillite ou de déconfiture qu'il a été introduit, puisqu'il devient » inutile lorsque l'héritier est dans l'aisance. »

Nous ne pouvons que nous associer aux critiques et aux vœux contenus dans ces quelques lignes.

§ 1. — *Des effets de la séparation à l'égard des successeurs universels du défunt.*

**127.** Il a été déjà fait remarquer que la séparation des patrimoines qui n'anéantit point la saisine et ses conséquences (nos 85 et suiv.), ne dessaisit point l'héritier ou le légataire saisi de ses droits de propriétaire. Le législateur n'a restreint que quelques-uns de ses pouvoirs, afin d'assurer à la séparation la prééminence qu'elle doit procurer à ceux qui l'exerceront en se conformant aux dispositions de la loi (Voy. spécialement n° 89 *in fine*).

Il en résulte entre autres cette conséquence, que l'inscription requise par l'article 2111 est complétement inutile dans les rapports de créancier à héritier, puisqu'elle ne peut pas même frapper d'indisponibilité les biens qui sont restés entre les mains de ce dernier.

**128.** Mais ici se présente une question bien grave, et qui tient à l'essence même du système que nous avons suivi *ab initio*, pour le droit de séparation : il s'agit de savoir si le principe le plus fondamental peut-être du droit successoral, la division des dettes et charges de l'hérédité entre les héritiers proportionnellement à leur part dans la succession, peut souffrir quelque atteinte par la séparation des patrimoines ; si les créanciers en venant inscrire ce droit sur un immeuble tombé dans le lot d'un héritier, pourront discuter ce dernier jusqu'à concurrence de la valeur intégrale de l'immeuble, lors même que ce mode de procéder mettrait à la charge du cohéritier une portion de dettes supérieure à sa part virile. D'après tout ce que nous avons déjà dit sur l'absence de droit de suite, la divisibilité et l'individualité qui caractérisent le privilége de la séparation, notre opinion sur cette question ne saurait être douteuse, et il n'y a aucun nouvel argument à fournir à son appui. Par contre, pour les auteurs [1] pour lesquels la séparation est un privilége aussi énergique que tous les autres, produisant au profit des créanciers un droit réel opposable aux tiers et qui frappe dès le début l'universalité des biens de la succession, nonobstant la manière dont ils seront ultérieurement fractionnés, il a été tout simple et tout rationnel d'admettre comme

[1] Notamment MM. Hureaux, nos 410 et suiv.; Duranton, VII, 270 et XIX, 224; Blondeau, *op. et loco modo cit.*

corollaire que les héritiers soient tenus chacun pour le tout, jusqu'à concurrence de la quotité d'immeubles frappés du privilége de la séparation et dont ils sont détenteurs, et de restreindre le principe de la division des dettes à l'action purement personnelle, c'est-à-dire, en définitive, à l'action intentée sans que la séparation des patrimoines ait été provoquée.

Cette déduction est si logique, qu'on ne pourrait guère en tirer d'autre sans encourir le reproche d'inconséquence; et, en la poussant à ses dernières limites, on a été amené à faire encore une distinction entre les meubles et immeubles, en consacrant la division des dettes pour les premiers, puisqu'on ne peut les soumettre à l'hypothèque privilégiée, et en admettant l'indivisibilité pour les derniers seulement [1]. Tout cela est très-rationnel, mais où voit-on de semblables subtilités écrites dans la loi?

M. Duranton [2] qui paraît admettre la théorie hypothécaire de la séparation, emploie également, pour soutenir la thèse d'indivisibilité, toute la série des raisonnements que nous avons réfutés en traitant de la nature du droit conféré aux créanciers par la séparation (n° 44 *bis*). Mais, chose singulière! il n'a point été aussi loin que les partisans de sa doctrine, et meubles comme immeubles sont soumis par lui au même régime, en sorte que l'action des créanciers de la succession s'exercerait sur tout l'actif héréditaire, indépendamment du nombre des héritiers et de leurs droits respectifs. Dans les solutions qu'il donne aux espèces qu'il se propose, M. Duranton fait intervenir le principe hypothécaire pour établir l'indivisibilité du recours des créanciers sur les immeubles, et c'est au moyen des principes qui régissent les rapports en moins prenant, qu'il parvient à justifier l'application de cette même indivisibilité en matière mobilière.

Les explications que nous avons données au n° 68 *bis* suffisent pour prouver le peu de légitimité du rapprochement de ces deux principes dans la question; nous avons vu qu'on ne peut pas toujours concilier l'exercice de la séparation des patrimoines avec celui du rapport en moins prenant, et que dans

[1] C'est la doctrine de M. Demante (*Cours analyt. de Code civ.*, t. III, n° 222 *bis*, II), au moins dans le cas où le partage des meubles serait consommé.

[2] *Locis modo cit.*

toutes les espèces de ce genre qui sont compliquées d'opérations de rapport, les règles qui régissent cette dernière matière doivent suffire et suffisent en effet pour expliquer et autoriser toutes les solutions que l'on a présentées comme des dérogations à la divisibilité des dettes héréditaires et des recours du créancier; tandis que cette divisibilité ne peut jamais recevoir aucune atteinte par l'exercice seul de la séparation.

C'est au surplus ce que semble avoir entrevu aussi M. Duranton dans le n° 469 du même tome VII, où il reconnaît en général la divisibilité des dettes en matière mobilière à l'encontre des créanciers qui invoquent la séparation, parce qu'il ne se préoccupe plus alors des conséquences du rapport auquel peuvent être soumis les cohéritiers les uns envers les autres.

M. Blondeau qui professe aussi la doctrine du droit hypothécaire de la séparation, semble avoir voulu adoucir ce qu'il y avait de choquant dans le système précédent : aussi adopte-t-il un moyen terme. Pour lui, il se forme autant de créances distinctes qu'il y a d'héritiers, et chacune de ces fractions de la créance primitive est garantie par un privilége qui frappe sur les immeubles attribués à chaque copartageant; c'est donc en réalité une transaction entre le système absolu de la division des dettes tel que nous l'enseignons, et celui du droit hypothécaire frappant en bloc les biens immobiliers de la succession.

Si l'article 1017 pouvait être invoqué par les créanciers, ce serait à coup sûr faire ici une application bien plus rationnelle de la divisibilité de l'hypothèque proclamée par la Constitution 1, C., *Comm. de leg.;* mais les développements qui ont été présentés sur cette question (n° 63) montrent assez qu'on ne peut pas plus admettre chez nous cette indivisibilité que l'extension de l'article 1017 aux créanciers. D'ailleurs la plupart du temps cette hypothèque serait entre les mains de ces derniers une arme complétement inutile : en effet, si elle leur permettait d'attaquer les tiers détenteurs qui font dériver leur droit d'un acte d'aliénation de l'héritier, elle ne leur permettrait point d'attaquer pour le tout les cohéritiers auxquels un partage frauduleux a attribué la totalité ou la plus grande part des immeubles de la succession, car leur action viendrait se briser contre la fiction de l'article 883, et il ne leur resterait que la ressource bien illusoire de l'article 882.

Tout ceci n'empêche pas, théoriquement parlant, le système de M. Blondeau d'être assez conséquent avec le point de départ où le savant professeur s'est placé. Mais voici maintenant une série d'opinions plus divergentes et qui n'ont certainement plus le même mérite. Ainsi M. Dufresne qui ne veut voir dans la séparation qu'un privilége incomplet et dépourvu de droit de suite [1], en quoi nous sommes du reste parfaitement de son avis, arrive cependant à démontrer que la créance successorale se trouve, en cas de séparation, garantie par une indivisibilité absolue de tout recours contre les copartageants [2]. Il invoque à cet effet cette idée de droit de gage dont nous avons déjà fait justice en son lieu et place (n° 44 *bis*) : car le droit de gage dont il est question, ne produisant pas de droit de suite, n'est plus un véritable droit réel de nature à faire obstacle à la division des dettes.

Il nous semble d'ailleurs que la séparation ne saurait avoir cet effet d'indivisibilité sans réfléchir forcément contre les autres cohéritiers, tandis qu'elle ne peut être dirigée que contre les créanciers personnels de l'héritier, exclusivement à tous autres; elle n'a donc d'effet vis-à-vis de ces créanciers, et ne peut garantir la préférence des créanciers héréditaires, que pour la part de la dette qu'ils sont en droit de réclamer de cet héritier. En un mot, autant d'héritiers, autant de patrimoines distincts et indépendants les uns des autres; seulement, sur cette part du patrimoine héréditaire, les créanciers du défunt ont le droit d'assurer le payement de la part de leur créance mise à la charge de l'héritier. Mais, comme nous croyons avoir déjà surabondamment démontré que la loi n'accorde nulle part aux créanciers du défunt un privilége capable de garantir le payement de leur créance originaire sur toutes les valeurs de la succession, il est clair qu'ils ne pourront se faire payer sur la part des biens d'un des héritiers, de la part de dettes de tous les autres. Encore une fois, une pareille doctrine renverserait tous les principes du Code sur la saisine des héritiers; et comme rien ne nous prouve que la séparation doive modifier les effets de cette saisine, et dispenser par là les héritiers du défunt du payement de ses dettes *ultra vires*, par une juste

[1] *Op. cit.*, n° 93.
[2] *Ibid.*, n° 114.

réciprocité, cette même séparation ne devra pas non plus empirer leur condition. L'article 873 nous paraît d'ailleurs suffisant pour trancher la question, et l'on ne saurait, avec M. Bonnier [1], se prévaloir de la place qu'il occupe dans le Code, avant les dispositions relatives à la séparation, pour soutenir qu'il n'a pas été fait en vue de cette autre institution avec laquelle il peut se concilier si parfaitement.

Nous ne nions pas que cette manière de voir n'offre d'énormes inconvénients pour les créanciers; qu'elle sacrifie en définitive le public de bonne foi aux intérêts et arrangements de famille; mais le système qui sacrifie la famille aux tiers est-il préférable ?

Au surplus, on n'insisterait pas tant sur cette question comme sur tant d'autres de notre matière, si l'on ne partait pas toujours de cette idée puisée dans un respect exagéré pour les droits des créanciers chirographaires du défunt, dont la position s'est trouvée empirée tout à coup et à leur insu par la mort de leur débiteur. Cet argument utilitaire, que l'on retrouve à chaque pas ici, doit être écarté à jamais, et nous ne pourrons que répéter sans cesse que le créancier méfiant ou prudent a un moyen bien simple à sa disposition d'éviter ces nombreuses chances de catastrophes : c'est de se faire donner des sûretés particulières; hors de là il sera considéré, partout et toujours, comme simple chirographaire.

Depuis l'époque où ce travail a été présenté au concours, plusieurs monuments importants de jurisprudence sont venus sanctionner la manière de voir que nous défendions ici.

La Cour de Caen, après avoir, le 14 février 1825, adopté le système de division du recours des créanciers, était revenue sur sa jurisprudence dans un arrêt du 17 janvier 1855 [2]. Cet arrêt fut déféré à la censure de la Cour suprême et cassé par elle le 9 juin 1857; et la Cour de Rennes, devant laquelle l'affaire fut renvoyée, se conforma à la jurisprudence de la Cour régulatrice [3]. La même année, par arrêt en date du 3 février 1857, la

[1] *Revue de législ.*, t. XIV, p. 485 et suiv.

[2] Sirey, 1833, II, 639, et 1857, II, 294. Consultez encore dans le sens du second de ces arrêts : Bourges, 20 août 1832 (S., 1832, II, 635) et Bordeaux, 14 juillet 1836 (S., 1837, II, 222), arrêt déjà cité.

[3] Cass., 9 juin 1857 (S., 1857, I, 465), et Rennes, 14 janvier 1858 (S., 1858, II, 573).

Cour de cassation avait résolu la question dans le même sens, pour le cas tout particulier où le créancier du défunt avait perdu, à l'égard de l'un des héritiers, le droit d'exercer la séparation [1].

Enfin, un arrêt récent de la Cour de Limoges a encore jugé dans le même sens [2]. On peut donc aujourd'hui regarder la question comme définitivement et souverainement tranchée.

129. Le créancier du défunt dont le droit se trouve garanti par une hypothèque, pourra poursuivre sa créance pour le tout contre l'héritier détenteur de l'immeuble héréditaire, et inscrire pour le surplus sur d'autres immeubles le privilége de la séparation, s'il n'a pu se faire intégralement payer sur le prix de l'immeuble, ou s'il craint de ne pouvoir l'être. Mais, d'après ce qui vient d'être dit, ce second recours devra naturellement se diviser entre les cohéritiers qu'il n'a pas encore attaqués, en y comprenant même ceux qui n'ont été attaqués hypothécairement que pour une part inférieure à leur part virile; car le créancier agit ici en qualité de simple chirographaire, et les cohéritiers ainsi recherchés ont toujours le droit d'exiger la discussion préalable des biens affectés à l'hypothèque.

### § 2. — *Des effets de la séparation à l'égard des créanciers et légataires du défunt et dans leurs rapports respectifs.*

130. Les créanciers du défunt qui ont à invoquer un privilége ou, en général, toute autre cause de préférence, ne recourent pas à la séparation contre les créanciers chirographaires de la succession, parce que ce remède ne leur procurerait, dans leurs rapports avec ces créanciers, aucun avantage de plus sur eux. Ce n'est qu'à l'encontre des créanciers de l'héritier qu'elle leur offrira quelque utilité, en ce qu'elle pourra assurer, quant aux biens sur lesquels elle est invoquée, la priorité sur les créanciers de l'héritier, dont les droits de préférence dériveraient de causes antérieures en date à celles dont ils pourraient eux-mêmes se prévaloir. Voilà pourquoi nous opposerons toujours, aux créanciers privilégiés ou hypothécaires de l'héritier, les créanciers chirographaires du défunt, dont la séparation peut, suivant les cas, modifier la position vis-à-vis des précédents.

[1] S., 1857, I, 321.
[2] Limoges, 16 juin 1860 (S., 1861, II, 330).

**131.** Les solutions enseignées dans cette matière dérivent toutes d'un principe qu'il nous faut établir et développer au préalable, moyennant lequel elles n'offriront plus aucune difficulté. Ce principe qu'on n'a l'habitude de discuter qu'à propos de la séparation immobilière, a tout autant d'autorité en matière mobilière; voici, au surplus, comment on peut l'énoncer :

« *La condition respective des créanciers chirographaires ou privilégiés du défunt doit demeurer la même, nonobstant toutes diligences qu'aurait faites l'un ou l'autre d'entre eux, dans la poursuite de ses droits, au moyen de la séparation.* »

L'école moderne des auteurs partisans de la séparation hypothécaire et privilégiée, a repoussé ce principe de toutes ses forces, par suite d'une fausse idée qu'on se fait en général sur la valeur et l'application de la règle : *Si vinco vincentem te, a fortiori te vincam;* règle qu'on traduit et paraphrase ici de la manière suivante : Si le créancier du défunt qui a usé de la séparation a un avantage sur le créancier de l'héritier, lequel l'emporte lui-même, par suite d'une cause de préférence quelconque, sur le créancier du défunt négligent ou qui s'est complétement abstenu de la séparation, à plus forte raison le premier doit-il l'emporter sur celui-ci; d'où il suit que le créancier diligent ne souffrira pas du concours de son cocréancier qui n'a pas été aussi prévoyant et qui n'a pas usé de la séparation, abstraction faite, du reste, des causes étrangères à cette séparation qui pourraient faire préférer ce dernier.

Il ne nous sera pas difficile de montrer l'abus singulier que l'on fait, en cette circonstance, du brocard précité. Ainsi il était reconnu déjà par les anciens commentateurs que cette règle, dont nous trouvons une application dans la loi 14, § 3, D., *De divers. et temp. præscript.*, ne devait jamais être invoquée lorsque la cause de préférence entre les deux personnes n'était pas de même nature que celle entre la première et la troisième : *si non eadem ratio vincendi primi et secundi*. C'est ce que Vinnius observait aussi sur le § 3, Inst., *Ad sc. Tertull.* [1];

[1] L'application du sénatus-consulte Tertullien se trouvait entravée précisément en raison de l'impossibilité de faire agir ici la maxime en question. Ainsi dans la succession du petit-fils émancipé par son aïeul, l'aïeul qui exclut le père et le père, la mère, devait *à fortiori* exclure celle-ci, si la maxime eût été possible. Mais cela n'arrivait que si le père vivait encore et se trouvait en présence de la mère qu'il excluait toujours, ce qui évitait

et Cujas[1] se moquait spirituellement de l'étrange extension qu'on donnait à cet aphorisme, en citant le sophisme posé par Androcide à Alexandre : « *Si vinum cicutæ venenum est et cicuta homini, et multo magis vinum homini venenum est;* » déduction qu'on ne peut assurément écarter qu'en répondant : « *Non eadem vi eademve facultate agit vinum in cicutam, qua cicuta in hominem.* » Les autres commentateurs étaient généralement du même avis; leur manière de voir repose sur la rigueur des principes, et il est certain que ces principes doivent trouver une application complète dans notre matière.

En effet, la cause de préférence entre les créanciers du défunt en règle et le créancier qui n'a opposé la séparation que tardivement ou point du tout, ne serait pas la même qu'entre le créancier de l'héritier et le créancier du défunt négligent : car, entre ces deux derniers, la préférence se tirerait soit de la nature de la créance au profit du premier, soit de l'existence d'une inscription hypothécaire prise par lui, le tout selon les circonstances. La cause qui existerait au contraire entre créanciers du défunt ne dériverait que du privilége de la séparation qui est *sui generis*, comme on le sait; tous les créanciers du défunt (abstraction faite des privilégiés ordinaires) ont un droit égal sur la succession de leur débiteur comme ils l'avaient de son vivant sur son patrimoine : tous n'en peuvent obtenir que la portion qu'ils auraient recueillie en réalité dans le patrimoine de ce débiteur, s'il vivait encore, puisque la mort n'a pu évidemment modifier leurs prétentions respectives. La masse des biens de l'héritier serait augmentée de tous les biens du défunt, si la séparation n'avait point été exercée, et cette séparation sera impuissante à en distraire autre chose que la part afférente à chacun d'eux dans les biens du défunt : la portion de ces biens, à l'égard desquels la séparation n'a pas été opposée, ne doit donc plus pouvoir être détachée des biens de l'héritier, au profit d'un créancier qui a reçu sur les biens de son débiteur tout ce qu'il pouvait en attendre. La séparation ne s'invoque que contre les créanciers de l'héritier, et la circonstance que

un circuit inutile (§ 3, Inst., *Ad sc. Tertull.*) : car lorsque la mère était seule avec l'aïeul, celui-ci était exclu par elle en vertu du sénatus-consulte Trébellien.

[1] Sur la loi 16, D., *Qui pot. in pign.*, *In lib. III*, *Quæst. Pauli.* — Cette loi est encore un exemple de la non-application de la même maxime.

quelques-uns des créanciers successoraux ont compromis le droit de préférence que la loi leur octroyait, ne peut profiter qu'aux premiers à l'encontre de qui celle-ci a prescrit les formalités relatives à la conservation du droit.

« Mais, dit M. Blondeau [1], ces raisonnements tombent devant l'absurdité des conséquences auxquelles le système conduit. Car si vous admettez un créancier de la succession, qui s'est laissé primer par un créancier de l'héritier, à partager ce qu'un autre créancier de la succession a préservé du concours des créanciers de l'héritier en général, vous le réduirez à n'obtenir qu'une minime portion de sa créance, surtout si ces créanciers retardataires viennent se présenter à la contribution, pour des sommes bien plus considérables que celles que le créancier diligent a voulu sauvegarder par l'inscription; vous le forcez alors, pour éviter une perte imminente, de prendre inscription sur tous les immeubles de la succession, pour une créance qui, dans le système contraire, aurait pu être suffisamment garantie par l'affectation d'un seul immeuble. »

La réponse se trouve déjà en partie dans les arguments présentés à l'appui du raisonnement ci-dessus et auxquels ne répond pas directement la démonstration de M. Blondeau, qui s'est attaché, comme dans tout son opuscule, à faire ressortir toujours l'injustice et les inconvénients pratiques du résultat; et, sur ce terrain même, nous ne croyons pas qu'il soit irréfutable. En effet, la question n'est pas de savoir si le créancier obtiendra plus ou moins que ses coïntéressés, mais s'il pourra leur opposer sa diligence : car, pour sauvegarder le montant intégral de ses prétentions, il eût dû se faire donner, par le défunt, des sûretés particulières, et non pas *suivre sa foi* et par suite celle de son héritier, avec qui il était censé aussi contracter. Si d'ailleurs le créancier retardataire peut quelquefois obtenir plus que le créancier diligent, cela n'arrivera que *lorsque sa créance est supérieure à celle de ce dernier et que la somme des dettes de l'héritier est en même temps comparativement minime*. Mais si l'on ne s'attache qu'au *rapport* de ce qu'il touche à ce qui lui était dû, on s'assurera facilement que *ce rapport est toujours plus faible que celui qui caractérise les prétentions du créancier diligent* [2]; ce qui doit satisfaire suffisam-

[1] *Op. jam cit.*, p. 482 et suiv.

[2] La généralité de ces deux propositions a besoin d'une démonstration;

ment les exigences de l'équité la plus rigoureuse. Quant au nombre plus considérable d'inscriptions qu'il faudrait prendre, il n'aura le plus souvent qu'un inconvénient : celui d'occasionner des frais plus considérables; mais cette circonstance, qui se reproduit en général dans tous les autres cas de séparation,

mais comme nous ne la trouverions pas dans un exemple numérique, toujours forcément restreint à une espèce particulière, nous demanderons la permission de recourir à l'algèbre, seule langue des abstractions. A ceux de nos lecteurs qui seraient tentés de nous reprocher cette introduction des procédés mathématiques dans une science qui semblerait devoir y rester étrangère, nous rappellerons que plusieurs fois de semblables applications ont été tentées, non sans fruit. (Voy. entre autres un article de M. L. Gros, dans la *Revue de droit français et étranger*, t. I, p. 507 et 594.)

Soit donc $s$ la valeur totale de la succession, $d$ le montant des prétentions d'un créancier diligent qui a inscrit à temps son privilége, $n$ le montant des prétentions d'un créancier négligent. On aura évidemment

$$s < d + n,$$

puisqu'on suppose la succession insuffisante pour satisfaire les parties prenantes. Appelons aussi $h$ la somme totalisée des réclamations des créanciers de l'héritier; il faut supposer $h$ très-considérable pour légitimer les déductions de M. Blondeau, et en général très-supérieur à $d + n$.

Cela posé, il est évident que la quote-part revenant au créancier héréditaire diligent sera représentée par

$$\frac{ds}{d+n};$$

car on doit faire abstraction ici des créances de l'héritier, puisque la séparation a été provoquée à leur égard. Par contre, celle du créancier négligent sera

$$\frac{ns}{d+n+h}.$$

Or, disions-nous au texte, il pourra bien arriver que le créancier retardataire retire d'une manière absolue davantage que le créancier diligent, et qu'on ait :

$$\frac{ns}{d+n+h} > \frac{ds}{d+n}.$$

En effet, pour trouver à $n$ une valeur-limite capable de satisfaire à cette inégalité, nous la réduirons au même dénominateur et supprimerons les diviseurs communs, ce qui la ramènera à

$$n(d+n) > d(d+n+h).$$

Effectuant les opérations indiquées et retranchant les quantités communes aux deux membres, il vient :

$$n^2 > d^2 + dh \text{ ou } n > d\sqrt{1+\frac{h}{d}}.$$

n'avait certes pas échappé au législateur, et s'il avait dû être arrêté par cette considération, à cette multiplicité d'inscriptions que pourra amener la séparation, il aurait substitué une inscription unique et collective, comme il l'a fait en matière de faillite [1] au profit des créanciers de la masse; tandis qu'il a préféré

En développant ce radical, on obtiendra :

$$n > d\left(1 + \frac{h}{2d} - \frac{h}{8d^2} + \frac{h^2}{16d^3} \quad \ldots\ldots\right),$$

ou bien encore :

$$n > d + \frac{1}{2}.h - \frac{1}{8}.\frac{h^2}{d} + \frac{1}{16}.\frac{h^3}{d^2} - \ldots.$$

Il est clair que si $n$ est très-grand et $h$ très-petit comparativement à $d$, on peut négliger tous les termes autres que les deux premiers, et il reste

$$n > d + \frac{1}{2}h.$$

inégalité qui est d'ailleurs vérifiée *à fortiori* si l'on retranche $\frac{1}{2}h$ du second membre. Et ainsi se trouve démontrée la première des propositions de notre texte, où nous disions que le créancier retardataire pourra obtenir plus que le créancier diligent ($n > d$), en supposant que sa créance $n$ soit supérieure à $d$, celle de son compétiteur, et que la somme des dettes de l'héritier $h$ soit très-petite relativement à $d$.

— En second lieu, nous disions également au texte que le rapport de ce qui revient au créancier diligent à ce qu'il avait à prétendre, reste toujours supérieur au même rapport appliqué aux prétentions du créancier négligent. En effet, le premier rapport est :

$$\frac{\left(\frac{ds}{d+n}\right)}{d} = \frac{s}{d+n};$$

et le second :

$$\frac{\left(\frac{ns}{d+n+h}\right)}{n} = \frac{s}{d+n+h}.$$

A la simple inspection, on voit bien que l'on a toujours, comme le texte l'énonce :

$$\frac{s}{d+n} > \frac{s}{d+n+h}.$$

Mais ce que cette inégalité nous montre encore, c'est qu'elle est réalisée indépendamment des valeurs que l'on attribuera à $n$ et à $d$ : c'est-à-dire aux deux créanciers héréditaires, et que c'est la valeur de $h$ qui seule décidera la question d'inégalité; ce qui est tout naturel, puisque c'est précisément l'importance du chiffre des dettes particulières de l'héritier, qui doit diminuer le dividende de celui des deux créanciers du défunt qui s'est laissé par son incurie mettre sur la même ligne que les créanciers de l'héritier.

[1] C. de comm., art. 490.

maintenir intact le double principe de l'individualité et de la spécialité. Au surplus, il est la plupart du temps assez facile de se rendre compte de l'état présumé du passif de la succession, et les dettes considérables restent rarement ignorées, parce qu'il est de l'intérêt même du créancier de les faire valoir; dans le doute, le créancier diligent n'hésitera pas à prendre le nombre d'inscriptions qu'il jugera nécessaires, fût-ce sur tous les immeubles successoraux, qui, il faut le dire, seront en fait rarement libres d'hypothèques, lorsque le *de cujus* est mort obéré. Disons seulement en passant que cette dernière considération doit rendre en pratique la séparation d'un usage assez restreint sur les immeubles.

Il faut donc le reconnaître, avec la presque unanimité des auteurs, la séparation invoquée par quelques-uns des créanciers du défunt, sur les meubles comme sur les immeubles et respectivement d'après le mode organisé par la loi pour chacune de ces catégories de biens, ne pourra jamais nuire ni profiter aux créanciers qui n'ont pas voulu s'en prévaloir. Et comme corollaire, on peut en déduire cette autre proposition qui, à présent, n'a guère besoin de démonstration, à savoir que le délai de six mois de l'article 2111 ne peut pas être invoqué entre créanciers chirographaires et créanciers hypothécaires du défunt : en ce sens que celui d'entre eux qui n'a inscrit l'hypothèque qu'après les six mois de l'ouverture de la succession, ne sera pas primé par les créanciers chirographaires du défunt, inscrits en séparation dans ce délai. (V. n° 134.)

**132.** Ces principes, passés à l'état d'axiomes dans notre matière, doivent constamment servir à régler les droits réciproques des parties intéressées. Il en résulte notamment que si un des créanciers a pris inscription dans les six mois écoulés depuis l'ouverture de la succession, un autre après ce délai, un troisième n'ayant pas inscrit du tout, ils seront tous colloqués sur l'immeuble, de telle sorte qu'ils ne pourront avoir plus que s'ils s'étaient tous inscrits à temps, sauf ensuite aux créanciers négligents de subir le concours ou la préférence, suivant les cas, des créanciers de l'héritier. Les légataires qui n'ont pas inscrit leur hypothèque sont alors assimilés à des créanciers chirographaires vis-à-vis de l'héritier; mais, vis-à-vis du défunt, ils ne pourront jamais venir qu'après eux, lors même qu'il y en aurait parmi ces derniers qui n'eussent pris l'inscription que tardivement. Mais il faut que la séparation ait été provoquée, et alors ceux-ci pourront même être préférés aux légataires qui ont inscrit l'hypothèque de l'article 1017; en quoi il n'est pas vrai de dire que la séparation n'a pas d'effet entre créanciers du défunt; mais on est conduit forcément à ce résultat par l'application de l'adage : *nemo liberalis nisi liberatus,* qui reprend toute sa force lorsque la séparation a été mise en action (V. n° 63 *in fine*).

132 *bis.* En matière mobilière les mêmes règles ont force de loi, et la solution est encore bien moins douteuse, puisqu'il n'y a pas de délai préfix pour opposer la séparation.

133. Tels sont les développements que nous avions à donner, touchant les relations entre créanciers chirographaires. Le principe d'où nous les avons déduits est tout aussi applicable, lorsque le concours s'établit entre des créanciers chirographaires d'une part, et des créanciers du défunt qui ont une cause de préférence à invoquer contre eux, d'autre part. Ainsi les créanciers privilégiés sur les meubles l'emportent sur les créanciers chirographaires qui ont usé de la séparation, dans les mêmes cas et de la même manière qu'ils l'eussent emporté s'ils se fussent trouvés vis-à-vis des créanciers de l'héritier, dont la présence ne peut altérer ces relations.

Nous en dirons autant des priviléges et hypothèques sur les immeubles. Ainsi il est inutile de s'arrêter plus longtemps sur ce point qui ne laisse plus de doute, une fois admis le principe fondamental exposé au n° 131.

134. A l'égard des causes de préférence qui exigent une inscription pour leur validité, quelques explications sont encore nécessaires, pour écarter des difficultés qu'on a soulevées à plusieurs reprises sur le délai accordé pour s'inscrire. Un point certain, c'est que les créanciers privilégiés auxquels la loi accorde un délai de faveur pour l'inscription, ne peuvent en être déchus par cela seul que cette inscription n'aurait eu lieu qu'après le décès du débiteur, à condition, bien entendu, qu'ils soient encore dans le délai utile pour l'opérer. Ceci est incontestable, et se déduit au besoin de cet axiome admis par nous dès le principe dans cette dissertation : que la mort du débiteur ne peut changer les rapports respectifs des créanciers.

Maintenant, en sera-t-il encore ainsi lorsque le délai est écoulé, et un créancier pourra-t-il encore se prévaloir de son privilége lorsque, ayant encore le temps de l'inscrire après la mort du débiteur, il a laissé périmer le délai que la loi lui accordait à cet effet? — Cette question n'en est véritablement pas une à l'encontre des créanciers qui ont acquis une hypothèque ou toute autre cause de préférence dans l'intervalle : tout le monde sait, en effet, qu'un privilége inscrit trop tard n'est plus qu'une hypothèque, et ne prend rang qu'à sa date ; elle ne pourra donc nuire aux hypothèques que d'autres créanciers du défunt auraient inscrites plus tôt. Il y aurait à la rigueur un certain doute sur la question de savoir s'il est permis aux créanciers de s'inscrire, après la mort du débiteur, d'une manière absolue. D'abord ceux qui voudraient acquérir une hypothèque après le décès, ne le pourraient certainement plus qu'en vertu d'un contrat passé avec l'héritier ou d'un jugement obtenu contre lui, auxquels cas ils deviendraient créanciers de l'héritier et non plus du défunt[1]. Les légataires, sous ce rapport, sont les seuls qui puissent acquérir leur hypothèque après la mort du débiteur testateur, et sur sa succession. Mais quant aux hypothèques acquises du vivant du débiteur, elles doivent pouvoir être inscrites après sa mort : l'article 2149 le suppose nécessairement, et la loi, en défendant l'inscription lorsque la succession est bénéficiaire[2], laisse entendre clairement qu'elle ne s'y oppose pas dans tout autre cas. Ces principes nous semblent aussi applicables aux priviléges. Ainsi encore ici pas grande difficulté : le créancier inscrira son privilége après la mort du débiteur, comme il peut inscrire son privilége dégénéré et toute autre hypothèque ; par suite, les créanciers hypothécaires du défunt inscrits après lui en souffriront nécessairement.

Mais la difficulté commence quand il s'agit d'estimer la valeur de ce privilége dégénéré ou de cette hypothèque, par rapport au privilége de la séparation des patrimoines inscrit avant lui. Les créanciers inscrits en séparation devront-ils souffrir de l'existence d'un droit de préférence qui ne s'est révélée à eux qu'ultérieurement, et ne peuvent-ils pas invoquer l'article 2113 contre ces créanciers négligents, ou l'article 2134 contre les créanciers hypothécaires ordinaires? — Oui, ils le pourraient s'ils étaient eux-mêmes hypothécaires ou

[1] Cass., 19 février 1818 (S., 5, I, 434).
[2] C. Nap., art. 2146.

privilégiés ordinaires; mais, nous l'avons dit bien souvent, la séparation est un privilége *sui generis* qui ne s'exerce que contre les créanciers de l'héritier, et ne peut nuire à ceux des créanciers du défunt qui ne l'ont pas invoquée. Il faut donc ici écarter, au profit des créanciers du défunt, toute préférence que l'on ferait dériver d'une priorité de date entre la séparation et le privilége ou l'hypothèque invoquée par le créancier, n'importe à quelle époque ce dernier s'inscrirait : il le fera toujours utilement, sans qu'il souffre le moins du monde de l'existence de cette séparation. Son privilége sera dégénéré, cela est vrai; mais il le sera seulement à l'égard des créanciers du défunt ou de l'héritier, qui peuvent lui opposer un privilége de même nature et aussi parfait que le sien. Ce que nous disons du privilége est aussi vrai pour l'hypothèque.

### § 3. — *Des effets de la séparation entre les créanciers du défunt et ceux de l'héritier.*

135. Le but unique de la séparation étant une cause de préférence, un privilége, si l'on veut, au profit des créanciers du défunt contre les créanciers de l'héritier, sur les biens héréditaires, il s'ensuit que tant qu'il s'agit de ces biens, les créanciers de l'héritier devront toujours céder la part à leurs compétiteurs, sauf à profiter du surplus des biens que laisse disponibles le complet désintéressement de ces derniers. Ce point est constant et n'a jamais éte contesté; mais ce qui l'est moins, c'est celui de savoir si la préférence qu'exerçaient sur les biens de la succession les créanciers du défunt, se transmettra aux créanciers de l'héritier sur les biens propres de celui-ci, de manière à exclure du concours tous créanciers successoraux qui n'auraient pas accepté l'héritier pour débiteur. M. Chabot[1] est le fondateur de cette doctrine qui appelle tous les créanciers, sans distinction d'origine, au marc le franc, sur les biens de l'héritier, et à peu près la totalité des auteurs postérieurs l'ont suivi dans cette voie. Seul Marcadé[2], reprenant une opinion plus ancienne et déjà préconisée par Maleville[3], avait réfuté d'une manière victorieuse les arguments de

[1] *Op. cit.*, sur l'article 878, n° 13.
[2] *Explicat. du C. civil*, sur l'article 881, n° II.
[3] *Analyse raisonnée de la discussion du Code*, sur l'article 880.

ses devanciers. La question en était là, et semblait tranchée en faveur de l'opinion de l'éminent critique, lorsque, dans un remarquable article inséré dans la *Revue critique de législation et de jurisprudence*[1], un magistrat de la Cour suprême, M. Nicias Gaillard, reprit les arguments de Chabot en combattant pièce par pièce la réfutation de Marcadé. Ce revirement dans la doctrine nécessite un examen approfondi des raisons que l'on peut mettre en avant dans cette discussion, et nous essaierons de lui donner tout le développement qu'elle comporte.

136. Écartons d'abord un point qui ne doit faire aucune difficulté; c'est que le recours sur les biens de l'héritier n'est ouvert aux créanciers du défunt que lorsque les biens de la succession sont complétement épuisés ; car s'ils tentaient d'en user plus tôt, ils ne pourraient plus exercer aucun droit de préférence sur le restant de la succession : parce qu'ils seraient déchus du bénéfice de la séparation, pour avoir, par ce recours, accepté l'héritier pour débiteur[2]. Jusque-là tout est bien; mais voici qui s'éloigne déjà de notre doctrine.

Comme l'héritier en acceptant purement et simplement la succession, dit en substance M. Chabot, s'oblige personnellement aux dettes du défunt, et que l'article 878 ne semble en aucune façon avoir voulu proscrire cet axiome fondamental de la matière des dettes successorales, puisqu'il ne dit pas que la séparation demandée par les créanciers fasse perdre les droits acquis sur les biens personnels de l'héritier, il devient rationnel et conséquent de décider que son patrimoine reste le gage commun de tous ses créanciers personnels et de ceux que la transmission successorale et l'acceptation ont placés sur la même ligne. Donc, continue le même auteur, tous doivent venir au marc le franc, et une distinction entre eux n'est pas admissible ; si l'on a accordé ou plutôt conservé au créancier un droit de préférence, il ne s'ensuit pas qu'on ait voulu lui enlever les autres droits que l'héritier lui avait lui-même conférés sur ses biens propres ; qu'on ne saurait argumenter d'une prétendue réciprocité qui transporterait au profit des créanciers de l'héritier sur son patrimoine, le droit de préférence que la séparation engendrait : cette réciprocité *n'a pas de base;* car

[1] Tome X, p. 193 et suiv. (livraison de mars 1856).
[2] C. N., art. 879. — V., nos 73 et suiv., nos explications sur cet article.

les créanciers de l'héritier seraient malavisés de se plaindre, puisqu'ils ne sauraient avoir plus de droits que l'héritier lui-même, lequel n'en avait que sur ce qui restait déduction faite des dettes et charges.....

Il nous semble que si l'on avait réfléchi plus mûrement à tous les enseignements que l'on peut retirer des notions historiques de la matière, on ne serait peut-être pas revenu si promptement sur la manière de voir d'un des rédacteurs mêmes du Code, pour raviver à plaisir une controverse qui a divisé les jurisconsultes à une époque aujourd'hui déjà bien loin de nous. Il est superflu, croyons-nous, de reproduire ici ce débat; on le trouvera dans la première partie de ce travail (n°s 25 à 28 et 37); qu'il nous suffise de rappeler que la doctrine de Papinien, qu'on veut faire revivre, n'avait pas été reçue sans difficulté dans l'ancienne jurisprudence de notre pays, mais qu'elle l'avait emporté seulement *æquitatis causa,* contre la rigueur des principes. Pothier, que les rédacteurs du Code ont copié à peu près littéralement, le disait bien formellement, et son esprit méthodique était trop timide pour être innovateur. Nous pourrions nous arrêter là; car ce serait presque répondre d'un coup à tous les arguments de M. Chabot, que ses successeurs n'ont guère fait que reproduire [1].

Mais M. Nicias-Gaillard renie complétement l'autorité de l'ancien droit, parce que, dit-il, le Code n'a pû consacrer la réciprocité, qui conduirait, elle, à une conséquence contrariée par l'article 881; c'est-à-dire que cette réciprocité ne serait autre chose qu'une séparation des patrimoines au profit des créanciers de l'héritier contre les créanciers de la succession : ce que le Code a formellement prohibé dans cet article. Nous pourrions encore répliquer avec Pothier que, dans le système de l'ancienne jurisprudence qui est le sien, les créanciers de l'héritier étaient payés par préférence aux créanciers de la succession, et que pourtant ils n'étaient pas admis à la séparation [2]. La contradiction, si tant est qu'il y ait contradiction, n'est pas plus forte dans le Code qu'elle ne l'était dans Pothier,

[1] Toullier, IV, 548; Grenier, *Hypoth.*, n° 437; Duranton, VII, 501; Poujol, sur les articles 878 à 881, n° 9; Vazeille, *Success.*, sur l'article 878, n° 7; Dufresne, n° 110; Malpel, *Success.*, n° 219; Aubry et Rau, § 619, texte 5° c (3e édit.); Dalloz, *Jurispr. gén.*, v° *Succ.*, n° 1496, etc.

[2] *Des successions,* ch. V, art. 4.

et c'était dans cet auteur qu'il fallait aller la combattre, et non pas dans notre législation, sa servile imitatrice. Mais il nous semble que déduire cette conséquence, c'est exagérer la portée de l'article 881, qui ne proscrit pas la cause de préférence au profit des créanciers de l'héritier (cause qui, après tout, pourrait parfaitement découler de la séparation provoquée par les créanciers du défunt) mais qui tend seulement à empêcher les créanciers de l'héritier de prendre aucune initiative de ce genre. Notre argumentation reste donc toujours entière, et prouve que cette cause de préférence continue de subsister contre les créanciers de la succession.

Mais allons au fond des choses et interrogeons les principes de la matière, nous y trouverons encore plus d'un motif pour repousser la doctrine de nos adversaires. Effectivement la séparation, si elle ne détruit pas la saisine dont est investi l'héritier, forme pourtant de son patrimoine deux masses dont l'une appartient exclusivement aux créanciers de la succession, l'autre *exclusivement* (nous insistons sur le mot) aux créanciers de l'héritier; il y a donc en réalité deux débiteurs et deux classes de créanciers : il faut donc aussi, par voie de conséquence, que les créanciers de la succession soient écartés des biens de l'héritier, comme les créanciers de l'héritier sont écartés des biens de la succession; et l'on ne peut pas soutenir que, s'il y a deux débiteurs distincts, la succession et l'héritier, les créanciers de ce dernier n'auraient aucun recours sur les biens du défunt, mais qu'au contraire la réciproque aurait lieu sur le fondement que l'acceptation de l'héritier a confondu le tout et n'a maintenu qu'un débiteur unique. C'est là une singulière position qu'on ferait à ce créancier : le oui et le non, quelque chose d'impossible, d'intolérable en tous cas! et il répondrait avec raison : « Je ne puis qu'accepter la situation telle que la feront les créanciers du défunt, mais je la demande franche, complète et définitive... Vous, créanciers héréditaires, vous voulez la séparation : je ne puis m'y opposer; mais au moins qu'il y ait séparation... Contentez-vous des biens de votre débiteur défunt, comme je suis obligé de me contenter des biens de mon débiteur, son héritier. Ou bien, préférez-vous la confusion? L'article 881 m'empêche d'user de la séparation; mais alors nous partagerons tous ensemble au marc le franc... Choisissez! vous êtes maîtres de la situation; mais ne prétendez pas qu'il y ait simultanément séparation et confusion : séparation contre moi, confusion pour vous; deux patrimoines à mon égard et un seul au vôtre; deux débiteurs quant à moi, un seul quant à vous... »

Mais, nous réplique M. Nicias-Gaillard, vous avez tort de voir deux débiteurs là où il n'y en a qu'un, deux patrimoines là où il n'y a plus que les biens de l'héritier ; « il y a bien deux « ordres de créanciers ou deux qualités de créance; il y a, si « l'on veut, deux sortes de biens, mais il n'y a qu'un débiteur : « c'est le même qui doit à tout le monde, aussi bien aux créan- « ciers qui ont eu d'abord le défunt pour obligé, qu'à ceux qui « n'ont jamais eu d'autre débiteur que l'héritier... » Pour le savant magistrat, tout cela n'est que le résultat d'une fiction légale, et c'est cette dualité perpétuelle qui est la source de nos erreurs; que cette fiction est évidemment fausse par la raison qu'il n'y a jamais qu'un débiteur et tout au plus deux classes de créanciers; qu'enfin on n'arrive après tout qu'à une inconséquence, puisque les créanciers héréditaires n'auraient jamais de recours sur les biens de l'héritier si ce dernier ne restait pas leur débiteur malgré la séparation.

Ce ne sont que des fictions légales? D'accord ; mais si elles sont inutiles, si l'on ne peut ou n'ose en tirer aucune induction, à quoi bon les citer? à quoi bon même les admettre? On n'imagine des fictions, et le législateur tout le premier, que pour expliquer certaines conséquences légales injustifiables d'après les principes ordinaires et la position apparente des choses ; il en est ainsi pour toutes celles que nous trouvons dans nos Codes : celle de la représentation, celle de l'effet déclaratif de propriété du partage, celle de la personnalité de la communauté, etc.; si on les reconnaît, il faut bien aussi en subir les effets. M. Nicias-Gaillard, il est vrai, soutient que la fiction, dans notre matière, est fausse et inexacte, parce qu'il ne voit qu'un héritier débiteur unique de deux catégories de créanciers. Mais nous demanderons alors pourquoi l'on fait déchoir du bénéfice de la séparation le créancier qui a accepté l'héritier pour débiteur. Que devait-il faire? pouvait-il s'adresser à un autre qu'au seul représentant du double patrimoine? Et si l'héritier est débiteur des deux classes de créanciers, est-il rationnel de défendre à l'un ou à l'autre de faire un acte qui ne tendrait qu'à confirmer cette qualité et à resserrer ce lien que l'héritier a formé déjà par son acceptation? Il y a là une difficulté à laquelle notre adversaire n'a peut-être pas songé; et cette difficulté n'est pas imaginaire, car elle n'admet aucun moyen terme : ou il y a deux débiteurs, et toutes les règles que nous donnons doivent être acceptées, ou il n'y en a qu'un, et il faut biffer alors l'article 879 qui ne ferait plus que consacrer la plus criante injustice...! (N° 76.)

Telle est la position de la question : elle décèle dans le système opposé une inconséquence certes bien plus flagrante que celle que l'on veut trouver, bien gratuitement, selon nous, dans le nôtre, d'après lequel l'héritier ne serait pas débiteur des créanciers de la succession, et pourtant ces derniers seraient appelés à se venger sur les biens propres du premier. La séparation, avons-nous déjà dit, suspend les effets de la saisine, mais elle ne les détruit pas : elle les suspend, en ce que les créanciers de l'une ou l'autre des deux classes ne peuvent pas indifféremment se faire payer sur les biens des deux patrimoines à la fois; elle ne les détruit pas, en ce que l'héritier demeure débiteur obligé des créanciers qui ont recouru à la séparation, puisque cette séparation n'est pas dirigée contre lui, mais contre ses créanciers propres. Tant qu'il reste quelqu'un de cette dernière catégorie, les biens particuliers de l'héritier lui seront *exclusivement* réservés; mais si toutes les créances de cette nature sont soldées, les créanciers successoraux non complétement désintéressés se trouvent désormais seuls en présence de l'héritier; et c'est alors qu'il faut faire ressusciter le principe et les effets de la saisine, et qu'on peut dire que l'héritier reste tenu envers eux de les remplir de leurs prétentions non satisfaites par l'affectation des biens de la succession.

137. Voilà tout ce que nous avions à dire touchant les rapports entre créanciers attaquant tous ensemble les biens de l'héritier; il ne nous reste plus qu'à étudier ceux qui dérivent des droits à exercer sur le patrimoine de la succession. Nous aurons encore ici des solutions un peu différentes à proposer, selon qu'il s'agira des meubles ou des immeubles. En effet, comme la loi n'a assujetti à aucune formalité l'exercice de la séparation sur les meubles, il n'y a point de distinctions de priorité à introduire eu égard au temps où elle est réclamée : c'est la qualité seule de la créance qui doit guider dans la classification entre les parties prenantes. Il en est tout diffé-

remment des immeubles, et l'inscription de l'article 2111 différencie la position respective des créanciers qui l'ont prise avant ou après le délai fixé ; de là aussi une complication de rapports entre ces deux espèces de créanciers et ceux de l'héritier qui ont acquis eux-mêmes des droits réels sur les biens de la succession, rapports pour le règlement desquels on a proposé des solutions aussi variées qu'inconséquentes.

Pour mettre de l'ordre dans cet exposé, nous examinerons successivement les rapports des créanciers chirographaires du défunt avec ceux de l'héritier qui peuvent être privilégiés ou gagistes quant aux meubles, privilégiés, hypothécaires ou antichrésistes quant aux immeubles.

138. Occupons-nous d'abord des droits de préférence qui portent sur les valeurs mobilières. En général, ici la date d'origine de la créance est complétement indifférente, et les créanciers de l'héritier n'oseront jamais prétendre l'emporter sur les créanciers du défunt, par cela seul que la créance aurait une date certaine antérieure à celle à laquelle remonte la séparation ; attendu qu'il n'existe pas de délai fatal pour cette dernière (nous ne parlons pas du délai de trois ans qui est une véritable prescription) : décider le contraire serait enlever à ce droit tout caractère privilégié. C'est donc la qualité seule de la créance que nous prendrons en considération. Ainsi :

1° *Les frais de justice*, c'est-à-dire les frais de scellés, d'inventaire, de soin et de garde des effets de la succession, doivent être préférés aux créances héréditaires, parce qu'ils ont contribué à la conservation de l'actif ; nous en dirons autant des frais de semences, récoltes, de voiture, de réparation de meubles, etc., chacun d'eux respectivement sur la chose qu'ils ont contribué à conserver ou à améliorer [1] ; et enfin des priviléges conférés à ceux qui ont prêté les sommes nécessaires pour faire ces dépenses [2].

2° *Les frais funéraires, de dernière maladie, les fournitures de subsistance, salaires de gens de service* de l'héritier ne sauraient par contre se prélever sur les valeurs de la succession que l'on a fait séparer : elles n'ont pas profité aux créanciers, et d'ailleurs reçoivent de la loi un privilége sur les biens propres de l'héritier, ce qui doit suffire.

[1] C. N., art. 2102.
[2] Argt., art. 593 C. proc.

3° Pour *les sommes dues à l'État à titre d'impositions directes ou indirectes*, des explications deviennent nécessaires.

Suivant la loi 1, § 4, D., *De separ.*, la séparation pouvait être demandée même contre le fisc. Cette décision, reconnue et consacrée par l'ancienne jurisprudence elle-même [1], doit encore en principe être en vigueur chez nous, en ce qui concerne les *droits de mutation*; car ces droits sont dus par l'héritier et non par le défunt. Ainsi l'enseignent MM. Championnière et Rigaut [2], contrairement à M. Dufresne [3].

Il est vrai que l'article 32 de la loi du 22 frimaire an VII semble donner un privilége sur les revenus des biens de la succession « *en quelques mains qu'ils se trouvent*, pour le paiement des droits dont il faudrait poursuivre le recouvrement », et qu'une décision ministérielle du 23 nivôse an XII avait formellement admis que la régie jouissait à cet égard d'un privilége dispensé d'inscription. Mais la jurisprudence de cette époque, loin de sanctionner cette manière de voir, était unanime pour décider qu'il ne pouvait en tous cas nuire aux tiers acquéreurs [4]. Toutefois, il faut le dire, les Tribunaux n'ont pas persévéré dans cette voie, et des arrêts plus récents tendirent dès lors à reconnaître au Trésor un privilége, non-seulement sur les revenus, mais sur la totalité des valeurs mobilières et immobilières de la succession [5], sauf à faire passer d'abord les créanciers hypothécaires antérieurs au décès [6].

La question en était là, lorsqu'en 1848 le gouvernement présenta à l'Assemblée constituante un projet d'impôt progressif sur les successions, projet qui conférait en même temps, à la régie de l'enregistrement, un privilége sur les meubles et une hypothèque légale sur les immeubles de la succession; et l'administration des finances, en formulant ses observations à l'appui de ce projet, était alors forcée de reconnaître que jusque-là la législation n'avait point donné au Trésor de moyens suffisants pour s'assurer de ses droits sur les valeurs successorales. On sait

[1] V. Domat, *op. cit.*, 3e liv., t. II, sect. 1, n° 16.

[2] *Traité des droits d'enregistr.*, n° 3887.

[3] *Op. cit.*, n° 40.

[4] Avis du Cons. d'Ét., du 21 septembre 1810. — Cass., 15 avril 1807 (Sir., 2, I, 373); Cass., 21 juin 1815 (S., 5, I, 144).

[5] Cass., 3 décembre 1839 (S., 1840, I, 28).

[6] Cass., 6 mai 1816 (S., 5, I, 186).

que ce projet de loi n'eut aucune suite. Mais la jurisprudence continua d'offrir le spectacle de grandes divergences [1], tout en tendant en général à favoriser le fisc de plus en plus et à dépasser même quelquefois ce qu'on avait jusqu'alors proposé de plus rigoureux dans cette matière [2]. Enfin en 1857, sur cinq pourvois dirigés contre divers arrêts de Cours impériales, la Cour suprême fut appelée à trancher de nouveau cette grave question; et par des arrêts longuement motivés et rendus sur un remarquable rapport de M. le conseiller Laborie, qui en a fait un véritable traité sur la matière, la Cour repoussa formellement les prétentions de la régie [3].

On peut donc tenir aujourd'hui pour certain qu'il n'existe aucun privilége pour garantir au Trésor le paiement des droits de mutation. Les créanciers du défunt, en invoquant la séparation des patrimoines, pourront donc se faire payer par préférence à la régie : ce qui est de toute justice, car le droit de séparation n'aura ici d'utilité réelle qu'autant que les dettes héréditaires excéderaient ou à peu près les forces de la succession, et, dans ce cas, un impôt est déjà une anomalie assez criante pour ne pas le garantir encore par un privilége qui ferait retomber les droits de mutation sur les créanciers qui n'héritent point.

Mais notre décision doit être toute différente lorsqu'il s'agit des contributions directes, mobilières, personnelles et patentes, lesquelles retombent naturellement sur la succession, quoique dues par l'héritier. Il est vrai qu'elles se prélèveraient d'abord sur ses biens propres; mais, à défaut, elles retomberont toujours sur les biens du défunt et seront acquittées par préférence à toutes autres charges. Cela n'est certes pas conforme à

[1] Bordeaux, 15 février 1849 (S., 1849, II, 536); Amiens, 11 juin 1853 (S., 1853, II, 537) et 18 novembre 1584 (S., 1855, II, 47); Cass., 17 décembre 1855 (S., 1856, II, 10).

[2] C'est ce qu'ont fait notamment deux arrêts de la Cour de Paris, en date, tous deux, du 13 mars 1855 (S., 1855, II, 161), qui considèrent le fisc comme portionnaire des biens du défunt et comme exerçant un véritable prélèvement sur la succession, lorsqu'il agit en recouvrement des droits de mutation par décès. Ces arrêts soulevèrent de vives critiques dans la doctrine (M. Paillard de Villeneuve, dans la *Gazette des Tribunaux* du 24 mars 1855, et M. Gabriel Demante, dans le *Droit* du 4 avril suivant) et encoururent la censure de la Cour suprême (V. les arrêts cités à la note suivante).

[3] Cass., 23 juin 1857 (S., 1857, I, 401) et 24 juin 1857 (S., 1857, I, 437).

l'équité; mais on aurait tort d'en chercher dans cette matière. Il y a effectivement un principe qui domine ici dans toutes les questions d'impôts de répartition : c'est que l'État ne doit pas souffrir de la négligence des contribuables dans la rentrée des revenus périodiques par lesquels il doit pouvoir compter exactement; c'était cette idée que M. Jaubert, dans l'exposé des motifs présenté au Corps législatif sur la loi du 12 novembre 1808, exprimait de la manière suivante : « Les contributions « directes sont destinées aux dépenses fixes; elles deviennent dès lors une dette sacrée : *rien ne doit en arrêter le recou-« vrement; les tiers ne peuvent s'en plaindre*. Personne n'ignore « que les contributions doivent être payées; c'est aussi un « axiome vulgaire que la contribution passe avant tout... » — Quant aux contributions foncières, elles ne se recouvrent que sur les récoltes, fruits, loyers et revenus des biens immeubles, sujets à contribution; et, comme il n'y a aucun privilége pour le Trésor sur les immeubles, il ne peut exercer ses droits que concurremment avec les autres créanciers [1]. C'est dire que le Trésor sera obligé de supporter la préférence des créanciers qui usent de la séparation des patrimoines, lors même que l'inscription par eux prise à cet effet sur ces immeubles fût postérieure aux six mois prescrits; car elle leur conférerait toujours au moins un droit hypothécaire [2].

4° *Le créancier gagiste* n'est pas préféré au créancier de la succession. Nous avons déjà vu en effet (ch. III, n° 87) qu'on ne saurait inférer *a fortiori* du droit qu'a l'héritier d'aliéner les biens de la succession, celui de les engager; cet argument doit être écarté, parce qu'il s'agit ici d'une constitution de droit de préférence résultant du gage, comme on l'écarte aussi, avec le texte de l'article 2111, quand il s'agit d'une constitution d'hypothèque (n° 88-2°). Le nantissement ne fait pas sortir de la succession la chose qui n'est tombée en la possession du créancier que grevée du privilége de la séparation [3]; ce privilége, procédant en quelque sorte du défunt lui-même, doit l'emporter sur celui qui n'était émané que d'un propriétaire ultérieur, de l'héritier enfin. Telle était la doctrine d'Ulpien

[1] Ord. en Cons. d'Ét., 19 mars 1820 (S., 6, II, 233).
[2] V. aussi la loi du 12 avril 1808, art. 1-1°.
[3] C. N., art. 2093.

dans la loi 1, §3, D. *h. t.*, et de Domat[1]. M. Dufresne se trompe donc, quand[2] il fait dériver le droit qu'ont les créanciers de faire séparer les meubles de la succession apportés par l'héritier dans une maison qu'il prend à bail — préférablement au droit du propriétaire de cette maison — d'une prétendue qualité de vendeur dont serait investi l'héritier, qualité qui conférerait ainsi aux créanciers de la succession l'action en revendication de l'article 2102-1°; notre auteur oublie sans doute ici le deuxième alinéa de l'article 880; et la décision qu'il contient n'éxistât-elle pas, qu'il serait encore bien superflu, pour expliquer tout ceci, d'aller recourir à des fictions aussi éloignées de l'évidente réalité des faits : les principes que nous avons développés plus haut en donnent raison immédiatement et sans plus de détours.

139. Nous arrivons aux créances sur les immeubles. Pour les priviléges portant sur la généralité des immeubles, nous savons qu'il passent avant les priviléges spéciaux[3]. Ainsi toutes les fois que de semblables créanciers privilégiés primeront les créanciers du défunt sur les meubles, ils les primeront aussi sur les immeubles (sauf ce qui a été dit des contributions), mais ce ne sera qu'à la condition d'avoir fait discuter au préalable le mobilier; et s'ils ont négligé de se faire colloquer sur le prix en provenant, ils seront déchus du droit de préférence vis-à-vis des chirographaires. Que si les immeubles sont vendus avant les meubles, ils devront avoir soin de se faire colloquer provisoirement sur le prix, à charge de discuter le mobilier dans un bref délai, et sauf à souffrir plus tard la réduction de leur collocation, jusqu'à concurrence de la quotité dont ils n'auraient point été payés sur le prix des meubles.

140. Tout ceci ne souffre aucune difficulté, mais il s'en rencontre à propos des priviléges spéciaux : ce qui nous obligera à des explications plus étendues.

1° ***Le privilége du vendeur*** ne peut d'abord jamais se trouver en conflit avec celui des créanciers du défunt, en tant que ce vendeur serait créancier de l'héritier, attendu qu'il n'a aucune action sur les biens du défunt, mais seulement sur le bien ven-

[1] *Op. cit.*, sect. 1, n° 6.
[2] *Op. cit.*, n° 45.
[3] C. N., art. 2105.

du à l'héritier, lequel bien n'a pu entrer que dans le patrimoine de ce dernier, jamais dans celui de la succession. Donc, pas de question pour ce premier privilége.

2° Il n'en est plus ainsi pour *le privilége du copartageant.* La séparation des patrimoines, avons-nous vu (n° 128), n'empêche point la division des dettes; et celle-ci peut devenir fort préjudiciable aux créanciers du défunt, comme nous avons encore essayé de le démontrer. Mais voici un cas où elle ne leur nuira pas. Il peut se faire que dans le partage, l'un ou l'autre des immeubles de la succession tombé dans le patrimoine d'un des héritiers excède sa part héréditaire : il y aura donc à payer une soulte, pour laquelle l'autre copartageant jouira du privilége conféré par l'article 2103 (nous ne citons ici qu'une des applications du privilége). Eh bien ! le créancier de la succession sera-t-il préféré sur l'immeuble frappé de l'inscription en séparation au cohéritier créancier de la soulte? La solution dépend de certaines distinctions; mais en tous cas, on sent bien en quoi le droit de priorité accordé ici au créancier du défunt le garantira jusqu'à un certain point des effets désastreux d'un partage frauduleux, par exemple, qui ferait tomber dans le lot d'un cohéritier beaucoup plus d'immeubles que dans celui d'un autre. La solution demande des distinctions, disons nous; car la loi a d'abord imposé comme condition du privilége qu'il fût inscrit dans les soixante jours de l'acte de partage[1]; il devient donc nécessaire de combiner ici les deux délais de faveur — accordés, le premier, par l'article 2109, au copartageant, le second, par l'article 2111, aux créanciers de la succession — pour en déduire les décisions les plus conformes, selon nous, aux règles fondamentales de la matière.

En principe, dans le conflit entre ces deux délais, celui de l'article 2111 nous semble devoir l'emporter, parce que la créance qu'il protége procède d'une cause antérieure en date à celle qu'engendre le partage même; cependant, comme l'article 2113 ne saurait rester étranger aux considérations qui doivent présider à l'ordre entre créanciers, la priorité ne demeure pas absolument réservée au privilége de la séparation.

[1] La loi du 23 mars 1855 n'a pas abrogé cette disposition de l'article 2109 : car le délai de quarante-cinq jours dont parle l'al. 2 de son article 6, est relatif à la conservation du droit de suite, comme il est facile de s'en assurer d'après le contexte même de cette disposition.

D'abord il est clair, en conséquence de ce que nous avons dit, que, si le créancier de la succession a inscrit son privilége dans les six mois, il primera d'une manière absolue le copartageant, de quelque façon qu'il ait observé l'article 2109. Mais si le créancier n'a inscrit qu'après les six mois, il devient nécessaire de se demander quand le copartageant lui-même a pris son inscription; car s'il l'a fait dans les soixante jours du partage, il primera le créancier de la succession, même inscrit avant lui, puisque lui est en règle et que son compétiteur ne l'est plus et ne jouit plus que d'un droit hypothécaire; si le copartageant ne s'est inscrit qu'après les soixante jours, il ne primera plus ce même créancier que si celui-ci s'était inscrit après lui; tous deux sont en effet devenus simples hypothécaires; c'est l'application pure et simple de la règle : *prior tempore, potior jure.*

3° *Les architectes et ouvriers* ont un droit de préférence absolue sur la plus-value dont ils ont enrichi le patrimoine du défunt, par les travaux qu'ils ont entrepris sur l'invitation de l'héritier. Pour cela ils n'ont que deux inscriptions à prendre : aux termes de l'article 2110, le procès-verbal constatant l'état des lieux avant les travaux doit être inscrit avant le commencement de ces travaux, et le procès-verbal de leur réception doit aussi être inscrit, sans que la loi ait fixé un délai pour ce dernier. Conséquemment et en appliquant encore les principes précédents, il faut dire que, pourvu que la première inscription ait été effectuée dans le délai prescrit, les architectes et ouvriers primeront constamment les créanciers de la succession même inscrits avant eux, mais seulement sur la plus-value, bien entendu; au contraire, en inscrivant leur procès-verbal trop tard, ils devront souffrir la préférence des créanciers du défunt qui se sont mis en règle, lors même que la date de l'inscription en séparation fût postérieure à celle du procès-verbal, si d'ailleurs elle est opérée dans les six mois : car les architectes et ouvriers n'ont plus qu'un privilége dégénéré; enfin si tous ont laisser passé les délais requis respectivement par la loi, ce sera la date des inscriptions qui fixera entre eux la priorité.

141. Arrivons aux *hypothèques.* Ici encore, mêmes principes. Les créanciers hypothécaires de l'héritier inscrits pendant le délai de six mois ne peuvent prétendre à aucune préfé-

rence sur les créanciers chirographaires du défunt même inscrits après eux, quoique dans le même délai. Il en serait encore de même pour eux à l'égard des légataires qui ont usé de la séparation et qu'on ne peut repousser par le brocard : *nemo liberalis nisi liberatus*; mais non plus à l'égard des légataires qui, s'étant tenus à leur hypothèque légale, l'auraient inscrite après celle des créanciers de l'héritier. Enfin, ces derniers pourraient encore l'emporter sur les créanciers du défunt qui n'auraient inscrit leur séparation qu'après les six mois, pourvu qu'ils leur fussent antérieurs en date.

142. Quelques mots aussi sur les *créanciers antichrésistes*. Il existait à leur égard, dans la jurisprudence des premiers temps du Code, une tendance assez marquée à ne pas reconnaître la réalité du droit d'antichrèse, de sorte qu'il ne pouvait être opposé aux autres créanciers même postérieurs en date. Mais en 1851, un arrêt de la Cour de cassation est venu donner raison aux créanciers antichrésistes, en leur reconnaissant, avec la majorité des auteurs, un droit réel opposable à toute autre personne; de telle sorte qu'ils pourraient venir, en cas d'expropriation par exemple, se faire colloquer sur le prix, par préférence aux créanciers hypothécaires dont l'inscription était postérieure à la date de leur constitution d'antichrèse [1]. Nous n'avons pas à discuter ici cette question qui est d'ailleurs à peu près tranchée aujourd'hui, que la loi de 1855 a exigé la transcription du droit d'antichrèse [2]; preuve évidente qu'il est opposable aux tiers.

Cette transcription nous servira également ici de point de départ pour décider quels créanciers devront ou non souffrir de la présence de l'antichrésiste. Ce dernier ne pourra en aucun cas, pas plus que le créancier hypothécaire, opposer son droit aux créanciers du défunt inscrits dans les six mois; mais il le pourra à tous les créanciers hypothécaires ou à privilége dégénéré, dont l'inscription est postérieure en date à celle de la transcription du droit d'antichrèse. Tout cela, comme on le voit, se résout par les mêmes principes.

[1] Cass., 31 mars 1851 (S., 1851, I, 305). — Les arrêts suivants, qui décident que l'antichrèse est un acte de disposition et d'aliénation, semblent partir du même principe : Cass., 22 novembre 1841 (S., 1842, I, 48); Pau, 9 août 1837 (S., 1838, II, 350); Paris, 10 mars 1854 (S., 1854, II, 598).

[2] L. du 23 mars 1855, art. 2-1°.

**143.** Il ne nous reste plus qu'à examiner comment il faudra procéder pour la liquidation du passif, avec le prix d'un immeuble frappé de diverses inscriptions hypothécaires et privilégiées, tant au profit des créanciers du défunt que de ceux de l'héritier.

On commence par désintéresser les créanciers privilégiés ou hypothécaires du défunt, d'une manière complète; à condition, bien entendu, qu'ils se soient mis en règle quant à leurs inscriptions. On détermine ensuite le montant du passif total dû aux créanciers chirographaires de la succession, en faisant abstraction de la séparation que quelques-uns d'entre eux auraient pu mettre en action; par là se trouve connu le dividende afférent à chacun d'eux dans la somme laissée disponible par les privilégiés. Puis on paie sur le restant et par préférence, les légataires qui ont inscrit l'hypothèque légale de l'article 1017, et l'on détermine également sur le second reste le dividende revenant à chacun des autres légataires non inscrits.

Cela fait, on choisit parmi les créanciers du défunt ceux qui ont inscrit leur privilége de séparation, et on leur attribue immédiatement après les privilégiés le dividende précédemment déterminé: c'est-à-dire la somme qu'ils auraient prise dans la masse, si tous les créanciers du défunt s'étaient mis en règle. On opère de la même façon avec les légataires qui ont inscrit la séparation dans les six mois, et qui sont payés après les créanciers inscrits. Puis on colloque les hypothécaires de l'héritier, et les légataires qui ont inscrit leur hypothèque, les créanciers du défunt et les légataires qui ont inscrit leur privilége seulement après les six mois, chacun suivant la date d'inscription. Sans doute il pourra arriver de cette manière que le créancier du défunt qui s'est inscrit après les six mois n'obtienne rien, tandis que le légataire reçoit une partie de son legs; mais le premier ne pourra se plaindre: car le légataire ne touchera jamais que ce qu'il aurait eu si le créancier avait été diligent, et il le touchera par préférence à ce créancier qui a été négligent.

Sur le surplus laissé disponible, on colloque les créanciers du défunt et les légataires qui n'ont pas profité de la séparation, au marc le franc avec les créanciers chirographaires de l'héritier.

**144.** Mais voici une objection qu'on peut soulever. Un créancier hypothécaire du défunt ne s'est pas inscrit en séparation, mais il a inscrit son hypothèque déjà avant le décès : il est toujours préféré à ses cocréanciers chirographaires, même lorsqu'ils ont usé de la séparation (n° 131) ; mais il sera primé par un créancier hypothécaire de l'héritier qui a une hypothèque générale sur les biens présents et à venir de son débiteur, hypothèque dont la date se placerait antérieurement à celle de l'inscription prise par le créancier du défunt. Ou même, si vous voulez, pour plus de simplicité, le créancier du défunt a inscrit son hypothèque après le décès de son débiteur et postérieurement à celle d'un créancier de l'héritier ; enfin d'une manière ou d'une autre un créancier du défunt est primé par un créancier de l'héritier... Mais vous allez être bien embarrassé, nous dira-t-on, pour faire l'ordre entre eux : car le créancier du défunt, qui est hypothécaire, va primer les créanciers chirographaires de la succession ; le colloquerez-vous le premier ? C'est impossible : car il est primé par un créancier hypothécaire de l'héritier... Le colloquerez-vous le second et celui-ci avant lui ? C'est encore impraticable : car alors les créanciers chirographaires du défunt, que nous supposons avoir usé de la séparation, seraient primés par les hypothécaires de l'héritier, contre qui la séparation était seule dirigée et contre qui elle était aussi le seul remède nécessaire et efficace... Vous voyez bien qu'il y a là une impasse, un cercle vicieux où vous égare infailliblement votre théorie ; comment prétendez-vous en sortir ?

De la manière la plus simple, répondrons-nous ; car ce qui embarrasse ici, c'est le faux point de vue où l'on s'est placé : on a voulu invoquer la maxime *si vinco vincentem te...* et l'on est arrivé à des impossibilités pratiques. Il faut, nous l'avons déjà dit, écarter cette maxime et dire : Le créancier chirographaire du défunt l'emporte sur le créancier hypothécaire de l'héritier : donnez-lui, en conséquence, ce qu'il aurait eu, déduction faite de la part du créancier hypothécaire de la succession. Cette part ne reviendra pas à ce dernier, ou elle ne lui reviendra qu'en tant qu'elle serait supérieure (et jusqu'à concurrence de cet excédant) à ce qui est nécessaire pour désintéresser au préalable le créancier hypothécaire de l'héritier. Le créancier inscrit en séparation, s'il n'est pas désintéressé complètement, ne pourra pas non plus venir invoquer son droit de préférence contre le créancier hypothécaire de l'héritier : car celui-ci lui répliquerait aussitôt : « Je réclame la part du créancier hypothécaire du défunt, sur lequel je dois avoir la préférence, et venant en profiter, je ne fais qu'exercer les droits d'une personne qui devait me céder les siens... »

C'est ici un cas tout particulier, où la séparation, faute d'avoir été invoquée par le créancier hypothécaire du défunt, et exercée seulement par un chirographaire, ne nuira pas au créancier hypothécaire de l'héritier. Cette conséquence pourra au besoin justifier ce que nous disions déjà au début de notre seconde partie, n° 47.

145. Mais quittant ces hypothèses toutes spéciales, nous terminerons toutes nos explications par un exemple numérique, qui résumera à peu près toutes les positions principales que nous avons examinées dans les rapports des créanciers du défunt et de l'héritier.

Nous supposerons un immeuble vendu à la requête des créanciers, et adjugé pour la somme de 24 000 francs ; il s'agit de régler l'ordre sur le prix ; les ayants-droit sont :

1° Trois créanciers chirographaires du défunt, dont le premier a inscrit son droit de séparation dans les six mois, le second plus tard, et le troisième ne s'est pas inscrit du tout; pour plus de simplicité nous supposerons chacune de leurs créances égale à 6 000 francs ;

2° Quatre légataires dont il revient 1 800 francs à chacun; l'un a inscrit la séparation à temps, l'autre après les six mois; un troisième n'a pris aucune inscription; le quatrième enfin s'est contenté d'inscrire l'hypothèque légale. Ajoutons, pour fixer les idées, que l'inscription du second est antérieure à celle du créancier retardataire, et que celle du quatrième est postérieure à celle d'un des créanciers hypothécaires de l'héritier ;

3° Deux cohéritiers inscrits pour une soulte de partage, chacun pour 1 500 francs ; l'un a opéré cette inscription dans les soixante jours de l'acte de partage, l'autre plus tard et après celle du légataire hypothécaire; mais tous deux dans le délai de six mois à partir de l'ouverture de la succession ;

4° Deux autres créanciers de l'héritier à l'égard duquel la séparation a été provoquée ; l'un d'eux est hypothécaire et a inscrit dans les six mois, l'autre est simple chirographaire ; tous deux réclament 3 000 francs.

Avant de faire l'ordre, il faut procéder à la détermination des dividendes respectifs des créanciers et légataires du défunt. Le passif réclamé par les créanciers montant à 18 000 francs, ils seraient tous intégralement payés, s'ils avaient eu recours à la séparation et il ne resterait que 6 000 francs aux légataires, dont il faudra encore défalquer au préalable les 1 800 francs du légataire hypothécaire. Restera encore 4 200 francs à partager entre trois légataires, chacun de 1 800 francs, s'ils avaient inscrit la séparation ; ils ne seraient donc en aucun cas intégralement payés, et ne toucheront chacun que 1 400 francs, c'est-à-dire les $\frac{7}{9}$ de leur legs.

Arrivons à présent à l'ordre ; nous ferons venir successivement, sur le prix de cet immeuble montant à. . . . 24 000 f.

1° Le créancier du défunt en règle, pour l'intégralité de sa créance, savoir. . . . . . . . . . . . . . . . 6 000

Reste. . . 18 000

2° Le premier légataire qui a inscrit la séparation, pour les $\frac{7}{9}$ de son legs ou. . . . . . . . . . . . 1 400

Reste. . . 16 600

3° Le premier copartageant, créancier privilégié inscrit dans les soixante jours, pour le tout, c'est-à-dire. . . . . . . . . . . . . . . . . . . . . . . . . 1 500

Reste. . . 15 100

4° Le premier créancier hypothécaire de l'héritier qui a inscrit son hypothèque dans les six mois, pour sa créance entière. . . . . . . . . . . . . . . . . . . . 3 000

Reste. . . 12 100

5° Le deuxième légataire qui a inscrit son hypothèque pour l'intégralité de son legs, savoir. . . . . 1 800

Reste. . . 10 300

6° Le second copartageant, inscrit seulement dans les six mois, aussi pour la totalité de ses prétentions montant à. . . . . . . . . . . . . . . . . 1 500

Reste. . . 8 800

7° Le troisième légataire retardataire, mais inscrit le premier de tous après les six mois, pour les $\frac{7}{9}$ de son legs, ou. . . . . . . . . . . . . . . . . . . . . . 1 400

Reste à reporter. . . 7 400

| | |
|---|---|
| Reste reporté. . . | 7 400 f. |
| Et 8° le second créancier du défunt, inscrit le dernier, pour le tout. . . . . . . . . . . . . . . . . . | 6 000 |
| Reste. . . | 1 400 |

Cette somme est maintenant à partager au marc le franc entre

| | | | |
|---|---|---|---|
| 1° Un créancier du défunt p^r | 6 000 f., ce qui lui fait | 807 f. 69 | |
| 2° Un créancier de l'héritier p^r | 3 000. . . . . . . . . | 403. 85 | |
| Et 3° un légataire pour. . . . | 1 400. . . . . . . . . | 188. 46 | |
| En tout. . . | 10 400 réduits à. . . | 1 400. 00 | ci 1 400 |
| | | Reste. . . | 0 000 |

Car le dividende de chaque créance était les $\frac{14}{104}$ de la somme primitivement due : rapport qui se réduit à $\frac{7}{52}$.

# APPENDICE.

---

## DROIT COMPARÉ.

146. Nous ne pouvons avoir la prétention de présenter un ensemble bien complet de la législation des principaux États étrangers, en ce qui concerne la séparation des patrimoines ; en effet, c'est une institution qui ne paraît guère avoir occupé plus leurs législateurs que les nôtres ; et là où elle se trouve la plus développée, c'est dans les Codes qui ont été faits à l'image du Code Napoléon. D'un autre côté l'étude comparative de ces divers Droits n'offre guère d'intérêt, en raison du peu de place que notre sujet est destiné à occuper dans la pratique judiciaire. Toutefois il nous a paru convenable, pour compléter notre travail, de donner quelques indications sur l'esprit dans lequel sont conçues les lois étrangères dont nous avons pu avoir connaissance, et sur les principales différences qu'elles présentent à cet égard avec les règles de notre droit.

147. Tous les Codes étrangers rédigés à l'instar des nôtres, contiennent des dispositions sur la séparation des patrimoines ; et, ce qu'il y a de remarquable, c'est que dans la plupart d'entre eux et à plus forte raison dans beaucoup d'autres qui n'ont pas suivi ce guide, on envisage ce droit comme hypothécaire ou privilégié. Nous n'en excepterons que le Code du canton de Vaud (de 1819) qui ne contient aucune disposition à cet

12

égard[1]; celui de la Louisiane (de 1825) et de la Hollande (de 1838) où se trouvent seulement les deux articles respectifs 3242 et 1154 identiques à notre article 2111; que celui des Deux-Siciles, et celui d'Haïti dont la concordance est parfaite entre tous les articles du titre *Des successions* et *Des priviléges et hypothèques* et ceux de notre Code; enfin, que le Code autrichien qui ne contient pas de titre spécial sur les hypothèques, et dont le système hypothécaire en général ne paraît pas bien codifié.

Tous les autres Codes que nous avons eus entre les mains, ont choisi le système hypothécaire pour y insérer le plus de détails sur la séparation : ce qui témoigne en tous cas d'une tendance toute opposée à celle de nos législateurs, quand bien même les termes employés ne seraient guère plus explicites que ceux du Code Napoléon.

148. Quelques législations ont été très-prolixes sur la question : ainsi dans le canton de Tessin, les créanciers et les légataires ont formellement été pourvus d'une hypothèque légale sur les biens de la succession, et d'un privilége sur le prix des biens laissés par le défunt[2]; de même, la loi hypothécaire promulguée en Grèce le 11/23 août 1836[3], et le Digeste portugais accordent le même avantage au créancier d'une succession sur les immeubles dont elle se compose; enfin, et c'est une particularité assez digne d'être notée, dans le royaume de Wurtenberg, ces créanciers ont un *titre légal d'hypothèque* sur les biens de la masse, indépendamment de la séparation[4], et comme cette hypothèque est générale, on ne comprend pas trop bien l'utilité de cette séparation. Dans les États romains nous retrouvons quelque chose d'analogue : le règlement du 10 novembre 1834, accorde un privilége sur les immeubles, qu'il distingue de la séparation, seul remède pour sauvegarder les droits sur les meubles[5].

Mais ce ne sont là que des dispositions d'exception, et dans presque tous les autres États, le droit de séparation est qualifié

[1] Titre XVI, 2e partie, *Des privil. et hypoth.*
[2] Code de 1837, art. 1152 et 1185.
[3] Art. 11-6°. V. la *Revue étrang.*, t. IV, p. 139.
[4] *Loi sur les hypoth.*, du 15 avril 1825, art. 40.
[5] Art. 98, et 83-4° de ce règlement.

plus ou moins vaguement de privilége, de droit de préférence, de droit de priorité, etc.

**149.** Nous n'avons trouvé aucune disposition qui se rattachât à notre sujet dans les parties des législations anglaise, suédoise, russe et turque qu'il nous a été donné de parcourir. Seulement, d'après un article inséré dans la *Thémis*[1], dans le droit écossais, les créanciers héréditaires ont, sur les biens de la succession, un droit de préférence qu'ils peuvent exercer durant une année, temps pendant lequel les créanciers de l'héritier ne peuvent se faire payer ; et pour sauvegarder cette prérogative, les premiers en tout état de cause exerceront la séparation des patrimoines, s'ils le jugent convenable, à l'égard des choses qui existent encore en nature.

**150.** Quant aux personnes qui ont le droit d'user de la séparation, il n'y a pas grande divergence entre les législateurs étrangers et les nôtres : les créanciers du défunt sont en général, conjointement avec les légataires, seuls appelés à profiter de ce droit ; cependant la législation hessoise y a ajouté les héritiers et leurs créanciers, puis après eux l'État, pour les droits de mutation, en rejetant les légataires au dernier rang[2].

Le Code de la Louisiane appelle, outre les créanciers et légataires, les héritiers *pro parte* et les créanciers de l'héritier[3]; il donne la séparation même contre les héritiers[4]; enfin il consacre formellement la distinction que nous avons proposée avec Pothier, et suivant laquelle les créanciers du défunt séparés, ne peuvent venir sur les biens de l'héritier qu'après les créanciers propres de ce dernier[5].

**151.** Là où nous trouvons le plus de divergence, c'est dans la procédure. Quelques Codes exigent formellement une *demande en séparation,* sans que l'inventaire puisse la remplacer[6]; d'autres y ajoutent l'affirmation assermentée des créanciers qu'ils croient les biens de la succession non absorbés par les dettes de l'héritier[7]. Du reste, sur ce point en particulier,

[1] Tome X, p. 274.
[2] *Projet de loi sur les hypoth.*, de 1833, art. 199 et 207.
[3] Art. 1399 à 1404, et 1412.
[4] Art. 1405.
[5] Art. 1413 et 1414.
[6] Code de Parme, Plaisance et Guastalla, art. 2143.
[7] Code de la Louisiane, art. 1407 et 1408.

la plupart des législations sont presque aussi muettes que la nôtre elle-même.

152. L'inscription est également exigée partout, excepté dans le Wurtenberg[1] qui ne semble prescrire cette formalité que pour les priviléges et hypothèques, alors qu'il ne range pas la séparation dans cette catégorie; dans le canton du Tessin dont la loi ne fait inscrire que les hypothèques, tout en rangeant la séparation parmi les priviléges; et enfin dans le canton de Vaud qui, comme nous l'avons vu, ne considère pas la séparation au point de vue hypothécaire. L'absence de documents ne nous permet pas d'affirmer s'il en est de même en Bavière et en Prusse.

153. L'examen des délais dans lesquels la séparation se produit offre ici le spectacle de la plus grande diversité; les États qui exigent une demande, tantôt la circonscrivent dans un délai uniforme pour les meubles, comme pour les immeubles[2], tantôt accordent trois ans pour les meubles et un temps illimité pour les immeubles[3].

Le délai de trois ans dont nous venons de parler est aussi conservé par le Code sarde[4], le projet de loi sur les hypothèques de Hesse[5] et enfin par tous les autres Codes plus ou moins calqués sur le Code Napoléon. Ces deux pays ont aussi consacré la disposition de notre article 880, en vertu de laquelle la séparation sur les immeubles peut être exercée aussi longtemps qu'ils restent dans la main de l'héritier[6].

Le point de départ de la prescription varie en général, tantôt à partir de l'ouverture de la succession, tantôt à partir de l'acceptation de l'héritier.

154. Pour le délai préfix de l'inscription, le plus long que nous trouvions est celui de cinq ans pour la Toscane[7], mais

[1] *Loi sur les hypoth.*, précitée, art. 40.

[2] Le Code de la Louisiane a adopté le terme de trois mois (art. 1411), en frappant pendant cet intervalle l'héritier d'incapacité absolue d'aliéner. Le Wurtenberg (loi précitée, art. 10) et le canton de Vaud (Code, art. 793) ont accordé trois ans; la Prusse un an (Code de proc., art. 268-2°).

[3] C. de Parme, Plaisance et Guastalla, art. 2147.

[4] Art. 1102.

[5] Art. 202.

[6] Code Sarde, art. 1102; Code de Hesse, art. 202.

[7] *Motu proprio* du 2 mai 1836, art. 40.

là elle est générale et frappe tous les immeubles situés dans un même bureau de conservation.

Le même délai est d'un an en Hesse [1] et à Bâle, de trois mois en Sardaigne [2] et à Genève [3], enfin de quarante jours à Parme [4]. Le délai de six mois de notre Code est conservé à Rome [5] et en général dans les autres Codes qui l'ont pris pour modèle.

La mention de dégénérescence des priviléges ne se trouve consignée que dans le Code de Hesse, et le *Motu proprio* de Toscane [6].

Les autres dispositions législatives étrangères offrent trop peu d'intérêt pour trouver place ici.

[1] Code précité, art. 204.
[2] Code précité, art. 2211.
[3] Code de procédure, art. 230.
[4] Code précité, art. 2147.
[5] Règlement précité, art. 97.
[6] C. de Hesse, *loco modo cit.*; *Motu proprio*, art. 41.

FIN.

# TABLES.

—

## I. — TABLE DES TEXTES

DU TITRE 6, LIVRE XLII, DIG., *DE SEPARATIONIBUS*, QUI SONT COMMENTÉS DANS L'OUVRAGE.



## II. — TABLE DES ARTICLES DU CODE NAPOLÉON

TRAITANT SPÉCIALEMENT DE LA *SÉPARATION DES PATRIMOINES* ET QUI SONT COMMENTÉS DANS L'OUVRAGE.

## III. — TABLE CHRONOLOGIQUE

### DES ARRÊTS RAPPORTÉS DANS L'OUVRAGE.

| | | | Nos de l'ouvrage. |
|---|---|---|---|
| 1831, | 9 août; | Cour de Paris. . . . . . . . . . . . | 59 *bis*. |
| 1832, | 19 juin; | Cour de cassation. . . . . . . . . . | 77. |
| *id.*, | 6 juillet; | Cour de Bordeaux. . . . . . . . . . | 59. |
| *id.*, | 20 août; | Cour de Bourges. . . . . . . . . . . | 44 *bis*; 124. |
| 1833, | 14 février; | Cour de Nancy. . . . . . . . . . . . | 105. |
| *id.*, | 18 juin; | Cour de cassation. . . . . . . . . . | 117; 119. |
| *id.*, | 11 novembre; | Cour de cassation. . . . . . . . . . | 118. |
| 1834, | 22 novembre; | Cour de Paris. . . . . . . . . . . . | 59 *bis*. |
| 1836, | 24 juin; | Cour de Bordeaux. . . . . . . . . . | 113. |
| *id.*, | 14 juillet; | Cour de Bordeaux. . . . . . . . . . | 44 *bis*; 53; 57. |
| 1837, | 9 janvier; | Cour de Colmar. . . . . . . . . . . | 119. |
| *id.*, | 9 août; | Cour de Pau. . . . . . . . . . . . . | 142. |
| 1838, | 19 mars; | Cour de cassation. . . . . . . . . . | 59 *bis*. |
| 1839, | 3 décembre; | Cour de cassation. . . . . . . . . . | 138. |
| 1840, | 27 janvier; | Cour de Nîmes. . . . . . . . . . . . | 124. |
| *id.*, | 4 mars; | Cour de Paris. . . . . . . . . . . . | 59 *bis*. |
| *id.*, | 22 août; | Cour d'Orléans. . . . . . . . . . . . | 44 *bis*. |
| 1841, | 22 juin; | Cour de cassation (1er arrêt). . . . | 124. |
| *id.*, | *id.*; | Cour de cassation (2e arrêt). . . . | 77. |
| *id.*, | 22 novembre; | Cour de cassation. . . . . . . . . . | 142. |
| 1844, | 29 février; | Cour de Caen. . . . . . . . . . . . | 124. |
| *id.*, | 13 novembre; | Cour de Caen. . . . . . . . . . . . | 59. |
| 1846, | 15 juillet; | Cour de cassation. . . . . . . . . . | 59 *bis*. |
| 1849, | 15 février; | Cour de Bordeaux. . . . . . . . . . | 138. |
| *id.*, | 17 novembre; | Cour de Paris. . . . . . . . . . . . | 59 *bis*. |
| 1850, | 22 juin; | Cour de Paris. . . . . . . . . . . . | 124. |
| *id.*, | 17 novembre; | Cour de Lyon. . . . . . . . . . . . | 91. |
| 1851, | 31 mars; | Cour de cassation. . . . . . . . . . | 142. |
| 1852, | 21 juillet; | Cour de Nîmes. . . . . . . . . . . . | 70. |
| *id.*, | 31 juillet; | Cour de Paris. . . . . . . . . . . . | 46; 106. |
| 1853, | 11 juin; | Cour d'Amiens. . . . . . . . . . . . | 138. |
| *id.*, | 29 juin; | Cour de cassation. . . . . . . . . . | 117. |
| 1854, | 10 mars; | Cour de Paris. . . . . . . . . . . . | 142. |
| *id.*, | 11 mars; | Cour de Grenoble. . . . . . . . . . | 47. |
| *id.*, | 18 novembre; | Cour d'Amiens. . . . . . . . . . . . | 138. |
| *id.*, | 11 décembre; | Cour de cassation. . . . . . . . . . | 118. |
| 1855, | 17 janvier; | Cour de Caen. . . . . . . . . . . . | 128. |
| *id.*, | 13 février; | Cour de cassation. . . . . . . . . . | 59 *bis* |
| *id.*, | 17 décembre; | Cour de Caen. . . . . . . . . . . . | 138. |
| *id.*, | 20 décembre; | Cour de Lyon. . . . . . . . . . . . | 117. |
| 1856, | 15 novembre; | Cour de Paris. . . . . . . . . . . . | 106. |
| 1857, | 3 février; | Cour de cassation. . . . . . . . . . | 128. |
| *id.*, | 9 juin; | Cour de cassation. . . . . . . . . . | 128. |
| *id.*, | 23 et 24 juin; | Cour de cassation (2 arrêts). . . . | 138. |
| *id.*, | 3 août; | Cour de cassation. . . . . . . . . . | 117. |
| 1858, | 14 janvier; | Cour de Rennes. . . . . . . . . . . | 128. |
| *id.*, | 25 août; | Cour de cassation. . . . . . . . . . | 118. |
| *id.*, | 29 décembre; | Cour de cassation. . . . . . . . . . | 124. |

## IV. — TABLE SOMMAIRE

### DES MATIÈRES.

FIN DES TABLES.

Paris. — Imprimé par E. THUNOT et Cᵉ, rue Racine, 26.

Paris. — Imprimé par E. Thunot et C$^{e}$, rue Racine, 26.

www.ingramcontent.com/pod-product-compliance
Ingram Content Group UK Ltd.
Pitfield, Milton Keynes, MK11 3LW, UK
UKHW020952230726
13923UKWH00007B/271